本书受到兰州大学 "双一流" 人才引进科研启动经费支持

中国城市
工业全要素生产率测度研究

Calculation of
China's Industrial

at the City Level:
Method Innovation and Application

范 巧 著

社会科学文献出版社
SOCIAL SCIENCES ACADEMIC PRESS (CHINA)

目　录

第一章
导　言

第一节　研究背景与研究价值

一　研究背景

（一）中国工业化进入以提质增效为主要特征的新发展阶段

中国的近代工业化发端于 19 世纪 60 年代的"洋务运动"，辛亥革命后孙中山先生主导设计的"建国方略"，描绘了"废手工""采机器"的中国资本主义工业化发展蓝图，抗日战争时期，毛泽东同志也强调了国家工业化问题的重要性（黄群慧，2021）。中华人民共和国建立以来，围绕门类完整的工业体系和国民经济体系的建设，不断推动中国工业化的发展。梳理中华人民共和国建立后的工业化发展历程，主要包括七个阶段：第一阶段为 1949~1952 年，工业化发展的主要特征为没收官僚资本、实施土地改革及保护民族工商业；第二阶段为 1953~1956 年，工业化发展的主要特征为按照"过渡时期总路线"，实施社会主义工业化，以及实现对农业、手工业和资本主义工商业的社会主义改造；第三阶段为 1957~1977 年，工业化发展的主要特征为重工业优先发展，以钢铁、化工、冶炼及重型机械制造等重工业发展为导向；第四阶段为 1978~1991 年，工业化发展的主要特征为改革与开放并重，改革和开放的重点实现了由农村向城市、农业向工业的转变；第五阶段为 1992~2002 年，工业化发展的主要特征为以重化工业为主导、以低成本出口为导向、以公有制为主体的多种所有制共同发展、区域工业协调发展等；第六阶段为 2003~2020 年，工业化发展的主要特征为走新型工业化道路，工业发展以创新驱动、包容、可持续和高质量的工业转型升级为主；第七阶段为 2021 年以来，新型工业化发展基本完成，工业化开始以提质增效、结构优化、创新驱动和绿色发展等为主要方略（见图 1-1）。

中华人民共和国建立以来，尤其是改革开放以后，中国工业化取得了重要的发展成效。按照李廉水和宋乐伟（2003）对工业化完成标志的界定①，截至 2020 年底，中国开始进入后工业化阶段。究其原因，主要包括以下几点。第一，坚持中国共产党的领导，同时将工业化发展一般规律、马克思主义基本原理同中国实践相结合，坚持不懈地推动工业化发展。第二，坚持以公有制为主体，强化政府对工业化的引导，同时匹配相应的土地制度、财税和金融制度等，确立了工业化长期持续发展的制度基础（刘元春和陈金至，2020）。第三，以人口、土地、水、矿产及能源等资源和要素的低价格支撑工业快速扩张，同时叠加资源驱动、投资驱动、创新驱动和财富驱动等多重动力促进工业发展（金碚，2008）。第四，在工业化发展不同阶段采取差别化政策。初期以"剪刀差"方式实施农业对工业的反哺，快速建立了工业化发展的基础条件；中期、后期以廉价的工业用地进行招商引资、以高昂的商业和住宅用地出让价格为城市建设提供资金保障、以各类融资平台和国有土地资产抵押等为手段实现融资，来确保工业化的持续快速发展（雷潇雨和龚六堂，2014；刘元春和陈金至，2020）。

在中国工业化发展历程中，曾出现新型工业化和去工业化两种重要的思潮。新型工业化是在 2002 年党的十六大上提出来的一种工业化发展新道路，是对社会主义传统工业化路线的转型升级。新型工业化的发展道路以科技含量高、经济效益好、资源消耗低、环境污染少和人力资源优势充分发挥等为主要目标（简新华和向琳，2003），以信息化推动工业化、科技创新与科技进步和农业剩余劳动力转移为关键手段（李廉水和宋乐伟，2003），既强调工业结构或经济结构的变动，也强调生产力和生产关系的有效联动，还强调精神层面的浸润，是基于"社会变革总和"的工业化，其发

---

① 工业化完成的标志包括：农业占 GDP 的比重在 15% 以内；农业就业人数占全部就业人数的比重在 20% 以内；城镇人口占比达到 60% 以上。

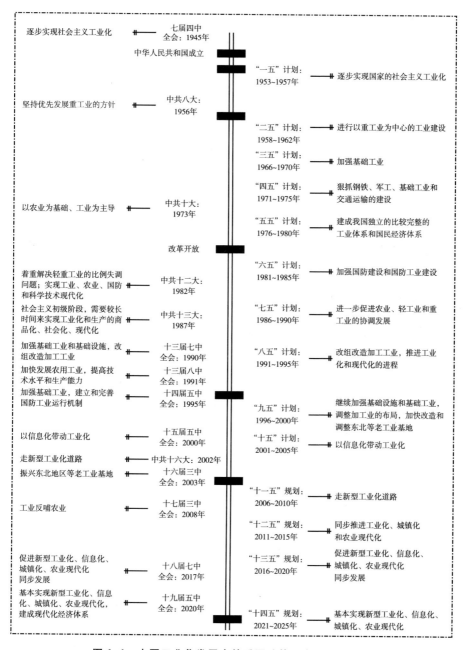

逐步实现社会主义工业化 —╫— 七届四中
全会：1945年

中华人民共和国成立

"一五"计划： —╫→ 逐步实现国家的社会主义工业化
1953~1957年

坚持优先发展重工业的方针 —╫— 中共八大：
1956年

"二五"计划： —╫→ 进行以重工业为中心的工业建设
1958~1962年

"三五"计划： —╫→ 加强基础工业
1966~1970年

"四五"计划： —╫→ 狠抓钢铁、军工、基础工业和
1971~1975年 交通运输的建设

以农业为基础、工业为主导 —╫— 中共十大：
1973年

"五五"计划： —╫→ 建成我国独立的比较完整的
1976~1980年 工业体系和国民经济体系

改革开放

"六五"计划： —╫→ 加强国防建设和国防工业建设
1981~1985年

着重解决轻重工业的比例失调 中共十二大：
问题；实现工业、农业、国防 —╫— 1982年
和科学技术现代化

社会主义初级阶段，需要较长 中共十三大： "七五"计划： —╫→ 进一步促进农业、轻工业和重
时间来实现工业化和生产的商 —╫— 1987年 1986~1990年 工业的协调发展
品化、社会化、现代化

加强基础工业和基础设施，改 十三届七中
组改造加工工业 —╫— 全会：1990年

加快发展农用工业，提高技 十三届八中 "八五"计划： —╫→ 改组改造加工工业，推进工业
术水平和生产能力 —╫— 全会：1991年 1991~1995年 化和现代化的进程

加强基础工业，建立和完善 十四届五中
国防工业运行机制 —╫— 全会：1995年

"九五"计划： —╫→ 继续加强基础设施和基础工业，
1996~2000年 调整加工业的布局，加快改造和
调整东北等老工业基地

以信息化带动工业化 —╫— 十五届五中
全会：2000年

"十五"计划： —╫→ 以信息化带动工业化
2001~2005年

走新型工业化道路 —╫— 中共十六大：2002年

振兴东北地区等老工业基地 —╫— 十六届三中
全会：2003年

"十一五"规划： —╫→ 走新型工业化道路
2006~2010年

工业反哺农业 —╫— 十七届三中
全会：2008年

"十二五"规划： —╫→ 同步推进工业化、城镇化
2011~2015年 和农业现代化

促进新型工业化、信息化、 十八届七中 "十三五"规划： 促进新型工业化、信息化、
城镇化、农业现代化 —╫— 全会：2017年 2016~2020年 —╫→ 城镇化、农业现代化
同步发展 同步发展

基本实现新型工业化、信息 十九届五中
化、城镇化、农业现代化， —╫— 全会：2020年
建成现代化经济体系

"十四五"规划： —╫→ 基本实现新型工业化、信息化、
2021~2025年 城镇化、农业现代化

图 1-1 中国工业化发展中的重要政策及发展阶段划分

注：双短线箭头表示相关会议或文件中与工业化发展相关政策的主要提法列举；黑色实短
线为发展阶段划分的重要时间节点。

资料来源：作者绘制。

展的关键路径在于推动工业化与信息化、全球化、服务化、金融化、生态化、人文化"六化"协同（唐浩，2014）。中国工业化发展中的另一种思潮是去工业化，强调工业部门就业、产出等占比持续下降的过程。世界范围内的去工业化包括以美英为代表的"彻底的去工业化"，以德日为代表的"适度的去工业化"，以及以巴西、阿根廷为代表的"早熟的去工业化"三种模式（乔晓楠和杨成林，2013）。近年来，中国制造业的名义和实际占比下降，中国制造业全要素生产率也开始有下降趋势（黄群慧等，2017），呈现明显的去工业化发展态势。尽管适度的去工业化是有效率的、合理的，但魏后凯和王颂吉（2019）指出现阶段中国开始实施去工业化的发展战略为时尚早，这不仅会抑制经济增长和生产率提升，阻碍现代服务业发展，还不利于城镇化和劳动力的转移。在未来较长的一段时间内，实施差别化的工业化转型升级战略，加快工业"去旧、补漏、提质"，促进先进制造业和现代服务业的深度融合，将是中国工业化发展的重中之重。

（二）全要素生产率提升的发展要求开始延伸到工业产业层面

全要素生产率是伴随着经济增长源泉分解而衍生的专业术语，是在经济增长中扣除核心要素投入增长及其份额后的余量（Solow，1957），是一个发展效率概念。伴随着经济发展范式的转变，提升全要素生产率逐渐成为政策制定和实施过程中一个十分重要的发展要求。基于对"政眼通政策大数据分析服务系统"中涉及"全要素生产率""劳动生产率""生产效率""工业全要素生产率"等词语的检索，结合中国中央政府网站以及国家发展和改革委员会等部委网站信息公开中涉及前述关键词的内容整理，可以对涉及"全要素生产率"的政策文本进行有效的梳理，如表1-1所示。

表1-1 与"全要素生产率"相关的政策文件梳理

政策文本名称	发文机构	发文时间	细节梳理
《国务院关于积极推进"互联网+"行动的指导意见》	国务院	2015年7月4日	互联网在促进制造业等产业转型升级方面取得积极成效，劳动生产率进一步提高

政策文本名称	发文机构	发文时间	细节梳理
《国务院关于落实〈政府工作报告〉重点工作部门分工的意见》	国务院	2015 年 4 月 10 日	增加研发投入,提高全要素生产率
《国务院批转国家发展改革委关于 2016 年深化经济体制改革重点工作意见的通知》	国务院	2016 年 3 月 31 日	矫正要素配置扭曲,激发企业家精神,提高全要素生产率
《国家信息化发展战略纲要》	中共中央办公厅、国务院办公厅	2016 年 7 月 27 日	以信息流带动技术流、资金流、人才流、物资流,发挥信息化对全要素生产率的提升作用
《国务院关于印发“十三五”国家信息化规划的通知》	国务院	2016 年 12 月 27 日	
《关于促进移动互联网健康有序发展的意见》	中共中央办公厅、国务院办公厅	2017 年 1 月 15 日	
《中共中央 国务院关于开展质量提升行动的指导意见》	中共中央、国务院	2017 年 9 月 12 日	供给质量明显改善,对提高全要素生产率的贡献进一步增强
《党的十九大报告》	—	2017 年 10 月 18 日	推动经济发展质量变革、效率变革、动力变革,提高全要素生产率
《中共中央 国务院关于支持海南全面深化改革开放的指导意见》	中共中央、国务院	2018 年 4 月 14 日	
《国务院关于推进国家级经济技术开发区创新提升打造改革开放新高地的意见》	国务院	2019 年 5 月 28 日	
《国务院办公厅关于创新管理优化服务培育壮大经济发展新动能加快新旧动能接续转换的意见》	国务院办公厅	2017 年 1 月 20 日	探索新旧动能转换模式,新旧动能实现平稳接续、协同发力,全要素生产率大幅提升
《国务院关于山东新旧动能转换综合试验区建设总体方案的批复》	国务院	2018 年 1 月 10 日	
《中共中央 国务院关于支持浙江高质量发展建设共同富裕示范区的意见》	中共中央、国务院	2021 年 6 月 10 日	鼓励劳动者通过诚实劳动、辛勤劳动、创新创业实现增收致富,不断提高全要素生产率

政策文本名称	发文机构	发文时间	细节梳理
《关于推进供给侧结构性改革促进工业稳增长调结构促转型的实施意见》	上海市人民政府	2016 年 4 月 29 日	工业全要素生产率明显提高
《国务院关于印发降低实体经济企业成本工作方案的通知》	国务院	2016 年 8 月 22 日	发展新兴产业,加大对企业创新活动的支持,提高全要素生产率
《国务院批转国家发展改革委关于 2017 年深化经济体制改革重点工作意见的通知》	国务院	2017 年 4 月 18 日	大力改造提升传统产业,提高全要素生产率
《中共中央　国务院关于实施乡村振兴战略的意见》	中共中央、国务院	2018 年 2 月 4 日	加快构建现代农业产业体系、生产体系、经营体系,提高农业全要素生产率
《乡村振兴战略规划(2018 ~ 2022 年)》	中共中央、国务院	2018 年 9 月 26 日	
《关于支持新业态新模式健康发展　激活消费市场带动扩大就业的意见》	国家发展和改革委员会	2020 年 7 月 15 日	推动传统产业全方位、全链条数字化转型,激活数字对实物生产资料的倍增作用,提高全要素生产率
《国务院关于印发"十四五"数字经济发展规划的通知》	国务院	2022 年 1 月 12 日	

资料来源：作者收集和整理。

　　如表 1-1 所示，伴随着"互联网+"等重要发展方略的出台，中国对发展进程中效率的提升日益重视。2015 年，在《国务院关于落实〈政府工作报告〉重点工作部门分工的意见》（国发〔2015〕14 号）中，最早提出了"全要素生产率"的术语，强调通过研发投入的增加来提高全要素生产率。同期，与"全要素生产率"相对应的术语包括全员劳动生产率、劳动生产率等，这些术语尽管也强调发展效率，但更多的是从劳动力投入的产出效率来解析经济发展效率的，并不特指"全要素生产率"。一般而言，全要素生产率强调要素投入之外的综合因素对产出或增长的作用，从主要的政策文件来看，提升全要素生产率的手段主要包括优化要素配置、激发企业家精神、实现信息化发展、提升经济发展质量、实施动力变革、实施新旧动能转换以及开展创新创业等。

近年来，提升全要素生产率的发展要求逐步延伸到产业层面。其中，《国务院关于印发降低实体经济企业成本工作方案的通知》（国发〔2016〕48 号）强调通过培育和发展新兴产业，来提高创新资源产出效率和全要素生产率；《国务院批转国家发展改革委关于 2017 年深化经济体制改革重点工作意见的通知》（国发〔2017〕27 号）则强调通过对传统产业的升级和改造，通过激励创新，来提高资源配置效率和全要素生产率。事实上，通过新兴产业培育发展和通过传统产业改造升级来提升全要素生产率分属不同的发展思路，一个强调增量提质，另一个强调存量调整提质。在政策的实际推动中，新兴产业培育发展需要很大的前期投入且回报周期过长，加之传统产业吸纳了大量的资本、劳动、资源等前期投入要素，因此通过对传统产业的升级改造促进全要素生产率的提升成为政策制定和实施的"宠儿"。目前，构建农业等传统产业的现代生产和经营体系，以及对传统产业进行数字赋能，成为新时期提升全要素生产率的重要手段。值得指出的是，目前中央层面的政策文本中较少涉及"工业全要素生产率"的专门提法；地方政府中，仅有上海市《关于推进供给侧结构性改革促进工业稳增长调结构促转型的实施意见》（沪府发〔2016〕30 号）强调"工业全要素生产率明显提高""工业园区单位土地产出效率大幅提升"。这一方面说明全要素生产率提升的发展要求逐步延伸到了工业产业层面，另一方面也说明全要素生产率提升的发展要求在工业产业层面的延伸目前尚限于极少数工业十分发达的直辖市。

（三）空间计量分析开始嵌入全要素生产率测度领域但方法逻辑并不成熟

计量经济学是现代经济学研究方法中最重要的一种，伴随着数据维度从截面-时期维度延展到截面-时期-空间维度，空间计量经济学作为计量经济学的一个重要分支应运而生。相较于计量经济学其他分支而言，空间计量经济学强调在传统的截面数据或面板数据中重点考察数据的空间位置属性，从而在模型的因果关系分析或结构分析等过程中纳入空间溢出效应。空间溢出效应是空间维度中的不同个体或不同时期的同一个体由于时空位置的邻近性而产生的两两之间的相互影响。传统计量经济学分析忽略了这种空间个体之间的相互影响，从而导致建模过程的非精准性。从 20 世纪 70 年代末开始，学界开始注意到这种空间个体间的相互影响，并将这种空间影响纳入计量经济学建模过程中，逐步构建了空间计量经济学的分析框架。

按照建模过程中对空间个体相互影响的不同处理方式，空间计量经济学主要包括两个重要的分析范式：一个是将空间个体的相互影响直接从数据中过滤掉，并对过滤掉空间溢出效应的数据按照传统计量经济分析的方式进行建模，从而形成空间滤波模型分析范式；另一个是基于某种空间特征模拟空间个体间相互影响的路径及结构，从而以空间权重矩阵的形式将空间个体间的相互影响纳入计量经济分析中形成新的空间计量分析范式。相比较而言，后一种范式是空间计量经济学中的主流范式，也是学界目前所推崇的建模范式。值得指出的是，按照建模过程中纳入数据体量的不同，后一种分析范式又包括空间计量全局分析和空间计量局部分析。空间计量全局分析是在建模分析中一次性纳入所有个体和时期的数据，从而解析变量之间关系规律性的分析范式，这种规律性分析范式主要在经济学科中流行。空间计量局部分析，也称为地理加权回归，是在建模分析中针对不同的个体或不同时期的个体进行单独建模的分析范式，这种分析范式多在地理学科中流行，主要强调变量之间规律的空间异质性。

全要素生产率是产出与投入之间的比例关系，是一段时间内经济活动的效率。全要素生产率的测度方法有很多，包括增长会计法、非参数 DEA 方法、随机前沿分析方法及索洛余值方法。相比较而言，学界通常在新古典增长理论的框架下，基于中性技术进步和索洛余值法对全要素生产率进行核算。基于索洛余值法的全要素生产率测度，主要是结合传统计量分析对经验生产函数进行估计，并在此基础上核算要素投入份额及要素投入增量，从而计量全要素生产率。然而，传统计量分析对经验生产函数的估计忽略了被解释变量、解释变量以及随机扰动项的空间溢出效应，对经验生产函数的估计不够精准，从而会影响对要素投入份额的估算结果，进而影响全要素生产率的估计精度。在近期研究中，学界开始注意到这一问题，并逐步在全要素生产率的测度领域嵌入空间计量分析方法（Tientao et al.，2016；Glass and Kenjegalieva，2019）。然而，在全要素生产率测度领域嵌入空间计量分析仍处于探索和尝试阶段，其方法逻辑并不完全成熟，主要表现在：第一，在全要素生产率测度领域中所嵌入的空间计量分析模型不是空间计量一般式，如 Tientao 等（2016）所嵌入的就是空间杜宾模型，但空间杜宾模型并不是空间计量一般式；第二，在全要素生产率测度领域中所嵌入的空间计量分析侧重于空间计量全局分析，缺乏对空间计量局部分析的嵌入。

二 问题聚焦与研究价值

党的十九届五中全会强调，以推动高质量发展为主题，加快构建以国内大循环为主体、国内国际双循环相互促进的新发展格局。包括工业高质量发展在内的高质量发展是中国未来很长一段时间内经济社会发展的重要主题。党的十九大报告指出，我国经济已由高速增长阶段转向高质量发展阶段，必须推动经济发展质量变革、效率变革、动力变革，提高全要素生产率。党的二十大报告指出，加快建设现代化经济体系，着力提高全要素生产率。2023 年 4 月 16 日，习近平总书记在《求是》第 8 期发表重要文章《加快构建新发展格局 把握未来发展主动权》，强调"扎实推进新型工业化，加快建设制造强国""顺应产业发展大势，从时空两方面统筹抓好产业升级和产业转移"。目前，中国新型工业化深入推进，开始进入以提质增效等为主要特征的后工业化阶段，推动工业高质量发展要求必须将全要素生产率提升延伸到工业产业层面。然而，目前工业产业全要素生产率的测度方法并不十分精准，嵌入空间计量分析并纳入个体间相互影响的空间溢出效应的建模理论和方法逻辑并不完善，严重影响了对工业产业全要素生产率的科学和全面把握，从而不利于科学制定推动工业高质量发展的策略。

本书拟在基于面板数据的空间计量全局分析和局部分析范式（简称时空计量分析）的基础上，对全要素生产率核算的索洛余值法进行有效的改进，从而科学地确定中国工业全要素生产率的测度方法；在此基础上，从地级城市层面入手对中国工业全要素生产率进行全面测度，解析其时空演变特征；随后，结合均值分析和核密度估计方法，对中国城市工业全要素生产率进行科学的比较研究；同时，本书还将基于时空权重矩阵设计方式调整、产出考察方式变更等，对基于内生时空权重矩阵或纳入非期望产出的中国城市工业全要素生产率进行深度考察；最后，本书还将基于数据包络分析、随机前沿分析等领域的前沿方法，对仅包含期望产出以及同时包含期望产出和非期望产出的中国城市工业全要素生产率进行重新测度，并将之与嵌入时空计量分析的改进索洛余值法得到的测度结果进行比较。

本书的完成具有较高的理论价值和应用价值。理论价值在于以下三点。第一，在嵌入时空计量分析的基础上对索洛余值法进行有效的改进，促进工业全要素生产率核算理论和方法的完善，对经济增长理论实现有益的补充。第二，在时空权重矩阵设计方式由外生设计调整为内生设计以及产出考察方式由仅包含期望产出调整为不仅包含期望产出也包含非期望产出等条件下，对利用嵌入时空计量分析的索洛余值法进行全要素生产率测度的方法创新演绎和研究推进提供理论支持。第三，在科学比较基于嵌入时空计量分析的改进索洛余值法测度得到的中国城市工业全要素生产率，与基于数据包络分析、随机前沿分析等领域主流研究方法测度得到的结果基础上，系统阐释利用三种类型测度方法测度中国城市尺度的工业全要素生产率的优势、劣势。

应用价值在于以下两点。第一，在对中国城市工业全要素生产率进行有效测度的基础上，从时间、空间维度对中国城市工业全要素生产率的演变特征及其规律性做出科学阐释，有利于为落实十九大报告中的全要素生产率提升要求并探索提升全要素生产率的科学路径提供理论参考。第二，对中国城市尺度工业全要素生产率测度的经验生产函数进行科学分解，有利于找准中国工业高质量发展的驱动力的空间依赖规律性和空间异质性，从而为科学制定有针对性的工业发展战略和实施路径提供实证佐证和经验参考。

第二节　全书目标、思路与技术线路

本书的研究目标是在索洛余值法中嵌入时空计量分析（包括基于通用嵌套空间模型的空间计量全局分析与基于面板时空地理加权回归模型的空间计量局部分析）来创新全要素生产率的全局和局部测度方法，在此基础上对中国城市工业全要素生产率进行有效的测度和分析，并在将时空权重矩阵由外生设计调整为内生设计，以及产出考察方式由仅包含期望产出调整为同时包含期望产出和非期望产出等条件下，重新思考嵌入时空计量分析的索洛余值法的改进逻辑与方法应用问题。同时，利用数据包络分析和随机前沿分析等领域的主流方法，对中国城市工业全要素生产率进行重新测度和比较，在此基础上考察利用改进索洛余值法、数据包络分析以及随机前沿分析三种方法来测度小尺度、行业层面全要素生产率的科学性问题。主要的研究思路包括以下八点，技术路线如图1-2所示。

（1）在工业发展新阶段对"提质增效"提出新诉求等背景下介绍本书的选题理由，对经济发展理论、工业化理论等基本理论进行总结，并在全要素生产率、工业全要素生产率和时空计量分析等相关文献综述的基础上，阐释本书的研究价值和边际贡献。

（2）在中性技术进步与索洛余值法的基础上，阐释全要素生产率及其增长率核算的理论细节，在此基础上分析其可能的缺陷，结合通用嵌套空间模型以及面板时空地理加权回归模型对核算全要素生产率的索洛余值法进行改进，并由此解析全要素生产率测度的改进算法。

（3）将嵌入通用嵌套空间模型、面板时空地理加权回归模型的索洛余值改进方法，落实到中国城市工业全要素生产率测度的层面进行应用，延展出中国城市工业全要素生产率测度的全局方法和局部方法。在此基础上，详细考察中国城市工业全要素生产率测度中纳入分析的城市界定、城市工业的投入和产出指标界定等具体问题。

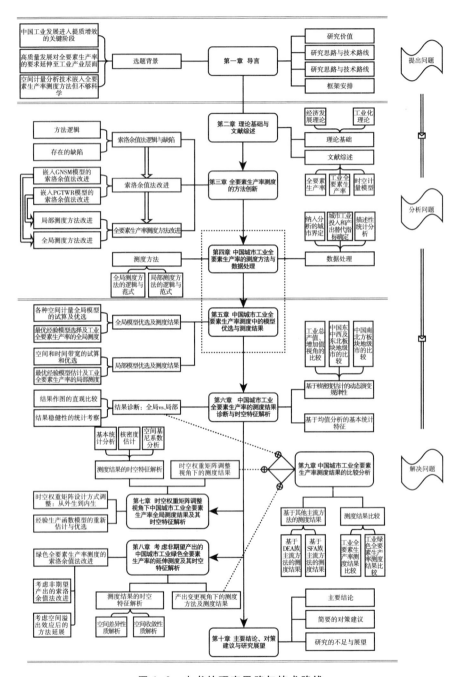

图 1-2　本书的研究思路与技术路线

资料来源：作者绘制。

（4）以工业总产值、工业增加值为工业产出指标，以工业部门就业人数、资本存量和工业用电为工业投入指标，分别在全局测度方法、局部测度方法视角下对中国城市工业全要素生产率及其增长率进行测度。在此基础上，结合测度结果的直观图示比较以及测度稳健性的统计考察，对全局测度方法和局部测度方法下中国城市工业全要素生产率的测度结果进行考察和选择。

（5）在将基于经纬度距离的空间权重矩阵和单位时间矩阵而设计的外生时空权重矩阵，调整为基于经纬度距离的空间权重矩阵和基于 Moran 指数比的内生时间权重矩阵而设计的内生时空权重矩阵的条件下，重新考察中国城市工业全要素生产率测度过程中经验生产函数模型的估计与优选，并在此基础上结合全局测度方法对中国城市工业全要素生产率进行重新测度。

（6）在将工业产出由期望产出——工业总产值调整为既包括工业总产值，又包括工业废水排放量、工业二氧化硫排放量、工业烟（粉）尘排放量等非期望产出的条件下，重新考察嵌入非期望产出和时空计量分析的索洛余值法改进逻辑及应用问题，并在此基础上测度包含非期望产出的中国城市工业绿色全要素生产率。

（7）基于数据包络分析、随机前沿分析等领域的主流研究方法，对中国城市工业全要素生产率进行重新测度，并将之与基于嵌入时空计量分析的改进索洛余值法得到的测度结果进行比较，在此基础上考察测度全要素生产率的三种方法的精准性和优劣势。

（8）基于均值分析、核密度估计、空间基尼系数和空间收敛性分析等方法，对中国城市工业全要素生产率及其增长率的基本统计性质以及时空演变的规律性做出阐释，并在中国省域层面、东中西及东北区域经济板块层面，以及中国南北方层面对中国城市工业全要素生产率的统计性质、时空演变规律做出分析。

第三节　全书的框架安排及研究方法

按照本书的研究思路和技术路线，本书包括七章。各章的具体内容如下。

第一章为导言。主要阐释本书的选题背景、研究价值、研究思路、技术路线、框架安排、主要研究方法及可能的创新之处等内容。

第二章为理论基础与文献综述。主要从经济发展理论和工业化理论入手阐释相关基础理论，并从全要素生产率、工业全要素生产率及时空计量分析模型等入手阐释相关主题的研究脉络与新进展。

第三章为全要素生产率测度的方法创新。主要是阐释索洛余值法的基本理念及其存在的缺陷，并在嵌入通用嵌套空间模型和面板时空地理加权回归模型的基础上对索洛余值法进行改进。

第四章为中国城市工业全要素生产率的测度方法与数据处理。主要结合嵌入通用嵌套空间模型、面板时空地理加权回归模型的索洛余值法改进方法，阐释中国城市工业全要素生产率测度的全局方法、局部方法的技术细节，并对研究的时间周期、纳入的城市、主要的替代指标及数据等做出分析。

第五章为中国城市工业全要素生产率测度中的模型优选与测度结果。主要结合中国城市工业全要素生产率测度的全局方法和局部方法，对工业总产值和工业增加值视角下中国城市工业层面的全要素生产率进行测度。

第六章为中国城市工业全要素生产率的测度结果诊断与时空特征解析。主要是对基于全局方法和局部方法测度所得的中国城市工业全要素生产率的结果精准性做出诊断；同时，基于均值分析，阐释中国城市工业全要素生产率及其在东中西部和东北区域经济板块以及中国南北方层面的基本统计性质，并结合核密度估计，对中国城市工业全要素生产率的时空演变规律及其在不同经济板块的异质性做出分析。

第七章为时空权重矩阵调整视角下中国城市工业全要素生产率全局测度结果及其时空特征解析。主要是在基于经纬度距离设计的空间权重矩阵和基于 Moran 指数比设计的内生时间权重矩阵的基础上，将外生的时空权重矩阵调整为内生时空权重矩阵，并由此考察嵌入时空计量分析的索洛余值法改进逻辑，并将之应用于中国城市工业全要素生产率的测度中。同时，基于均值分析、核密度估计和 Dagum 空间基尼系数,对时空权重矩阵设计方式调整后中国城市工业全要素生产率测度结果的时空演变规律和空间异质性做出解析。

第八章为考虑非期望产出的中国城市工业绿色全要素生产率的延伸测度及其时空特征解析。主要是在期望产出——工业总产值基础上添加了工业废水、二氧化硫及烟(粉)尘排放量等非期望产出的条件下,对中国城市工业绿色全要素生产率——考虑非期望产出的工业全要素生产率的测度方法进行改进,重新建立了以嵌入时空计量分析的改进索洛余值法测度绿色全要素生产率的方法逻辑。同时,基于非期望产出及时空计量分析的改进索洛余值法,对中国城市工业绿色全要素生产率进行了重新测度,并结合 Dagum 空间基尼系数以及空间 σ 收敛和空间 β 收敛分析对中国城市绿色工业全要素生产率的空间异质性和空间收敛性质做出分析。

第九章为中国城市工业全要素生产率测度结果的比较分析。主要是结合数据包络分析以及随机前沿分析等领域的主流研究方法,对中国城市工业全要素生产率及绿色全要素生产率进行重新测度。同时,对利用数据包络分析、随机前沿分析以及改进索洛余值法测度的中国城市工业全要素生产率及绿色全要素生产率进行比较,以此评估测度全要素生产率的三种方法的优劣势。

第十章为主要结论、对策建议与研究展望。主要是对全书的研究进行总结,给出城市全要素生产率提升的简要对策建议,同时讨论相关研究过程及测度结果中可能存在的非精准性,指出进一步研究的可能方向。

为了确保研究的顺利推进,本书将采取以下九种主要的研究方法。

(1)政策文本分析和逻辑分析法。基于政策文本的收集和整理,阐释本书的选题背景;基于逻辑分析阐释全书的研究思路、技术路线和框架安排,并阐释全书的研究结论和研究展望。

(2)文献追溯法。基于对文献的梳理,以及对参考文献的二次、三次追溯,系统整理涉及经济发展理论、工业化理论等相关理论的基础文献;同时,基于文献追溯,全面系统地评述全要素生产率、工业全要素生产率、时空计量分析模型等领域的相关文献。

（3）空间计量全局分析方法。基于空间计量全局分析，解析嵌入通用嵌套空间模型及其各种退化模型后的全要素生产率全局核算方法，并调整时空权重矩阵的设计方式以及工业产出的考察方式，建立嵌入空间计量全局分析的改进索洛余值法分析框架和逻辑，在此基础上应用到城市工业产业层面，解析中国城市工业全要素生产率的全局测度方法。

（4）空间计量局部分析方法。基于空间计量局部分析，解析嵌入面板时空地理加权回归模型后的全要素生产率局部核算方法，并在此基础上应用到城市工业产业层面，解析中国城市工业全要素生产率的局部测度方法。

（5）索洛余值法。基于中性技术进步视角下的索洛余值法，阐释全要素生产率核算的传统方法。在此基础上，结合空间计量全局分析和局部分析，对嵌入通用嵌套空间模型及其各种退化模型、面板时空地理加权回归模型的索洛余值法进行改进。随后，基于改进的索洛余值法，对中国城市工业全要素生产率进行准确测度。

（6）统计分析方法。对涉及工业产业全要素生产率核算的资本存量、人口等数据进行系统的收集和初步统计分析，并对基于全局方法或局部方法测度得到的中国城市工业全要素生产率的精度及稳健性做出分析，同时，对中国城市工业全要素生产率的整体统计性质及分区域经济板块性质做出分析。

（7）核密度估计方法。基于核密度估计，对中国城市工业全要素生产率的时空演变规律，及其在中国东中西部和东北区域经济板块与中国南北方层面的异质性做出空间数据可视化分析。

（8）Dagum 空间基尼系数分析方法。基于 Dagum 空间基尼系数，从省域、东中西部和东北区域经济板块与南北方层面，解析中国城市工业全要素生产率测度结果的空间异质性。

（9）空间收敛分析方法。基于空间 σ 收敛和空间绝对 β 收敛，解析中国城市工业全要素生产率的空间收敛性。

第四节　可能的创新之处

本书的完成，可能在以下四个方面具有一定的创新。

第一，在中国城市工业全要素生产率的测度方法上具有一定的创新性。在全要素生产率核算的传统索洛余值法基础上，嵌入空间计量全局分析模型及空间计量局部分析模型，在此基础上形成适应于面板数据的嵌入时空计量分析的索洛余值法改进方法。同时，调整时空权重矩阵由外生设计为内生设计，调整产出设计方式由仅包含期望产出为同时包含期望产出和非期望产出，在此基础上建立嵌入时空计量分析和考虑时空权重矩阵内生设计、考虑非期望产出的改进索洛余值法分析框架，并将这些改进方法应用于中国城市工业全要素生产率的测度中，具有一定的创新性。全要素生产率测度的传统索洛余值法不仅忽视了被解释变量、解释变量以及随机扰动项的空间溢出效应项，还忽略了不同地区之间参数的异质性，从而导致对经验生产函数的估计缺乏科学性，同时影响全要素生产率的测度结果。本书将被解释变量、解释变量及随机扰动项的空间溢出效应项纳入经验生产函数模型的构建和估计过程，实现了在传统索洛余值法中对空间计量全局分析的有效嵌入同时，在经验生产函数模型的构建和估计过程中，实现对面板时空地理加权回归模型的有效嵌入，从而解决不同城市经验生产函数系数估计值的异质性问题。这些做法可以弥补传统索洛余值法的两种缺陷，从而具有一定的创新价值。

第二，在中国城市工业全要素生产率测度结果优选方式上具有一定的创新性。在中国城市工业全要素生产率的测度过程中，将对基于嵌入空间计量全局分析的索洛余值法改进方法得到的测度结果以及基于嵌入空间计量局部分析的索洛余值法改进方法得到的测度结果进行比较，并结合二者的统计性质来优选结果，从而具有一定的创新性。空间计量全局分析模型和空间计量局部分析模型是两类不同性质的模型，尽管嵌入两类模型的索洛余值法改进均是对传统索洛余值法的创新发展，但从嵌入这两类模型的索洛余值法改进方法入手，将得到中国城市工业全要素生产率测度的不同结果。本书将在分别以工业总产值和工业增加值为被解释变量的基础上，利用两类改进方法来考察中国城市工业全要素生产率、工业全要素生产率定基增长率和环比增长率等测度结果的稳健性，进而实现对基于两类改进方法的测度结果的优选，具有一定的科学性和创新性。

第三，在中国城市工业全要素生产率测度方法评价上具有一定的创新性。本书将基于数据包络分析、随机前沿分析以及改进索洛余值法三种方法测度得到的中国城市工业全要素生产率进行比较，并诊断三种方法的优劣势。数据包络分析、随机前沿分析及索洛余值法是全要素生产率测度的不同方法，目前学界对基于三种测度方法得到的全要素生产率缺乏比较研究。采用公认科学可行的、结果真实有效的评价方法来评价全要素生产率，有利于缓解不同测度方法造成的混乱局面，为全要素生产率领域的理论与应用研究找到统一的分析框架和分析范式，从而避免因测度方法、评价标准或评价尺度不同而导致理论研究、经验分析和政策建议的紊乱。本书试图找到一种统一的衡量标准，来对全要素生产率不同测度方法的精准性做出判断，从而具有一定的开拓性和创新性。

第四，在测度结果阐释视角上具有一定的创新性。本书将基于嵌入时空计量分析的改进索洛余值法对 2003~2019 年中国 280 个城市的工业全要素生产率、工业全要素生产率定基增长率和环比增长率分别做出测度，其数据结果将会十分庞大。鉴于这些数据不好直接罗列，本书既会以图示的方式对这些结果进行直接展示，也会结合均值分析从时期或地区维度对这些结果进行展示，还将结合核密度估计、Dagum 空间基尼系数和空间收敛分析对这些结果的时空演变特征进行图示分析。同时，本书在进行相关结果展示时，既会考虑所有城市的整体视角，也将考虑中国东中西部地区城市的分类视角，还将考虑中国南北方城市的分类视角，这些测度结果展示的维度和视角具有一定的创新性。

第二章
理论基础与文献综述

第一节　理论基础

一　经济发展理论

经济发展理论是对发展中国家如何实现经济发展问题的规律性总结和理论提炼，是经济学界长期关注的永恒主题，主要的理论学派包括古典主义的经济发展理论、结构主义学派、新古典主义学派、演化发展经济学派、新结构主义学派等。

古典主义的经济发展理论主要是 20 世纪 40 年代之前古典主义学者在古典经济学框架下对经济发展问题的研究，代表人物包括亚当·斯密、马尔萨斯、大卫·李嘉图、马克思、熊彼特等（毕世杰和马春文，2016），其中，亚当·斯密强调人口数量和劳动生产率对国民财富增长的决定性作用，马尔萨斯揭示了经济增长中人口呈几何级数增长的风险，大卫·李嘉图强调人口和土地等要素对经济增长的重要作用，并指出要素持续投入对经济增长的边际报酬递减规律，马克思在阐释资本主义生产方式演变逻辑的基础上解析了社会再生产理论（沈昊驹，2012），熊彼特则强调了创新和企业家精神在经济发展中的重要作用。从本质上来看，古典主义的经济发展理论，抽象掉了经济发展过程中的结构、要素禀赋等因素，特别强调从投入要素本身出发研究经济发展及其影响因素。

20 世纪 40~50 年代，经济发展理论基本形成，其中经济发展的结构主义观点盛行。一般而言，结构经济学主要以经济系统的结构问题为研究对象，旨在探索经济发展中的结构特征、变化规律及其对应的资源配置机理

（项俊波，2009）。经济发展的结构主义理论强调在国际社会发达国家与发展中国家并存的二元结构背景下，发展中国家的贫困将会呈现恶性循环状态，这种恶性循环往往可以通过计划发展、资本投资尤其是工业化发展来完成。不同的结构主义发展经济学家主张不同的工业化发展模式，其中罗森斯坦罗丹强调各工业部门的平衡发展，赫希曼强调不同工业部门应该有先行和后续之分，需要不平衡地推进不同工业部门的进展，罗斯托阐释了经济发展可能存在不同的阶段，刘易斯强调工业发展中农业部门剩余劳动力及其转移的重要作用。结构主义发展经济学家，一般会否定对外贸易在经济发展中的作用，强调进口替代战略在发展中国家发展过程中的重要作用，其中，辛格认为初级产品外贸会恶化出口国的贸易条件，普雷维什则据此建立了中心-外围理论。

20世纪60年代末至90年代，结构主义学派否认自由贸易作用的观点，受到了来自经济发展的新古典主义学派的猛烈批判。经济发展的新古典主义学派，强调发展经济学或者经济发展问题可以整合到古典经济学的分析框架中去，按照古典主义的理论框架来架构学科体系并解析经济发展的科学问题。新古典主义学派的代表人物主要包括鲍尔、哈勃勒尔和舒尔茨等，这些学者强调市场的作用，主张通过扩大出口贸易来促进经济发展（米耶和西尔斯，2013）。经济发展的新古典主义学派对自由贸易和古典主义的推崇，在一定程度上忽视了经济发展中的要素禀赋和结构特征。

21世纪以来，经济发展理论主要兴起了演化发展经济学派、新结构主义学派两种学派。其中，演化发展经济学派是与新古典主义学派相对立的一种经济发展理论思潮（Reinert，2008），这种思潮继承了古典重商主义、德国历史学派的核心观点（束克东和黄阳华，2008），强调对幼稚工业的保护，鼓励效仿与赶超，反对自由贸易和按照比较优势制定产业政策（王效云，2020）。与演化发展经济学派不同，新结构主义学派的基本理论框架建立在对结构主义学派和新古典主义学派思想的兼收并蓄基础上（林毅夫，2010，2012，2017），强调在遵循结构主义和古典主义的双重理论逻辑基础上探讨经济发展及其影响因素问题，其核心逻辑在于经济发展必须立足于要素禀赋及其结构，在架构有效市场和有为政府的基础上，充分发挥比较优势和产业政策的作用，高效激活企业的内生能力（林毅夫等，2021）。

二　工业化理论

工业化是由产业革命或技术革命引起的工业产业发展及工业产业在国民经济中结构调整的过程。世界工业化发展史上共计经历了四次工业革命浪潮。第一次工业革命产生于 18 世纪 60 年代至 19 世纪初，以机器工业代替手工工业为主要特征，这次工业革命确立了资产阶级的统治地位。第二次工业革命产生于 19 世纪中后期至 20 世纪初，以电气化为主要特征，这次工业革命使欧洲国家、美国、日本等完成了资产阶级革命和改革，确立了资本主义世界体系和世界殖民体系。第三次工业革命产生于 20 世纪 40 年代到 20 世纪末，以原子能、电子计算机、空间技术和生物技术的应用为主要特征，这次工业革命促成了资本主义和社会主义国际关系体系的建立和调整。第四次工业革命兴起于 21 世纪初期，以工业机器人、互联网、大数据、智能化嵌入为主要特征，这次工业革命推动了世界主要发达国家的再工业化，如美国推出"制造业行动计划"、德国推出工业 4.0 计划（黄群慧，2014）。

在世界范围的工业革命浪潮中，不同国家基于不同的资源禀赋、发展阶段和发展环境，选择了不同的工业化发展模式。其中，英国基于企业自由制度和发明专利制度，构建了一种由企业和市场驱动的工业化发展模式；德国在国家使命和工业保护的基础上，构建了一种由国家和企业双重驱动的工业化发展模式；美国在完善的法律、健全的公司体系、统一的国内市场、发达的工会组织的基础上，建立了一种由法治与公司驱动的工业化发展模式；苏联以农民"贡税"方式提高积累率，优先发展重工业，推动工业化超高速发展；拉美国家以高筑贸易壁垒、国家大规模投资和兴办国有企业、本国币值高估等为基础，选择了进口替代工业化发展战略；东亚国家以高储蓄率、高投资率、政府强有力的管理和干预推动为基础，选择了出口导向工业化发展战略（李若谷，2009）。

对世界各国选择各自工业化发展模式及其交互关系的解释，形成了工业化发展的经典理论。目前，国际上与工业化模式及其交互关系相关的经典理论主要包括西方现代化理论、依附理论、世界体系理论、跨越发展理论等（郭祥才，2003）。其中，西方现代化理论以亨廷顿、韦伯、罗斯托为代表，强调世界范围内的工业化或现代化要以西方为标准。依附理论以多斯桑多斯、弗兰克等为代表，强调不平等的国际贸易和分工体系，强调工业化发展的中心-外围格局。世界体系理论以沃勒斯坦等为代表，强调世界体系由核心、半边陲、边陲构成。世界体系在一定程度上是静态的，核心、半边缘和边缘国家在一定时期内保持不变；当世界供给大于有效需求时，半边陲和边陲国家才有自我发展的机会。从本质上来讲，世界体系理论仍然是一种依附理论。跨越发展理论以马克思、恩格斯为代表，强调后发国家利用后发优势实现跨越发展。西方现代化理论强调发达工业国家工业化模式和发展规律对其他国家的指导和借鉴作用，依附理论和跨越发展理论则强调发展中国家在工业化发展过程中要坚持独立自主原则，以自身的禀赋优势或比较优势实现工业化发展的"弯道超车"。

工业化发展一般会具有阶段性，学界对工业化发展阶段的划分并不完全统一。主要的划分方法包括罗斯托六阶段说、钱纳里六阶段说、李斯特五阶段说、霍夫曼四阶段说、托夫勒"三次浪潮"说、库兹涅茨三阶段说、贝尔三阶段说等。其中，罗斯托认为，经济发展包括传统社会阶段、准备起飞阶段、起飞阶段、走向成熟阶段、大众消费阶段、超越大众消费阶段六个阶段（Rostow，1960）；钱纳里认为，工业化发展包括初级产品生产阶段、工业化初期阶段、工业化中期阶段、工业化后期阶段、发达经济初期阶段、发达经济后期阶段六个阶段（Chenery et al.，1986）；李斯特认为，经济发展包括狩猎状态、游牧状态、农耕状态、农工状态、农工商状态五个阶段（郝寿义和曹清峰，2019）；霍夫曼基于消费品工业净产值与资本品工业净产值之间的比例将工业化发展划分为四个阶段（王师勤，1988）；托夫勒将世界经济发展划分为农业阶段、工业阶段和信息化阶段三个阶段（沈立人，1988）；库兹涅茨将工业化分为初期阶段、中期阶段和后期阶段三个阶段（Kuznets，1955）；贝尔将工业化发展划分为前工业社会、工业社会、后工业化社会三个阶段（Bell，1973）。尽管不同的学者基于不同的研究需要对工业化阶段进行了不同的划分，目前国内学界对工业化阶段的划分基本达成了共识，即工业化过程既应该包括初期、中期和后期阶段，也应该包括前工业化阶段和后工业化阶段。

在工业化发展的不同阶段，其驱动力有所区别。一般说来，资本、劳动、制度安排、贸易等因素，以及新技术对企业、组织和员工的内嵌，构成了工业化的基本动力（霍文慧和杨运杰，2010）。基础设施建设也会对工业化发展产生重要的影响。空、铁、水、海交通基础设施以及通信、燃油等管道基础设施建设，均会对工业化发展产生显著的影响（梁若冰，2015）。不过，在工业化后期和后工业化时期，资本、劳动等要素投入对工业发展的贡献明显下降，增长动力开始转向要素质量提升和配置优化；投资和出口对增长的影响力不断削弱，消费需求在工业增长中日益处于更为重要的地位；同时，主导产业形式开始由资本密集型重化工产业转向服务业和技术密集型制造业，经济增长模式也由要素驱动转向创新驱动（赵昌文等，2015）。工业化还会受到来自城市化发展的影响。学界对工业化与城市化之间的关系主要有四种不同的观点：第一，工业化与城市化发展进程一致；第二，工业化促进城市化发展；第三，工业化与城市化相互促进；第四，工业化与城市化间呈现松散联系特征，城市化取决于第三产业和经济服务化的影响，与工业化无关（"工业化与城市化协调发展研究"课题组，2002）。本书倾向于接受第三种观点。值得指出的是，工业化与城市化之间的关系在不同的工业化阶段有所不同。在工业化初期和中期，工业化将对城市化带来明显的、较大的直接效应；在工业化后期和后工业化时期，工业化对城市化的直接效应减少，将更多地通过改变非农产业结构和非农就业结构来间接地对城市化产生影响，此时工业化导致的非农产业比重调整和就业结构变迁将决定城市化的演进速度。

第二节　文献综述

一　全要素生产率

全要素生产率来源于对经济增长过程中源泉的分解，在新古典生产理论框架下，全要素生产率体现为外生的、希克斯中性的技术进步（Solow，1957）。全要素生产率核算强调在产出增长中扣除投入增长及投入份额后的余量。伴随着全要素生产率核算理论的发展，逐步演绎出多元化的概念类别及核算方法。单纯从全要素生产率的概念类别来看，既包括较为宏观的国家层面的全要素生产率，也包括中观层面的区域或省级全要素生产率（朱英明，2009），还包括微观层面的行业或企业全要素生产率（张志强，2015）；既包括传统意义的全要素生产率，也包括纳入资源环境要素的环境全要素生产率（沈可挺和龚健健，2011）及纳入环境治理成本的绿色全要素生产率（王兵和刘光天，2015），还包括纳入收入差距的包容性全要素生产率（陈红蕾和覃伟芳，2014）。

全要素生产率核算方法是相关研究中最受关注的议题。基于前沿与非前沿分析、确定性分析与计量分析、参数与非参数分析等原则（鲁晓东和连玉君，2012；余泳泽，2017），全要素生产率核算方法可以划分为增长会计核算法、非参数 DEA 方法和参数核算法三种类型。其中，增长会计核算法强调利用会计方法核算生产要素的投入份额，以此确定全要素生产率。非参数 DEA 方法强调通过比较非 DEA 有效的生产前沿面和 DEA 有效的生产前沿面之间的偏离程度，来考察多个决策单元产出与投入之间的相对效率。参数核算法强调通过基于参数或半参数的估计，来确定核算全要素生产率核算过程的关键参数。

增长会计核算法主要是指代数指数法，强调通过产出数量指数与所有投入要素加权指数的比率来计算全要素生产率（Abramovitz，1956）。代数指数法的核心在于不需预设生产函数形式，直接利用统计学意义上的拉氏指数（或帕氏指数）等，根据经验确定资本、劳动等投入要素的份额，并在此基础上基于索洛余值法计算全要素生产率。主要的代数指数法包括Törnqvist-Theil 指数法（Theil，1965）和 Divisia 指数法（Jorgenson et al.，1987）等。基于代数指数法确定全要素生产率的最大缺陷在于要素投入份额的确定存在非精准性。

另一类不需预设生产函数形式的核算方法是非参数 DEA 方法。DEA 方法源于 Farrell（1957）的分析，经 Charnes 等（1978）的发展而形成比较成熟的分析范式，Tone（2001）对此类方法进行了系统的阐释。目前，比较流行的 DEA 方法，包括 DEA-CCR、DEA-BBC、DEA-SBM、超效率 DEA 等。基于非参数 DEA 方法来核算全要素生产率的过程，通常要与某些特定的指数相结合，其中与 Malmquist 指数的结合分析最为流行，形成了比较系统完善的 DEA-Malmquist 方法。Malmquist 指数，源自 Malmquist（1953）的缩放因子理念，并在缩放因子理念中嵌入了距离函数而得以成型（Caves et al.，1982）。DEA-Malmquist 方法在较大程度上弥补了全要素生产率估算中需要预设生产函数形式的缺陷，但也存在一定的问题，如不能较好地处理非期望产出、仅限于产出或投入某一方面的变化等。由此，学界开始探索将 DEA 方法和 Luenberger 指数（Chambers et al.，1996）、ISP 指数（Chang et al.，2012）相结合，形成了 DEA-Luenberger 方法和 DEA-ISP 方法。其中，DEA-Luenberger 方法可以同时考察产出和投入的变化，DEA-ISP 方法则在测算全要素生产率的同时，添加了对单个投入要素生产率变化的考察。尽管基于 DEA 的核算方法相比较于代数指数法有了很大的改进，但这一类方法仍然存在无法考虑非投入性因素、无法确保多个产出之间的非相关性等问题，同时，基于 DEA 的核算方法存在"黑匣子"效应，导致无法进行模型的优劣性考察。

随着现代计量经济学的发展，基于参数或半参数估计方法来核算全要素生产率的思路开始逐步居于主导地位。最流行的参数核算法包括随机前沿分析和基于不同生产函数模型估计的索洛余值分析。尽管部分文献将索洛余值法归入增长会计核算法中，但索洛余值法的核心在于确定产出增长率、投入要素增长率和投入要素份额，其中最关键的步骤在于通过估算生产函数的经验模型，来确定生产要素的投入份额，这更符合参数核算法的逻辑。

随机前沿分析源自 Kumbhakar 和 Lovell（2000）的系统阐释，其核心逻辑在于在预设函数形式与预设随机扰动项、生产无效率项分布形式等条件下，将全要素生产率分解成为生产效率变化、技术进步、规模效率变化和资源生产效率变化（王志刚等，2006）。通常，随机前沿分析的函数形式采用超越对数生产函数形式，随机扰动项的分布形式采用正态分布，生产无效率项的分布形式采用半正态分布。尽管随机前沿分析有利于实现对全要素生产率更为精细的分解，但这种预设函数形式和预设分布形式的做法，实际上会降低全要素生产率核算的科学性。

学术界围绕索洛余值分析方法的研究，实际上更多地侧重于通过合理选择生产函数形式，精准地选择参数估计方法，较好地处理模型变量的内生性问题，以获取更为精准的要素投入份额。在早期分析中，通常会将生产函数形式设计为柯布-道格拉斯生产函数，采用资本、劳动两要素投入假设和规模报酬不变、技术中性假设，以最小二乘法来估计相关参数。在近期分析中，生产函数形式逐步延展到不变替代弹性生产函数、超越对数生产函数等（袁礼和欧阳峣，2018）；要素投入也逐步放宽了资本、劳动两要素假设，开始将能源、知识资本、人力资本等因素纳入分析框架（程惠芳和陈超，2017）。值得注意的是，在传统的参数核算分析中，往往会存在生产率核算的内生性问题。对这一问题，主要通过个体固定效应估计、GMM估计（Blundell and Bond，1998）等参数估计方法，以及 OP 方法（Olley and Pakes，1996）、LP 方法（Levinsohn and Petrin，2003）、ACF 方法（Ackerberg et al.，2007）等半参数估计方法来进行修正。其中，OP 方法侧重于将投资作为代理变量来解决全要素生产率的内生性问题，LP 方法基于OP 方法而发展，旨在将中间投入品作为工具变量来解决内生性问题。

二　工业全要素生产率

学界对工业效率的关注由来已久。工业效率，即工业生产率，主要通过工业部门劳动生产率、资本产出率或综合要素生产率等来评价（林青松，1995），其中劳动生产率和资本产出率分别基于劳动、资本的角度解析单个要素的投入产出效率，综合要素生产率则强调基于所有要素的视角来解析其投入产出效率。工业部门综合要素生产率，一般在工业部门的所有投入要素及产出基础上，结合 OLS 估计（刘小玄，2000；王德文等，2004；张少华和张天华，2015）、随机前沿函数方法（姚洋和章奇，2001；吴茵茵等，2018）以及数据包络分析方法（孙广生等，2011；李占风和张建，2018；蔺雪芹等，2019）等来估算。相比较而言，基于随机前沿函数方法或数据包络分析方法来测度工业部门综合生产率的做法在近期文献中更为流行。

工业全要素生产率是与工业部门综合要素生产率相对应的一个工业效率概念，强调工业产出中扣除投入要素及中间投入品等以后的发展效率。在理论研究与现实应用中，工业全要素生产率与工业部门综合要素生产率往往被混合使用，而从本质上来看，这二者也并无特别大的差别。由于在工业全要素生产率测度中往往会考虑不同的投入要素或产出类型，这些综合要素生产率往往以不同的学术名词形式出现。在重点考察投入要素的条件下，工业全要素生产率可以包括工业资源或能源效率（林伯强和刘泓汛，2015；李颖等，2019）、工业环境效率（董敏杰等，2012；Shen et al.，2019）、工业技术创新效率（肖文和林高榜，2014）、工业经济-环境效率（刘睿劼和张智慧，2012）等，这些效率分别强调资源或能源、环境、R&D、资源-环境的社会支付总意愿等投入要素；在重点考察产出类型的条件下，工业全要素生产率又可以包括工业技术效率（姚洋和章奇，2001）、工业碳排放效率（周五七和聂鸣，2012；Li et al.，2018；Zhou and Tang，2021）以及工业绿色全要素生产率（李斌等，2013；Fang et al.，2021）等，这些效率分别考察实际产出与预期产出的差别、产出过程中的碳排放、扣除污染物排放和碳排放后的绿色产出等。

单就工业全要素生产率的研究而言，近期研究主要围绕测度方法及影响因素分解两个领域展开。如图2-1所示，目前，测度工业全要素生产率的方法主要基于两个维度展开，包括前沿核算及非前沿核算（鲁晓东和连玉君，2012）。前沿核算一般是基于工业生产的实际过程与生产前沿面之间的差距来解析工业效率，包括数据包络分析和随机前沿分析两种主要的方法。在数据包络分析框架下，工业全要素生产率包括工业资源配置效率变化率及工业技术进步率两部分，其中，工业资源配置效率变化率可以分解为规模效率变化率、要素可处置度变化率、纯技术效率变化率，工业技术进步率可以分解为中性技术进步率、投入非中性技术进步率（孙巍和叶正波，2002；孙早和刘李华，2016）。在随机前沿分析框架下，工业全要素生产率包括工业部门前沿技术进步、相对前沿的技术效率、资源配置效率及规模经济性四个部分（Kumbhakar et al.，2000；涂正革和肖耿，2005；李胜文和李大胜，2008）。

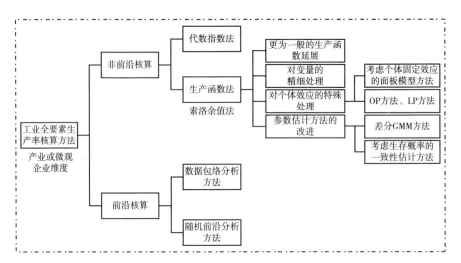

图 2-1　工业全要素生产率核算方法示意

资料来源：作者绘制。

　　非前沿核算一般会基于代数指数法和生产函数法来测度工业全要素生产率，代数指数法包括代数核算法与指数核算法两类。相比较而言，代数核算法一般会基于特定的代数表达式来计算工业全要素生产率，Nadiri 和Prucha（1990）曾设计了全要素生产率增长率的代数表达式，包括技术变迁的直接影响、投入要素利润加成的直接效应以及规模经济效应三部分。指数核算方法一般会结合统计指数的理念和方法，在产出或投入核算中以指数加权的方式获取产出或投入的综合增长情况，并以综合产出增长与综合投入增长的差额或比率来考察工业全要素生产率（Georganta，1997）。生产函数法一般是基于一定的经验生产函数，结合索洛余值法，通过产出增长率与要素投入增长率与要素投入份额乘积的差额来测度工业全要素生产率。

　　现代计量经济学的大发展与新进展使得基于生产函数法来测度工业全要素生产率的做法更为流行，基于此逻辑展开的全要素生产率测度方法更为多元，也更显科学性。基于生产函数法来测度工业全要素生产率的传统方法，一般是结合柯布-道格拉斯生产函数来完成，在实际建模中出于不同的发展需要，测度工业全要素生产率的生产函数法得到了极大的发展。主要的延展逻辑包括四个方向：第一，对柯布－道格拉斯生产函数的一般性延展。Oh 等（2014）以产出增长率减去投入增长率与成本份额之间乘积的差额为基础计算了全要素生产率，只不过采用了三种更为一般的经验生产函数及三种技术进步表达式，其经验生产函数中考虑了解释变量、时期及其交叉影响，函数形式相较于柯布－道格拉斯生产函数而言也更为一般。第二，对被解释变量或解释变量及其替代指标的精细化处理。对被解释变量的精细化处理主要是考察工业产出选择总产值还是增加值，朱沛华和陈林（2020）支持采用总产值成本函数或总产值生产函数，认为通过其测度得到的工业全要素生产率的异质性更小；对解释变量的精细化处理主要涉及资本、劳动力替代变量的选择以及中间投入品的处理（李小平和朱钟棣，2005），部分研究还将资本投入要素分解成为建筑安装工程投资和机器设备投资（孙早和刘李华，2019）。第三，基于面板数据建模需求对个体效应的单独处理。对个体效应的单独处理主要从考虑个体固定效应的面板模型方法、OP 方法、LP 方法三个方面展开。考虑个体固定效应是指在面板数据模型估计中充分考虑个体的固定效应；OP 方法是指将个体效应分解成为投资和个体投资预期等，以投资为代理变量，考虑多期投资与产出之间的单调关系，来科学估计经验生产函数中资本和劳动变量的参数（Olley and Pakes，1996；张可云和何大梽，2020）；LP 方法是与 OP 方法相对应的一种方法，相比较而言，OP 方法使用的代理变量为投资，而 LP 方法使用的代理变量则为中间投入（Levinsohn and Petrin，2003；王书斌，2018）。第四，经验生产函数的参数估计方法的改进。对工业全要素生产率测度中经验生产函数估计方法的改进主要包括差分 GMM 方法以及考虑生存概率的一致性估计方法两种，其中差分 GMM 方法采用被解释变量的滞后项作为工具变量来缓解模型的内生性，考虑生存概率的一致性估计方法则强调在模型中引入企业进入或退出的概率，来避免"幸存者偏差"，从而确保估计结果的一致性（鲁晓东和连玉君，2012）。

对工业全要素生产率影响因素的分解是另一个研究热点。学界主要从两个方向展开对工业全要素生产率影响因素的分解研究。第一，在控制一定因素的基础上重点考察特殊变量对工业全要素生产率的影响，这些特殊变量包括基础设施建设（Khanna and Sharma，2021）、资本或劳动要素扭曲导致的资源错配（王文和牛泽东，2019）、知识资本存量或其构成（程惠芳和陆嘉俊，2014）、创新和企业家精神（Chang and Robin，2008；徐远华，2019）、工业结构调整（王德文等，2004）、环境规制（Zhao et al.，2018），以及包含投资成本补贴、投资税收减免与企业所得税减免等在内的税收刺激（Ghebremichaela and Potter-Witter，2009）。第二，从理论和数学逻辑上分解工业全要素生产率的影响因素。Bloch 和 Tang（2007）指出工业全要素生产率受到出口、技术变迁及中间投入品成本加成等因素影响；Oh 等（2014）认为工业全要素生产率的影响因素包括技术水平、企业规模、产业部门、技能偏向性技术变迁、宏观与产业政策等；李小平和李小克（2018）认为要素效率的增长、偏向性技术进步发展水平、资本深化水平等将对工业全要素生产率产生协同影响；Wang 等（2021）认为工业全要素生产率会受到资本、劳动等要素效率变迁、偏向性技术进步及要素错配等因素的影响。

三　时空计量分析模型

（一）空间计量分析

空间计量分析技术源于 Paelinck 和 Klaassen（1979）的研究，主要经历了萌芽（20 世纪 70 年代中叶至 80 年代末）、起飞（20 世纪 90 年代）、成熟（2000 年以后）等阶段（孙久文和姚鹏，2014）。经过 40 多年的发展，空间计量分析技术已经形成相对完善的体系，建立了空间计量经济学的分析框架和研究范式，成为经济研究中的主流方法。

空间计量经济学，源于对经典计量经济学中忽视空间溢出效应的重点考察而形成的一个计量经济学分支学科。从本质上来看，空间计量经济学仍属于计量经济学范畴，其核心逻辑在于将被解释变量、解释变量和随机扰动项的空间溢出效应纳入经典计量经济学的分析框架之中，从而衍生出了各种各样的空间计量模型。空间计量经济学与经典计量经济学一脉相承，又各有特色。

从模型特征来看，空间计量模型源自经典计量模型，既有处理单个被解释变量与多个解释变量关系的空间单方程模型，也有处理多个被解释变量及其解释变量关系的空间联立方程模型。然而，由于空间计量模型在经典计量模型中加入了空间溢出效应项，使得空间计量模型相较于经典计量模型而言又具有了相异的模型特征，由此衍生出了多元化的空间计量模型形式。目前，主要的空间计量模型主要包括空间自回归模型（SAR）、空间杜宾模型（SDM）、空间误差模型（SEM）、空间 X 滞后模型（SXL）、空间自相关模型（SAC）、空间杜宾误差模型（SDEM）、通用嵌套空间模型（GNSM）和非空间模型（NSM）八种类型（LeSage，2009；Elhorst，2014）。在这些基础模型的基础上，可以基于空间非线性关系的考察和空间流量数据的考察，分别形成矩阵指数模型和空间计量交互模型（Marrocu and Paci，2013；Rodriguesa et al.，2014）。

从所采用的数据特性来看，经典计量经济学中所采用的数据主要包括截面数据、时间序列数据和面板数据，空间计量经济学中采用的数据则通常会包含空间位置信息，或者数据必须具备一定的空间载体，所以空间计量经济学中往往会重点处理截面数据或面板数据，不会单独处理时间序列数据。对截面数据或面板数据的不同处理，形成了截面数据空间计量模型和时空计量模型（Hu et al.，2014）。当然，包含空间位置信息或空间载体信息的数据可以有连续型或离散型数据特征，这与经典计量经济学类似，空间计量经济学模型同样也会对连续型数据和离散型数据做出阐释，由此产生了空间 Probit、Logit 和 Tobit 等模型（Xu and Lee，2015）。

从模型的参数估计方法来看，经典计量经济学主要采用的方法包括 LS 类、LM 类、MM 类和贝叶斯类，其中 LS 类主要是依据估计值与真值之间的残差平方和最小来确定参数估计方法，LM 类主要是依据预设随机扰动项分布条件下似然性质最优来确定参数估计方法（Arbia，2014），MM 类主要是依据预设随机扰动项分布条件下的矩条件来确定参数估计方法，贝叶斯类主要是依据预设随机扰动项、随机扰动项方差及其方差-协方差矩阵、解释变量参数等先验分布来计算相关参数后验分布，从而确定参数估计方法

（Yu et al.，2012）。这些估计方法同样适用于空间计量经济学的参数估计过程。

空间溢出效应的纳入和衡量是空间计量经济学的独特性质。精准模拟数据之间的空间溢出效应及其传导路径和传导效应，是空间计量经济学中首要且最为关键的问题。按照空间权重矩阵的数据适用性，传统的空间权重矩阵主要适用于截面数据，时空权重矩阵则适用于面板数据；按照设定过程中依据的基本准则，空间权重矩阵包括基于空间近邻关系（Kato，2013）、距离或经济规模（Takagi et al.，2012；Fingleton and Palombi，2013）等设定的矩阵；按照与所分析数据之间的关系，空间权重矩阵包括根植于数据本身的内生空间权重矩阵（Bhattacharjee and Jensen-Butler，2013；Qu and Lee，2015），也包括游离于分析数据之外的依据数据的空间位置信息或空间载体特征而主观设定的外生空间权重矩阵（Lee et al.，2010；Cassette et al.，2012）。

空间计量经济学是一门应用性极强的经济学科，其理论和方法创新的重要逻辑在于促进空间计量应用的发展，而空间计量应用中困惑的出现和关键问题的解决又反过来促进空间计量经济学理论和方法的创新发展。空间计量应用的关键环节包括空间权重矩阵的设定与优选、模型设定及优选、解释变量的纳入与遴选、参数估计方法的遴选，以及软件选用和实现代码的编写等（Fingleton and Palombi，2013；Shoesmith，2013）。

空间权重矩阵是空间计量经济学区别于经典计量经济学的核心特征，空间权重矩阵的设定和优选必然成为空间计量经济学应用研究中最为关键的环节。一般地，空间权重矩阵依赖一定的空间位置信息、空间载体信息，并叠加诸如经济规模信息、通勤或者流量信息而设定，这种设定范式将不可避免地具有一定的主观性。这无疑会给空间计量的建模带来困惑，毕竟在同一模型框架下不同的空间权重矩阵设定将会导致不同的参数估计结果。目前，比较流行的空间权重矩阵遴选主要依赖两种分析范式，即基于与所分析数据的空间溢出效应路径和传导强度的相关性和匹配性最强原则而遴选，以及基于空间权重矩阵的后验概率最大化原则而遴选。相比较而言，后者的应用范围更窄一些，毕竟其空间权重矩阵多数基于最近邻原则而设计。

与经典计量经济学建模过程类似，空间计量模型的设定原则主要包括理论导向、数据导向两类，前者根据空间经济学、区域经济学、新经济地理学等学科的经典理论而预设模型的可能形式，而后者则主要依据样本解释变量和被解释变量的数据按照经验优选模型的可能形式。无论是基于理论导向还是基于数据导向的空间计量建模过程，模型的优选是必不可少的重要环节。模型优选一般与解释变量的遴选同时进行。模型和变量的优选过程通常建立在推断统计学基础上，一般会依据样本数据信息测度模型的特征信息，随后依据模型的特征信息进行模型的优选。经典计量经济学主要结合变量显著性、方程显著性、随机扰动项方差估计值、残差平方和、对数似然值、拟合优度等对模型特征做出初步判断，随后结合赤池准则、施瓦茨准则、LM 准则、Wald 准则、LR 准则等来判断不同模型的比较优势，并进行遴选。空间计量经济学源于经典计量经济学，经典计量经济学中的模型遴选准则在空间计量经济学中同样适用，比较流行的空间模型遴选准则包括 LM 准则、Wald 准则和 LR 准则三类，其中 LM 准则主要是依据随机扰动项的方差估计值进行设定，Wald 准则主要是依据解释变量的参数估计值进行设定，LR 准则主要是依据对数似然值进行设定（Mur and Angulo，2009；Wu and Li，2014）。

空间权重矩阵、空间计量模型和变量的遴选需要建立在参数估计的基础上，参数估计方法的选择也是空间计量应用建模中十分重要的环节。比较流行的空间计量模型参数估计方法包括极大似然法、贝叶斯反演法及基于贝叶斯的马尔科夫链蒙特卡洛模拟等（Yu et al.，2012；Arbia，2014）。由于空间计量模型构建过程中往往涉及大量的数据处理，需要选用一定的计算软件，并依据不同的软件与空间计量理论和方法编写一定的程序。尽管目前 R 软件、Stata 软件在空间计量模型应用研究中占有比较重要的地位，但国际上知名的空间计量经济学家通常基于 MATLAB 编写程序，所以 MATLAB 软件相比较而言更为流行。

（二）地理加权回归分析

目前，对地理加权回归模型的研究主要围绕着模型的设定与衍生、空间权重矩阵的设计与延展、参数估计与模型遴选、多重共线性的识别与消除、稳健性分析与预测等问题展开。

第一，模型的设定与衍生。在地理加权回归模型族中，主要有 GWR 基本模型、半参数地理加权回归模型、多尺度地理加权回归模型、多尺度半参数地理加权回归模型等经典形式。其中，GWR 基本模型强调对每个局部点给予不同的参数且模型中仅考虑局部解释变量；半参数地理加权回归模型强调在模型中既纳入局部解释变量，也纳入全局解释变量（Fotheringham et al.，2002；Kang and Dall'erba，2016）；多尺度地理加权回归模型强调不同的局部解释变量具有不同的空间带宽尺度（Fotheringham et al.，2017；Yu et al.，2020）；多尺度半参数地理加权回归模型既强调在模型中纳入全局解释变量和局部解释变量，也强调局部解释变量具有不同的空间带宽尺度（Chen and Mei，2021）。

在地理加权回归模型的四种经典形式中，其被解释变量往往是连续型数据，随机扰动项也往往服从零均值、同方差的正态分布。对被解释变量数据属性和随机扰动项分布性质的延展，衍生出各种各样的地理加权回归模型类型。当被解释变量为离散型数据时，GWR 基本模型延展为地理加权逻辑斯蒂回归模型（Atkinson et al.，2003）、地理加权判别式回归模型（Brunsdon et al.，2007）两类，其中第一类的被解释变量数据类型为贝努里离散选择数据，第二类的被解释变量数据类型为分类数据。当被解释变量为曲线、平面、三维图像等函数型数据时，GWR 基本模型延展成为函数型数据地理加权回归模型（Romano et al.，2020）。当被解释变量为高频数据和实时更新数据时，GWR 基本模型延展成为可逆近邻搜索地理加权回归模型（Tasyurek and Celik，2020）。当微观空间单元的相关数据缺乏时，GWR 基本模型延展成为基于面域空间数据的微观空间单元地理加权回归模型（Murakami and Tsutsumi，2015）。当随机扰动项的分布属性发生改变时，GWR 基本模型延展成为地理加权泊松回归模型（Shariat-Mohaymany et al.，2015）、地理加权泊松交互模型（Nakaya，2001）、半参数地理加权泊松回归模型（Nakaya et al.，2005）三类，其中，第一类模型随机扰动项服从泊松分布，第二类模型在此基础上纳入了来源地、目的地及流量数据作为解释变量，第三类模型在第一类模型基础上纳入了全局变量。

第二，空间权重矩阵的设计与延展。空间权重矩阵是空间计量经济学区别于传统计量经济学的重要标志。GWR 分析中使用的空间权重矩阵，其元素维度与纳入分析的近邻局部点个数相同，主对角线元素为目标分析局部点与纳入分析的近邻局部点之间的空间影响关系强度，其余元素为 0。局部点之间的空间影响关系强度一般基于核函数和空间距离计算，主要的核函数包括 Gaussion 函数、Bisquare 函数等（Nakaya，2001；Cho et al.，2010），空间距离一般依据局部点之间的经纬度，在欧氏距离或更为一般的 Minkowski 距离基础上加以计算（Lu et al.，2016），部分研究认为在空间距离计算中还应纳入局部点的经济规模或体量特征（Shi et al.，2006）。在面板数据条件下，空间权重矩阵将延展成为时空权重矩阵，相应的，GWR 基本模型也会延展为时空地理加权回归（Geographically and Temporally Weighted Regression，GTWR）模型。

GTWR 模型源于 Huang 等（2010）的研究，其主要思路是在将非平衡面板数据堆积为大截面数据、空间权重矩阵采用 Gaussion 函数和欧式距离的基础上，将时间间隔距离嵌入到核函数中以构建时空权重矩阵，进而采用 GWR 一般分析范式进行建模。Huang 等（2010）构建的时空权重矩阵存在一些较为明显的缺陷，包括对面板数据的大截面化数据处理、核函数限于 Gaussion 函数且不可延展、时空权重矩阵设计中忽略了空间溢出效应在时间上的可变效应以及转移和传导效应。学界对这些缺陷进行了一定的修正，Harris 等（2013）将时空权重矩阵中的时间因素替换为情景变量，由此构建了情景地理加权回归模型；Wu 等（2014）在 GTWR 模型中嵌入了空间自回归模型，构建了时空地理加权自回归模型的分析范式；Fotheringham 等（2015）放宽了空间权重矩阵在时期上具有一致性的假定，在固定时间带宽的基础上对各时期的可变空间权重矩阵进行优选，并在此基础上基于不变的时间带宽对时间权重矩阵进行了优选，随后基于 Gaussion 函数将可变空间权重矩阵和不变的时间权重矩阵组合形成时空权重矩阵；Du et al.（2018）将时空距离分解成空间距离、季节性时间距离和非季节性时间距离，以此构建了季节性时空地理加权回归模型和季节性时间地理加权回归模型；Bidanset 等（2018）在时空权重矩阵中添加了特征因素，由此延展出了地理特征加权回归模型以及地理、时间和特征加权回归模型。值得指出的是，这些延展大多建立在大截面数据 GWR 分析基础上，其时空权重矩阵也仅仅是在传统的空间权重矩阵中添加了时间因素或者其他因素，并不能完全适应面板数据空间计量模型的建模需要；同时，这些延展多数建立在经典计量模型的局部分析延展框架下，未能实现地理加权回归模型与空间计量全局模型的融合研究。

第三，参数估计与模型遴选。参数估计是空间局部分析的关键环节，是地理加权回归模型构建过程的关键步骤。目前，主要存在四种参数估计方法来估计 GWR 模型族的相关参数：第一，针对地理加权回归模型的基本模型，主要采用加权最小二乘法，其核心思路在于以空间权重矩阵为加权权重对局部点的参数进行估计；第二，针对半参数地理加权回归模型，主要采用两阶段估计方法，其核心思路在于按照一定的顺序，分别用最小二乘回归和地理加权回归处理全局变量和局部变量的参数估计问题，然后再将全局分析结果代入局部回归的参数估计式中（Fotheringham et al.，2002；Kang and Dall'erba，2016）；第三，针对多尺度地理加权回归模型或多尺度半参数地理加权回归模型，主要采用线性可加模型和后向拟合法进行参数估计迭代，主要做法是将平滑因子或者局部变量参数的地理加权回归估计值作为初始值，结合后向拟合法和 Gauss-Seidel 迭代或 Jacobi 迭代（Brunsdon et al.，1999；Leong and Yue，2017），来实现对平滑因子或变量参数的估计；第四，针对被解释变量为离散选择数据的 GWR 模型，参数估计往往建立在极大似然估计的基础上，主要做法是基于随机扰动项的泊松分布或者其他分布设定，找准给定样本信息条件下参数出现的对数似然函数，并基于对数似然函数关于相关参数的一阶导数等于 0 来求解参数估计值。

近期研究主要基于局部变量参数的线性分解或参数估计基本准则调整来延展相关参数估计方法。Wang 等（2008）在将局部变量参数经过泰勒级数展开为局部点参数及其在经度和纬度上的局部变动比率基础上，构建了局部线性拟合的地理加权回归（Local Linear-Fitting-Based GWR，LLFBGWR）模型的分析范式；Zhang 和 Mei（2011）舍弃了最小二乘准则，采用局部最小绝对偏差准则对 LLFBGWR 模型的参数估计问题进行了深入探讨；Chen 等（2012）放弃了均值回归的经典做法，对分位数以下和以上的数据各自赋予不同的权重，结合参数估计准则的加权处理，构建了地理加权分位数回归模型的分析范式；Comber 和 Harris（2018）综合了 LASSO 回归和岭回归的建模思路，在弹性网络回归基础上，构建了地理加权网络弹性逻辑斯蒂回归模型的分析范式。

　　模型遴选是 GWR 模型参数估计之后的一个重要环节，主要包括是否选择地理加权回归进行局部分析、在 GWR 分析中选择何种类型和何种规模的空间带宽、在 GWR 分析中选择何种模型进行局部分析三个方面。对于在空间数据分析中是选择局部模型还是选择全局模型的问题，主要通过参数在空间或时间上的一致性检验来完成（Mei et al., 2004）；对地理加权回归分析中空间带宽的选择主要通过 CV 准则或 AICc、BIC、SBIC 等准则来进行（Farber and Páez, 2007；Cleveland and Devlin, 1988；Nakaya, 2001）；对 GWR 分析中选择何种局部模型的分析主要通过假设检验来完成。事实上，无论是对参数在空间或时间上一致性的假设检验，还是对地理加权回归模型类型选择的假设检验，都是要依据模型之间的转化条件，设定原假设和备择假设，并依据模型转化过程中的参数估计值或随机扰动项方差估计值等，在构建一定的二次型统计量基础上，结合二阶矩或者三阶矩卡方分布逼近，构造一个卡方分布或者 F 分布来拒绝或接受原假设（Brunsdon et al., 1999；Leung et al., 2000），由此进行模型的遴选。在近期研究中，部分学者认为这种以二阶矩或三阶矩卡方分布逼近统计量分布的做法缺乏精准性，主张以随机扰动项的 Bootstrap 抽样为基础，结合迭代的思想，以模型残差平方和变动比率来进行假设检验和模型遴选（Mei et al., 2016）。同时，在 GWR 模型族的假设检验中也容易遭受局部点联合检验时的显著性水平设定陷阱，需要以样本容量、解释变量个数以及参数估计过程的帽子矩阵等因素来调整显著性水平（Byrne et al., 2009；Silva and Fotheringham, 2016）。

第四，多重共线性的识别与消除。在 GWR 模型参数估计过程中，往往会存在多重共线性，这种多重共线性可能源自局部变量之间的相关关系，也可能源自在不同局部点分析中纳入相同的近邻点所形成的变量之间的相关关系（Wheeler and Tiefelsdorf，2005）。GWR 分析中的多重共线性，通常可以通过方差膨胀因子、条件数和局部相关系数来识别（Fotheringham and Oshan，2016），当方差膨胀因子大于 10，条件数大于 30，或局部相关系数大于 0.9 时，均意味着 GWR 模型中存在多重共线性。GWR 分析中的多重共线性主要通过局部解释变量的逐步回归法、基于贝叶斯的广义岭回归（Bárcena et al.，2014）、LASSO 回归以及网络弹性回归（Comber and Harris，2018）等方法加以消除，其中，第一种消除方法建立在局部解释变量的增减上，第二种至第四种消除方法建立在对目标损失函数施加一定约束条件的基础上。

第五，稳健性分析与预测。GWR 模型参数估计和模型遴选完成后，需要进行稳健性评估。经典的稳健性评估方法包括删掉全局回归过程中残差值大于 3 的部分样本后重新进行 GWR 分析、对初始残差较大的部分样本进行向下加权后重新进行 GWR 分析两种（Fotheringham et al.，2002）。Harris 等（2010）认为，这两种评估方法均存在一定的主观性，即临界值数值大小直接决定删除样本量的多少，而所选择的向下加权函数形式也会直接决定数据调整的幅度，并主张将标准化后的全局残差和标准化后的局部残差作为样本删除的临界值，以降低稳健性分析中的主观性。预测是传统回归模型的一个重要功能，目前 GWR 分析的相关文献中少有对预测问题的专门探讨。Imran 等（2015）曾结合局部变量及其参数估计值，以及随机扰动项方差估计值的 KED 克里金插值，来对局部点进行预测。不过，这种预测未能考虑随机扰动项的分布特征，且基于点估计和随机扰动项估计值插值的预测方法精度不高，需要进一步改进。

第三节　文献述评与研究动机阐释

从前文涉及经济发展理论、工业化理论等理论基础的阐释以及对全要素生产率、工业全要素生产率以及时空计量分析模型等研究主题的文献回顾中，可以得到一些十分重要的结论，主要包括以下几点。

第一，经济发展理论是关于发展中国家如何实现经济发展的理论阐释，主要的理论学派包括古典主义的经济发展理论、结构主义学派、新古典主义学派、演化发展经济学派、新结构主义学派等。其中，古典主义的经济发展理论强调从投入要素视角探讨经济发展及其影响因素问题；结构主义学派强调世界发展的二元结构下发展中国家应该尽可能避免参与国际贸易，强调以工业化促进国内经济发展；新古典主义学派强调发展中国家必须重视市场的作用，以扩大贸易出口促进经济发展；演化发展经济学派强调对幼稚工业的保护，以效仿和赶超促进经济发展；新结构主义学派强调立足于要素禀赋及结构，在经济发展中充分发挥政府和市场的作用。在世界工业化的四次革命浪潮下，形成了以企业-市场驱动的英国模式、政府-市场驱动的德国模式、法治-公司驱动的美国模式、重工业驱动的苏联模式、以进口替代为主的拉美模式、以出口导向为主的东亚模式等。世界工业化发展的经典理论包括西方现代化理论、依附理论、世界体系理论、跨越发展理论等；主要的工业化发展阶段包括前工业化社会、工业化初期、工业化中期、工业化后期、后工业化时期等；工业化发展的驱动力主要包括资本、劳动、制度安排、贸易、技术、创新等因素，基础设施建设及城市化也将对工业化发展产生显著影响。

第二，全要素生产率源于对经济增长源泉的分解，是衡量经济发展效率的重要指标。一般地说，测度全要素生产率的方法包括增长会计核算法、非参数 DEA 方法和参数核算法三种。其中，增长会计核算法强调利用会计方法和指数方法来考察要素的投入份额，并由此计算全要素生产率；非参数 DEA 方法强调通过比较生产前沿面与实际生产之间的偏差来考察投入与产出之间的相对效率，包括 DEA-Malmquist、DEA-Luenberger、DEA-ISP 等方法；参数核算方法强调对一定的经验生产函数进行参数或非参数估计，并由此测度全要素生产率，包括随机前沿分析与基于索洛余值法的分析及其改进等。工业全要素生产率是全要素生产率在产业或企业维度的测度，其测度方法沿袭全要素生产率的基本方法，不过稍有不同。代数指数法是测度工业全要素生产率较为古老的方法，包含数据包络分析和随机前沿分析的前沿核算方法，以及以索洛余值法为主线的生产函数方法，是目前工业全要素生产率核算领域比较常用的方法。仅仅从以索洛余值法为主线的生产函数法的演进来看，主要包括生产函数的一般化延展、对模型变量及替代指标的更精细化处理、对面板数据中个体效应的单独处理、对变量参数估计方法的改进等。

第三，空间计量经济学是新近流行的一种考虑空间溢出效应的研究方法，已经成为经济学研究中的一种主流方法。目前，空间计量经济学研究中主要包括全局模型及局部模型两类，全局模型主要是在建模实践中考虑所有数据以获取变量之间关系的规律性，局部模型主要是在建模实践中考虑局部时期、局部个体的异质性以获取变量之间关系在不同局部点以及不同时期的差异。对全局模型的研究主要包括模型设定与模型优选、全局模型的空间权重矩阵的设定及优选、模型的参数估计方法演进等；对局部模型的研究也主要围绕模型设定与优选、局部模型中空间权重矩阵的设定与优选、模型参数估计方法的改进等展开，不过局部模型的延展还涉及多重共线性的识别与消除、局部模型的稳健性与预测精准性考察等。从本质上来看，空间计量全局分析与局部分析是两类不同的空间计量分析范式，其模型设定、空间权重矩阵、参数估计与模型遴选等研究范式均不相同。

从上述结论中可以看出，在结构主义学派的理论视野下，工业化是经济发展的重要依托和手段，而在古典主义学派的理论视野中，工业化必须依托于工业发展要素的投入。目前中国工业化发展已经进入了以"提质增效"等为重要特征的后工业化阶段，这必然要求中国工业发展效率测度的尺度更精细、结果更精准。尽管目前工业全要素生产率的核算方法成果丰硕，各类方法也日臻成熟，但仍有部分学者提出异议，认为工业全要素生产率核算中还存在概念界定及内涵解析具有随意性、不同生产函数形式隐含不同的假定、要素投入核算具有非精准性等问题（郑玉歆，2007）。

本书认为，目前对工业全要素生产率测度的研究不仅未能推进到地级城市层面，也未将更为精准的空间计量经济研究方法引入城市工业全要素生产率测度中。事实上，传统的对全要素生产率或者工业全要素生产率的核算均遗漏了一个重要的问题，即投入要素和产出结果的空间溢出效应。在空间经济增长或工业经济增长中，投入要素不仅有本地投入，还有邻近地区的影响效应；产出结果也会受到邻近地区的影响。当然，学界也已经注意到这一问题，并开始将时空计量分析嵌入全要素生产率核算的各种传统分析方法中。Tientao 等（2016）基于空间杜宾模型和贸易权重矩阵、距离权重矩阵等对嵌入时空计量分析的索洛余值核算方法进行了探索性研究，Glass 和 Kenjegalieva（2019）基于空间邻接权重矩阵对嵌入时空计量分析的随机前沿分析方法进行了一定的阐释。然而，从空间计量经济分析方法的最新进展来看，空间杜宾模型并不是最一般的空间计量模型，空间邻接权重矩阵也不一定是最能表征空间溢出效应路径及强度关系的空间权重矩阵，同时，这些方法改进多数是从空间计量全局模型入手对核算方法进行改进，缺乏对空间计量局部模型的嵌入。此外，Barilla 等（2020）尝试将空间计量一般式——通用嵌套空间模型嵌入索洛余值法中计算全要素物流生产率，但其在研究中实质上仅考察了 NSM、SAR、SEM 以及 SAC 四种模型。Wei 等（2023）也曾尝试将通用嵌套空间模型嵌入索洛余值法中，来考察中国城市工业全要素生产率，但其在研究中仅考虑了期望产出，而未纳入非期望产出因素。

有鉴于此，本书拟在经济发展的古典主义学派和结构主义学派的理论指导下，从工业全要素生产率测度的索洛余值法主线出发，在索洛余值法中充分嵌入空间计量全局模型及局部模型，在此基础上实现对工业全要素生产率测度方法的有效改进，并将之应用到中国城市工业全要素生产率的测度中。对这些问题的解决，既能将工业全要素生产率的测度延展到中国城市层面，从而实现分析尺度的精细化，又能充分将时空计量分析的最新成果纳入中国城市工业全要素生产率测度领域，从而实现测度结果的精准化。这是本书研究的主旨，也是本书研究的边际贡献和主要价值所在。

第三章
全要素生产率测度的方法创新

—— 基于对索洛余值法的时空计量分析嵌入和改进

索洛余值法是全要素生产率测度中一种最为经典且重要的方法，尽管学界对该方法进行了多元化的发展和创新，但目前在使用索洛余值法来测度全要素生产率的过程中仍然存在忽视建模过程中变量的空间溢出效应及其异质性等问题。接下来，本书将结合空间计量经济学建模的两种重要研究范式——全局分析和局部分析，实现对索洛余值法的改进，并由此创新全要素生产率的测度方法。

第一节　全要素生产率测度的索洛余值法及其缺陷

索洛余值法是全要素生产率核算中的一种经典方法（Solow，1957），通常是在设定和估算生产函数模型的基础上，将产出和投入的比例作为全要素生产率，并将产出增长率中扣除投入要素增长率及其份额后的余值作为全要素生产率的增长率（张军和施少华，2003；郭庆旺和贾俊雪，2005）。在考虑生产函数为柯布-道格拉斯生产函数形式、只有资本和劳动两种投入要素、技术进步不影响要素之间的边际替代率、规模报酬不变的条件下，即 $Y = AK^{\alpha}L^{\beta}$（$\alpha + \beta = 1$）时，其生产函数模型如式（3-1）所示。

$$\ln(Y/L) = \ln(A) + \alpha\ln(K/L) \tag{3-1}$$

在式（3-1）中，Y 表示产出；K、L 分别表示资本和劳动投入要素；A 为希克斯中性技术系数；α 为资本投入要素影响产出的弹性系数，即资本要素的投入份额；$\beta = 1 - \alpha$，表示劳动要素的投入份额。

基于一定的参数估计方法，很容易得到式（3-1）中资本要素影响产出的弹性系数估计值，记为 α^*。在此基础上，容易得到全要素生产率及其增长率的核算公式。令 $y=Y/L$、$k=K/L$，则全要素生产率及其增长率核算公式分别如式（3-2）和式（3-3）所示。

$$TFP = \frac{Y}{K^{\alpha^*}L^{1-\alpha^*}} = \frac{Y/L}{(K/L)^{\alpha^*}} = \frac{y}{k^{\alpha^*}} \qquad (3-2)$$

$$Rate\_TFP = \frac{\dot{A}}{A} = \frac{\dot{y}}{y} - \alpha^* \times \frac{\dot{k}}{k} \qquad (3-3)$$

从式（3-1）到式（3-3）的分析过程来看，在基于索洛余值法核算对全要素生产率的过程中，最重要的环节就在于对生产函数模型形式的设定以及要素投入份额的估算。然而，式（3-1）的生产函数设定却存在诸多问题，抛开前述诸多假设条件的限制，一个更为重要的问题就在于式（3-1）的模型设定中遗漏了产出结果、投入要素及随机扰动项的空间溢出效应项，即式（3-1）的生产函数模型在对经济增长过程的模拟中没有考虑到邻近地区经济增长的刺激或者延缓效应，也未考虑邻近地区资本或者劳动投入要素对本地区经济增长的可能影响，同时还未考虑到邻近地区未纳入模型中的其他投入要素对本地区经济增长的空间溢出效应。此外，基于式（3-1）的生产函数模型也未考虑邻近地区经济增长刺激或延缓效应、邻近地区资本或劳动要素投入影响效应、其他投入要素影响效应在空间上的异质性，因此，基于式（3-1）的生产函数并未对经济增长过程实现精准而有效的模拟。因此，基于式（3-1）估算出来的资本要素投入份额不够精准，从而使基于此类方法核算的全要素生产率及其增长率也不够精准。

第二节　嵌入通用嵌套空间模型的索洛余值法改进

一　通用嵌套空间模型：精准模拟经济增长过程的时空计量模型一般式

用于全要素生产率核算的传统索洛余值法，由于在生产函数模型设定中遗漏了产出结果、投入要素以及随机扰动项的空间溢出效应项，从而造成了核算结果的非精准性。为了弥补这一缺陷，需要找到一种模型设定形式，以准确模拟产出结果、投入要素及其他未纳入模型的要素的空间溢出效应，时空计量全局模型刚好满足了这一需要。

时空计量全局模型是空间计量经济学分析中的一种重要模型，是在空间计量基本模型中考虑面板数据和时空权重矩阵后形成的新模型。目前，空间计量基本模型种类繁多，LeSage 和 Pace（2009）整理了空间 X 滞后模型（SXL）、空间自回归模型（SAR）、空间误差模型（SEM）、空间杜宾模型（SDM）、空间自相关模型（SAC）等基本类型。Elhorst（2014）在此基础上，整理出了空间计量模型的一般式——通用嵌套空间模型（General Nesting Spatial Model，GNSM），并考察了从通用嵌套空间模型向其他基本模型退化的条件。式（3-4）和式（3-5）显示了通用嵌套空间模型的一般设定。

$$y = \alpha_0 + \rho_0(STW \times y) + X\beta_0 + (STW \times X)\theta_0 + \psi^i + \varphi^t + \mu \qquad (3-4)$$

$$\mu = \lambda_0(STW \times \mu) + \varepsilon \qquad (3-5)$$

在式（3-4）和式（3-5）中，y 为被解释变量，STW 为时空权重矩阵，X 为解释变量向量。μ、ε 为随机扰动项，ε 服从零均值、同方差的多元正态分布，即 $\varepsilon \sim N(0, \sigma^2 I_{NT})$，$I_{NT}$ 为 $NT \times NT$ 阶单位矩阵，N、T 分别为截面个数和时间周期数；μ 的分布形式取决于式（3-5）。β_0、θ_0 均为 $K \times 1$ 维的解释变量参数，K 为解释变量 X 的个数。φ^i、ψ^i 为截面效应和时期效应，这种效应可以是固定的，也可以是随机的。ρ_0、λ_0 分别为被解释变量和随机扰动项的空间相关系数，α_0 为常数项。

从式（3-4）和式（3-5）的模型入手，可以得到各种退化模型：当 $\rho_0 = 0$ 时，模型退化为空间杜宾误差模型（SDEM）；当 $\lambda_0 = 0$ 时，模型退化为空间杜宾模型（SDM）；当 $\theta_0 = 0$ 时，模型退化为空间自相关模型（SAC）；当 $\rho_0 = 0$ 且 $\theta_0 = 0$ 时，模型退化为空间误差模型（SEM）；当 $\lambda_0 = 0$ 且 $\theta_0 = 0$ 时，模型退化为空间自回归模型（SAR）；当 $\rho_0 = 0$ 且 $\lambda_0 = 0$ 时，模型退化为空间 X 滞后模型（SXL）；当 $\rho_0 = 0$、$\theta_0 = 0$ 且 $\lambda_0 = 0$ 时，模型退化

为非空间多元回归模型（NSM）。

由于通用嵌套空间模型囊括了所有比较经典的空间计量模型，且包含了式（3-1）的非空间模型形式，因此相对而言更具一般性。有鉴于此，本书拟从这一模型入手，阐释嵌入时空计量全局模型的全要素生产率核算的索洛余值法改进的方法逻辑。

二 通用嵌套空间模型条件下的生产函数

设 $\Omega_1 = (I_{NT} - \rho_0 STW)^{-1}$，$\Omega_2 = (I_{NT} - \lambda_0 STW)^{-1}$，其中，$I_{NT}$ 为 $NT \times NT$ 阶单位矩阵。基于式（3-4）和式（3-5），可以得到通用嵌套空间模型的数据生成过程，如式（3-6）所示。

$$y = \Omega_1(\alpha_0 + \psi^i + \varphi^t) + \Omega_1[X\beta_0 + (STW \times X)\theta_0] + \Omega_1\Omega_2\varepsilon \qquad (3-6)$$

设 $q = \exp(y)$，$A = \exp[\Omega_1(\alpha_0 + \psi^i + \varphi^t)] \exp(\Omega_1\Omega_2\varepsilon)$，其中，$\exp(\cdot)$ 为以自然数为底的指数形式，则式（3-6）可以转化为式（3-7）。

$$q = A\exp\{\Omega_1[X\beta_0 + (STW \times X)\theta_0]\} \qquad (3-7)$$

对式（3-7）两边同时取对数，如式（3-8）所示。

$$\ln q = \ln A + \Omega_1[X\beta_0 + (STW \times X)\theta_0] \qquad (3-8)$$

式（3-8）与式（3-1）的生产函数模型在结构上具有相似性。此时，如果将 q、A、X 分别看作人均产出、技术系数及人均投入要素的对数形式，则式（3-8）也就转化为了柯布-道格拉斯生产函数的对数形式。于是，可以定义式（3-7）为基于通用嵌套空间模型的生产函数。

在式（3-7）和式（3-8）中，当仅考虑资本和劳动两种投入时，则 $X = \ln(K/L)$，$q = Y/L$，$y = \ln(Y/L)$。其中 Y、K、L 分别为产出、资本和劳动；y、X 分别为空间计量模型中的被解释变量和解释变量。此时，分别以 $\ln(Y/L)$、$\ln(K/L)$ 为被解释变量和解释变量，结合式（3-4）和式（3-5），可以基于极大似然法或者基于贝叶斯的马尔科夫链蒙特卡洛模拟来估算通用嵌套空间模型的参数，并由此确定式（3-8）的表达式。随后，可以依据式（3-8）和基于索洛余值法的全要素生产率及其增长率核算公式来确定通用嵌套空间模型下的全要素生产率及其增长率核算过程。这也是嵌入时空计量分析的全要素生产率核算的索洛余值法改进的核心逻辑。接下来，本书将结合时空权重矩阵的内生或外生设定、投入要素的二元或多元设定等，考察嵌入通用嵌套空间模型后全要素生产率核算的索洛余值法改进的方法逻辑。

三　外生时空权重矩阵下全要素生产率的核算

在式（3-8）中，时空权重矩阵的不同设定会影响全要素生产率的核算方法过程。时空权重矩阵有外生和内生之分，在外生时空权重矩阵和内生时空权重矩阵的条件下，全要素生产率的核算方法不尽相同。本书这里将首先阐释外生时空权重矩阵下全要素生产率的核算方法。

外生时空权重矩阵由空间权重矩阵和外生的时间权重矩阵经过克罗内克积组合而形成，此时，空间权重矩阵基于距离等因素而外生设定，时空权重矩阵不会随时间的变化而变化，则式（3-8）可以变换为式（3-9）。其中，$\beta_{0,K}$ 分别为本地人均资本投入要素的外生参数，$\theta_{0,K}$ 为邻近地区人均资本投入要素的外生参数。

$$\ln\left(\frac{Y}{L}\right) = \ln A + (\Omega_1 \beta_{0,K} + \Omega_1 STW\theta_{0,K})\ln\left(\frac{K}{L}\right) \qquad (3-9)$$

在式（3-9）中，变量 Y、K、L 会随着时间的变动而变动。ε 的假设保证了其不会随着时间的变动而变动，Ω_1、Ω_2 也不会随着时间的变动而变动，但 φ' 与时间有关，由此 A 也会随着时间的变动而变动。令 $k = K/L$，对式（3-9）的时变函数关于时间 t 求导，如式（3-10）所示。

$$\frac{\dot{q}}{q} = \frac{\dot{A}}{A} + \frac{\dot{k}}{k}(\Omega_1 \beta_{0,K} + \Omega_1 STW\theta_{0,K}) \qquad (3-10)$$

在式（3-10）中，$\dot{q}/q$、$\dot{k}/k$ 分别表示人均产出和人均资本投入的增长率。资本份额为 $\alpha_{k,GNSM} = Trace\,(\Omega_1 \beta_{0,K} + \Omega_1 STW\theta_{0,K})/NT$。其中，$Trace\,(\cdot)$ 指括号内矩阵的迹算子。

当通用嵌套空间模型退化为其他模型时，资本份额的核算公式会发生相应的改变。当模型退化为空间杜宾误差模型时，其退化条件是 $\rho_0=0$，这使得 $\Omega_1=I_{NT}$，资本份额计算公式转变为 $\alpha_{k,SDEM}=Trace\left(I_{NT}\beta_{0,K}+STW\theta_{0,K}\right)/NT$；当模型退化成空间杜宾模型时，其退化的条件是 $\lambda_0=0$，这使得 $\Omega_2=I_{NT}$，资本份额 $\alpha_{k,SDM}$ 的计算公式与通用嵌套空间模型框架下的 $\alpha_{k,GNSM}$ 一样，但由于模型参数估计值有所不同，全要素生产率的计算结果将有所变化；当模型退化成空间自相关模型时，其退化条件为 $\theta_{0,K}=0$，此时资本份额计算公式为 $\alpha_{k,SAC}=Trace\left(\Omega_1\beta_{0,K}\right)/NT$；当模型退化成空间误差模型时，其退化条件是 $\rho_0=0$ 且 $\theta_{0,K}=0$，此时 $\Omega_1=I_{NT}$，资本份额计算公式为 $\alpha_{k,SEM}=\beta_{0,K}$；当模型退化为空间自回归模型时，其退化条件为 $\lambda_0=0$ 且 $\theta_{0,K}=0$，此时 $\Omega_2=I_{NT}$，资本份额计算公式为 $\alpha_{k,SAR}=Trace\left(\Omega_1\beta_{0,K}\right)/NT$；当模型退化为空间 X 滞后模型时，其退化条件为 $\rho_0=0$ 且 $\lambda_0=0$，这将导致 $\Omega_1=I_{NT}$、$\Omega_2=I_{NT}$，资本份额计算公式为 $\alpha_{k,SXL}=Trace\left(I_{NT}\beta_{0,K}+STW\theta_{0,K}\right)/NT$，这与空间杜宾误差模型框架下资本份额的计算公式一样，但全要素生产率的计算结果却不同；当模型退化为非空间多元回归模型时，其退化条件为 $\rho_0=0$、$\theta_{0,K}=0$ 和 $\lambda_0=0$，这将导致 $\Omega_1=I_{NT}$ 且 $\Omega_2=I_{NT}$，此时，资本份额计算公式为 $\alpha_{k,NSM}=\beta_{0,K}$，这与空间误差模型下资本份额的计算公式一样，但取值仍会不同。

总的说来，包含两要素投入假设、采用外生时空权重矩阵的空间分析框架下全要素生产率及其增长率将通过式（3-11）来计算。其中，s 为模型标识，取值为 $GNSM$、$SDEM$、SDM、SAC、SEM、SAR、SXL 和 NSM。

$$TFP=\frac{Y/L}{(K/L)^{\alpha_{k,s}}}$$

$$Rate\_TFP=\frac{\dot{q}}{q}-\frac{\dot{k}}{k}\times\alpha_{k,s}\qquad(3-11)$$

四　内生时空权重矩阵下全要素生产率的核算

内生时空权重矩阵是在外生的空间权重矩阵条件下，通过求取年份间 Moran 指数比值，计算包含可变时间效应的时间权重矩阵，将空间权重矩阵和内生的时间权重矩阵经过克罗内克积组合而成（范巧和 Hudson，2018）。此时，时空权重矩阵会随着时间的变化而变化，Ω_1、Ω_2 也会随着时间的变化而变化，这决定了 A 仍然会随着时间的变化而变化。令 $\Omega_3 = \Omega_1\beta_0 + \Omega_1 STW\theta_0$，对式（3-9）中的时变函数关于时间 t 求导，则会产生如式（3-12）的结果。

$$\frac{\dot{q}}{q} = \frac{\dot{A}}{A} + \{(\Omega_1)^2 \dot{STW}[-\rho_0(I_{NT}\beta_0 + STW\theta_0)] + \Omega_1 \dot{STW}\theta_0\}\ln(k) + \frac{\dot{k}}{k}\Omega_3$$

$$(3-12)$$

在式（3-12）中，尽管时变函数 STW 的一阶导数 $\dot{STW}$ 在理论上存在，但其时间权重矩阵为一个 $T \times T$ 阶的下三角矩阵，且其元素确定依赖于全局 Moran 指数计算公式，由此 $\dot{STW}$ 并不容易确定。依据式（3-12），在内生时空权重矩阵下，如果仍按照人均产出增长率减去人均资本增长率与资本份额的乘积来计算全要素生产率的增长率，必然导致全要素生产率核算的非精确性，毕竟漏算了一项，即 $\{(\Omega_1)^2 \dot{STW}[\rho_0(I_{NT}\beta_0 + STW\theta_0)] - \Omega_1 \dot{STW}\theta_0\}\ln(k)$。有鉴于此，在采用嵌入时空计量分析的索洛余值法改进方法来进行全要素生产率及其增长率的核算过程中，时空权重矩阵最好采用外生设定形式。

五 多要素投入假设下全要素生产率的核算

基于式（3-11）核算的全要素生产率，建立在资本、劳动两要素投入假设基础上，这是以新古典经济增长理论为基础的。然而，新经济增长理论已经将能源、土地、人力资本、制度等因素纳入经济增长的分析框架，有鉴于此，有必要将式（3-11）在多要素投入框架下进行延展。设在资本和劳动外，还存在其他投入要素 Z，即 $X = [\ln(K/L) \ \ln(Z/L)]$。此时，在给定外生的时空权重矩阵条件下，式（3-8）将变为式（3-13）。$\beta_{0,K}$、$\beta_{0,Z}$ 分别为本地人均资本投入和人均其他投入的外生参数，$\theta_{0,K}$、$\theta_{0,Z}$ 分别为邻近地区人均资本投入和人均其他投入的外生参数。

$$\ln\left(\frac{Y}{L}\right) = \ln A + (\Omega_1\beta_{0,K} + \Omega_1 STW\theta_{0,K})\ln\left(\frac{K}{L}\right) + (\Omega_1\beta_{0,Z} + \Omega_1 STW\theta_{0,Z})\ln\left(\frac{Z}{L}\right)$$

$$(3-13)$$

令 $z = Z/L$，对式（3-13）中的时变函数对时间 t 求导，可得式（3-14）。

$$\frac{\dot{q}}{q} = \frac{\dot{A}}{A} + \frac{\dot{k}}{k}(\Omega_1\beta_{0,K} + \Omega_1 STW\theta_{0,K}) + \frac{\dot{z}}{z}(\Omega_1\beta_{0,z} + \Omega_1 STW\theta_{0,z}) \quad (3-14)$$

在式（3-14）中，资本份额为 $\alpha_{k,GNSM} = Trace（\Omega_1\beta_{0,K}+\Omega_1 STW\theta_{0,K}）/NT$，其他要素份额为 $\alpha_{z,GNSM} = Trace（\Omega_1\beta_{0,z}+\Omega_1 STW\theta_{0,z}）/NT$。此时，在通用嵌套空间模型下，全要素生产率的增长率可以通过 $Rate\_TFP_{GNSM}=\dot{q}/q-（\dot{k}/k）\times\alpha_{k,GNSM}-（\dot{z}/z）\times\alpha_{z,GNSM}$ 计算得到，全要素生产率也可以通过 $TFP_{GNSM}=（Y/L）/[（K/L）^{\alpha_{k,GNSM}}（Z/L）^{\alpha_{z,GNSM}}]$ 计算。在他退化模型条件下，资本和其他要素的投入份额会发生变化，但全要素生产率及其增长率的计算公式仍然类似。

总的来说，嵌入时空计量分析的全要素生产率核算的索洛余值法改进方法，更为精准地模拟了经济增长过程，因而能够更为精准地估算生产函数模型及要素投入份额，从而能够更为精准地计算全要素生产率及其增长率。值得指出的是，在不同的时空权重矩阵设定以及不同的要素投入假设下，要素投入份额的计算公式略有不同。同时，尽管某些模型在确定要素投入份额时计算公式一样，但不同模型的参数估计结果并不一样，导致投入份额有所不同，从而导致全要素生产率及其增长率的核算结果也有所区别。

在实际建模中，应该根据经济增长的经典理论，结合假设检验原理，对通用嵌套空间模型及各种退化模型进行优选，随后依据最优模型来计算全要素生产率及其增长率。当然，鉴于要素投入份额计算依赖于模型设定和最优模型遴选，全要素生产率及其增长率的核算过程并非必须选择空间计量模型，而是要根据最优模型的遴选结果来确定。

第三节　嵌入面板时空地理加权回归模型的索洛余值法改进

一　面板时空地理加权回归模型的基本设定：基于同伴效应

面板时空地理加权回归模型是基于面板数据的地理加权回归模型，是从经典面板数据计量模型中衍生出来的，是包含了不同时间维度上不同地区截面数据的地理加权回归模型特定形式。与经典面板数据计量模型和地理加权回归模型有所区别，面板时空地理加权回归模型强调从目标分析地区的周边地区中借取一定数量的样本，从时空维度的样本地区信息中得到时空依赖关系的规律性及异质性，从而阐释目标分析地区被解释变量和解释变量之间的局部时空依赖关系，其基本模型设定如式（3-15）和式（3-16）所示。

$$y_L = X_L\beta + \varepsilon \qquad (3-15)$$

$$y_l = X_l\beta_l + \varepsilon_l \qquad (3-16)$$

在式（3-15）中，L 为把同一时期所有地区作为整体，按照时间由近到远堆积排列后形成的地区集合，即 $L = \{1_T, 2_T, \cdots, N_T, \cdots, n_t, \cdots, 1_1, 2_1, \cdots, N_1\}'$。其中，$n$、$t$ 分别为纳入分析的地区数和时期数，$n = 1, 2, \cdots, N$，$t = 1, 2, \cdots, T$；符号"$'$"表示转置矩阵（全书同）。y_L、X_L 为 L 地区对应的被解释变量和解释变量，β 为解释变量的外生参数，ε 为随机扰动项，$\varepsilon \sim N(0, \sigma^2 I_{NT})$，$I_{NT}$ 为 NT 阶单位矩阵。在式（3-16）中，l 为目标分析地区，$l \in L$；l 的取值意味着不同时期同一个目标地区将被作为单独的地区样本来对待。y_l、X_l、ε_l 分别为目标分析地区的被解释变量、解释变量和随机扰动项，β_l 为目标分析地区解释变量的外生参数。一般来说，X_l 会包括多个解释变量，相应的，β_l 也可以包括多个外生参数。

面板时空地理加权回归模型是依据经济学中的"同伴效应"来进行模型架构的。同伴效应强调个体的行为会受到周边地区行为的影响，个体的行为可以从一定数量的同伴行为中找到规律性（Bursztyn, et al., 2014）。式（3-17）显示了基于同伴效应的面板时空地理加权回归模型的转化式。

$$STW_{|\in l|}Y_{|\in l|} = STW_{|\in l|}X_{|\in l|}\beta_l + \varepsilon_{|\in l|} \qquad (3-17)$$

在式（3-17）中，$|\in l|$ 表示在以 l 作为目标分析地区时，基于一定的遴选准则而确定纳入分析框架的不同时期的地区样本集合。$STW_{|\in l|}$ 为时空权重矩阵，设 $|\in l|$ 中元素的个数为 $Num_{|\in l|}$，则 $STW_{|\in l|}$ 的维度为 $Num_{|\in l|} \times Num_{|\in l|}$。$y_{|\in l|}$ 和 $X_{|\in l|}$ 分别表示样本地区的被解释变量和解释变量矩阵，其维度分别为 $Num_{|\in l|} \times 1$ 和 $Num_{|\in l|} \times (\kappa+1)$，$\kappa$ 为纳入分析的解释

变量个数。$\varepsilon_{\mid \in l\mid}$ 为随机扰动项，满足零均值、同方差的正态分布假定。β_l 为解释变量 $X_{\mid \in l\mid}$ 的外生参数矩阵，$\beta_l = [\beta_{l,0}, \beta_{l,1}, \beta_{l,2}, \cdots, \beta_{l,\kappa}]'$。

相较于式（3-16），式（3-17）的解释变量参数未发生变化，均表示目标分析地区的被解释变量和解释变量之间的局部空间依赖关系，但其被解释变量和解释变量发生了变化，式（3-16）中的目标分析地区的数据信息，在式（3-17）中变为了将样本地区作为"同伴"映射到样本地区后形成的新信息。这意味着面板时空地理加权回归的建模过程，将严重依赖将样本地区作为"同伴"映射到目标分析地区的过程，这一映射过程的精准性决定了面板时空地理加权回归的建模科学性。因此，在面板时空地理加权回归建模理论分析和实践中，必须将对目标分析地区有显著时空溢出效应的所有周边地区，作为"同伴"样本地区纳入分析框架。当然，作为目标分析地区自身，也应该被作为样本地区纳入分析过程，毕竟这些目标分析地区的内生影响，相比"同伴"样本地区的影响而言更为重要。图 3-1 显示了基于同伴效应的面板时空地理加权回归的基本建模理念。

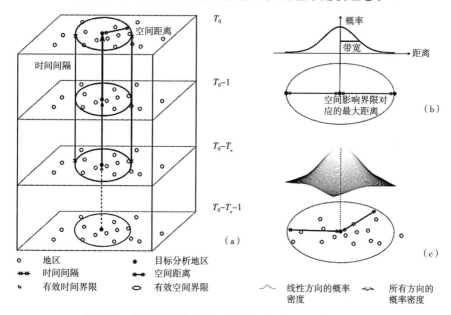

图 3-1　基于同伴效应的面板时空地理加权回归建模理念

资料来源：作者根据迅捷流程图软件绘制。

在图 3-1（a）图中，实心圆圈代表目标分析地区，T_0 表示目标分析地区对应的时期数，这个时间周期上的其他所有地区截面以空心圆圈表示。实线箭头表示对目标分析地区产生时空溢出效应的有效时间界限，以 T_e 表示。实线椭圆表示对目标分析地区产生时空溢出效应的有效空间界限。此时，在有效时间界限和有效空间界限之内的所有地区，构成对目标分析地区产生时空溢出效应的"同伴"样本地区（简称样本地区）。在面板时空地理加权回归的建模过程中，样本地区的行为信息将依据其对目标分析地区的时空溢出效应映射到目标分析地区上去，依据这些映射后的样本地区行为信息，可以进行建模并阐释目标分析地区的行为。对时空溢出效应的专门测度并将之纳入建模的全过程，是面板时空地理加权回归模型的独有特征，也是其与经典计量模型有所区别的根本标志。

二　面板时空地理加权回归的建模源起

面板时空地理加权回归模型的理论演进，建立在对时空地理加权回归（GTWR）传统建模方式固有缺陷的弥补基础上。Huang 等（2010）、Fotheringham 等（2015）对包含时间信息的空间数据的局部建模问题进行了初步研究，并架构了 GTWR 模型的研究范式。这一范式多以截面数据地理加权回归模型为依据，以空间权重矩阵中纳入时间因素来替代时空权重矩阵的确定，并由此进行参数估计、带宽遴选和模型遴选等。在 GTWR 建模过程中，除了存在将时空数据进行大截面化处理从而不适应面板数据的建模需要外，还存在一些较为明显的缺陷，包括以下几点。

第一，在 GTWR 建模过程中对空间权重矩阵元素进行开平方处理，这将改变样本地区信息向目标分析地区映射过程中的空间影响关系强度。在 GTWR 建模过程中，将矩阵 $STW_{|\in l|}$ 作为加权最小二乘法估计中的加权权重，这意味着时空权重矩阵将由 $STW_{|\in l|}$ 矩阵中各元素开平方形成的新矩阵来替代，这实际上是在样本地区信息映射成目标分析地区信息的过程中，对样本地区影响目标分析地区的时空溢出效应值进行了开平方处理。这种处理方式意味着地区之间的空间影响效应强度发生了明显改变，这直接影响着将样本地区映射成目标分析地区时的数据结构和数据信息。

第二，在 GTWR 建模过程中，时空权重矩阵的计算过程忽视了样本地区信息向目标分析地区映射过程的间接路径。在 GTWR 建模过程中，往往仅依据样本地区到目标分析地区的时空距离，结合空间带宽和核函数预设形式来确定时空权重矩阵的元素。这种设定方式，仅仅考虑了样本地区向目标分析地区映射的直接路径，忽略了样本地区通过周边地区向目标分析地区映射的间接路径，如图 3-2 所示。

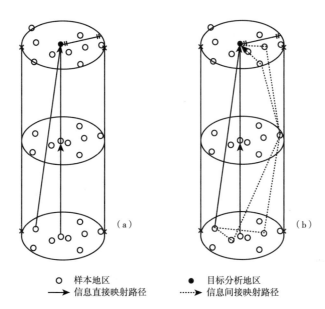

图 3-2　时空地理加权回归模型中直接映射与全息映射示意

资料来源：作者据迅捷流程图软件绘制。

第三，在 GTWR 建模过程中未能准确捕捉样本地区空间溢出效应在时间上的转移和传导效应。在 GTWR 建模过程中，通常会依据时空维度中不同样本地区的时空位置信息，结合三维空间的欧式距离公式或者其他距离公式以及一定的核函数和时间带宽等来确定时空权重矩阵中的元素。这种计算方式中的平方项将抹杀不同时期数之间出现的先后顺序，从而导致时期较近的样本地区会对时期久远的样本地区产生显著的空间影响效应，这与经济社会发展的现实情况不符。同时，直接以时间间隔来表示空间溢出效应在时间上的转移和传导效应的做法也并不完全科学，毕竟同一时间间隔之间空间溢出效应的转移和传导效应有可能不同。再者，将时空维度的样本地区以截面的形式置入抽样总体中并剥离其时间距离和空间距离的做法，容易丧失空间溢出效应在时间维度上的转移和传导效应信息。

第四，在 GTWR 建模过程中采用的自适应空间带宽具有其内在的缺陷。在 GTWR 建模过程中，学者们倾向于在一定的核函数设定形式下，基于样本地区和目标分析地区的空间距离和自适应空间带宽来确定时空权重矩阵的元素。然而，自适应带宽有其固有的缺陷，表现在对目标地区有显著空间影响效应的非样本地区未被纳入分析框架，以及纳入分析框架的样本地区对目标分析地区并未产生显著的空间影响效应等方面。对于单个目标分析地区而言，如果其近邻地区比较密集，则在既定的数量阈值下，部分非样本地区就有可能会对该目标分析地区产生显著的空间影响效应；反之，如果单个目标分析地区的近邻地区比较稀疏，则在既定的数量阈值下，纳入分析框架的样本地区就有可能不会对目标分析地区产生显著的空间影响效应。同时，单个目标分析地区对应的自适应空间带宽有所不同，这意味着基于自适应空间带宽和样本地区到目标分析地区的空间距离而计算的空间溢出效应强度不具有可比性。

第五，在 GTWR 建模过程中，存在局部点数据的重复使用，导致数据维度过大、存储不便和计算不够精准。在 GTWR 建模过程中，需要将所有局部点分析中纳入的近邻局部点全部纳入，这会导致局部点数据的重复使用，毕竟不同的局部点分析中有可能纳入同样的近邻局部点。在模型中截面数、时期数和空间带宽、时间带宽较大的条件下，随机扰动项方差估计过程所使用的近邻局部点维度将非常大，从而对计算机的运算和存储能力要求变得特别高。同时，GTWR 模型随机扰动项方差估计式设计存在偏误，由此计算的随机扰动项方差估计值将人为地变大，甚至有为负值的风险，这将影响到解释变量参数的方差-协方差矩阵、参数假设检验中的分布值、模型遴选准则值等的计算，使得相关计算结果不够精准。

三 面板时空地理加权回归建模中的时空权重矩阵设计：基于全息映射

全息，是一种光学概念，是指一种全面收集、存储物体衍射光从而完整再现物体的技术（钟丽云等，2004）。全息映射融合了这一概念，旨在表征将样本地区通过所有路径映射到目标分析地区，从而在目标分析地区上完整无损地再现样本地区信息的过程。本书设计的全息时空权重矩阵，既包括从样本地区向目标分析地区映射的直接过程，也包括从样本地区通过其他地区向目标分析地区映射的间接过程。由于全息时空权重矩阵涵盖了从样本地区向目标分析地区映射的全部信息，因而比时空地理加权回归建模过程更为科学，所使用的样本地区信息也更为完备，其元素确定如式（3-18）所示。

$$\begin{aligned} \Gamma &= STW'_{|\in l|} STW_{|\in l|} \\ STW_{|\in l|} &= STW_{l,direct} + \left[STW_{l,spillover} diag(STW_{l,direct}) \right]. * I_{Num_{|\in l|}} \end{aligned} \quad (3-18)$$

在式（3-18）中，Γ 表示面板时空地理加权回归模型参数估计时所使用的加权权重矩阵；$STW_{|\in l|}$ 表示将样本地区 $\{\in l\}$ 全息映射到目标分析地区 l 时所采用的全息时空权重矩阵，矩阵中仅主对角线有元素，非主对角线元素全为 0。$STW_{|\in l|}$ 由两部分空间影响效应值相加而成，一部分来自样本地区向目标分析地区直接映射的空间影响效应，另一部分来自样本地区向目标分析地区间接映射的空间影响效应。$STW_{l,direct}$ 指表征样本地区 $\{\in l\}$ 对目标分析地区 l 产生直接时空影响效应的时空权重矩阵；$STW_{l,spillover}$ 指表征样本地区 $\{\in l\}$ 两两之间时空溢出效应关系的时空权重矩阵；$diag(\cdot)$ 为提取括号内矩阵主对角线元素所形成的新向量；$I_{Num_{|\in l|}}$ 为 $Num_{|\in l|}$ 阶单位矩阵，设纳入分析的地区截面数和时间周期数分别为 $n_{|\in l|} = 1, 2, \cdots,$ $N_{|\in l|}$ 和 $t_{|\in l|} = 1, 2, \cdots, T_{|\in l|}$，则 $Num_{|\in l|} = N_{|\in l|} \times T_{|\in l|}$；符号 ". *" 表示矩阵之间的点乘，这实际上是把矩阵 $STW_{l,spillover} diag(STW_{l,direct})$ 中的元素，分别放到 $I_{Num_{|\in l|}}$ 主对角线元素对应的位置上去，从而形成新的矩阵。

表征样本地区 $\{\in l\}$ 两两之间时空溢出效应的时空权重矩阵 $STW_{l,spillover}$ 将按照范巧和 Hudson（2018）的方法确定，如式（3-19）所示。在式（3-19）中，$STW_{l,spillover}$、$TW_{l,spillover}$ 和 $SW_{l,spillover}$ 分别表示样本地区标准化后的时空权重矩阵、时间权重矩阵和空间权重矩阵，$\otimes$ 为克罗内克积符号。$\widetilde{sw_{l,spillover}}$ 表示样本地区初始空间权重矩阵的元素值，这些元素值经过标准化

处理后形成空间权重矩阵 $SW_{l,spillover}$；$f(\cdot)$ 表示核函数；n_o、n_d 分别表示样本地区空间溢出效应分析中的起点地区和终点地区，这些地区必须包括在被纳入分析框架的样本地区范畴之内，即 $n_o \in n_{|\in l|}$，$n_d \in n_{|\in l|}$；$d_{n_o \to n_d}$ 表示起点地区 n_o 到终点地区 n_d 的空间距离；h_d 表示终点地区 n_d 所对应的空间带宽。出于分析便利性和结果可比性考虑，后文的核函数设计统一采用高斯核函数形式，空间带宽采用自适应空间带宽形式，距离公式采用经纬度距离。$\widetilde{tw_{l,spillover}}$ 表示样本地区初始时间权重矩阵的元素值，这些元素值经过标准化处理后形成时间权重矩阵 $TW_{l,spillover}$；t_o、t_d 分别表示样本地区中起点地区对应的时期数和终点地区对应的时期数，t_o、t_d 的时间间隔应在时空溢出效应的有效界限之内，即 $|t_d - t_o| \in t_{|\in l|}$；$MI_{t_o}$、$MI_{t_d}$ 分别表示起点地区和终点地区对应的时期数上依据所有地区截面而计算的全局 Moran 指数。

$$STW_{l,spillover} = TW_{l,spillover} \otimes SW_{l,spillover}$$

$$\widetilde{sw_{l,spillover}} = \begin{cases} f(d_{n_o \to n_d}, h_d), n_o \neq n_d \\ 0, n_o = n_d \end{cases}$$

$$\widetilde{tw_{l,spillover}} = \begin{cases} MI_{t_d}/MI_{t_o}, t_d - t_o \geq 0 \\ 0, t_d - t_o < 0 \end{cases} \quad (3-19)$$

表征样本地区 $\{\in l\}$ 对目标分析地区 l 产生直接时空影响效应的时空权重矩阵 $STW_{l,direct}$，将依据式（3-20）确定。

$$STW_{l,direct} = \{diag(TW_{l,spillover}).*I_{T_{|\in l|}}\} \otimes SW_{l,direct}$$

$$\widetilde{sw_{l,direct}} = f(d_{n_{|\in l|} \to l}, h_l) \quad (3-20)$$

在式（3-20）中，$TW_{l,spillover}$ 为式（3-19）中所确定的标准化后的时间权重矩阵；$diag(\cdot)$、$I_{T_{|\in l|}}$ 及符号 "$\otimes$" 和 ".*" 与前文定义一致。$SW_{l,direct}$ 指表征样本地区 $\{\in l\}$ 按照所属地区截面依据时间周期排列时的所有地区截面 $n_{|\in l|}$ 对目标分析地区 l 产生直接空间影响效应的空间权重矩阵，其主对角线元素为 $\widetilde{sw_{l,direct}}$。$f(\cdot)$ 仍为核函数，h_l 为目标分析地区 l 所对应的自适应空间带宽，$d_{n_{|\in l|} \to l}$ 为地区截面 $n_{|\in l|}$ 到目标分析地区 l 的空间距

离。值得注意的是，与式（3-19）中 $SW_{l, spillover}$ 需要标准化的情况不同，$SW_{l, direct}$ 不再需要标准化，它表示样本地区 $\{\in l\}$ 所对应的所有截面地区 $n_{|\in l|}$ 对目标分析地区 l 产生直接空间影响效应的水平情况。

在依据式（3-19）和式（3-20）确定空间权重矩阵元素时，为了保证所得到的空间效应程度值具有可比性，需要对自适应带宽 h_d 和 h_l 进行调整，即利用 $h = \text{Max}(h_d, h_l)$ 来替代自适应带宽的初始值 h_d 和 h_l，$\text{Max}(\cdot)$ 意为取最大值。这种替代过程既可以保证每个目标地区纳入分析框架的样本地区总数相同，也可保证在统一的尺度下进行空间影响效应或者空间溢出效应的计算。在具体程序设计中，h 可以依据如下步骤计算：首先，基于纳入分析框架的样本地区数量阈值，确定每个目标分析地区应该纳入的样本地区数量，以及每个样本地区应该纳入的近邻地区数量；其次，计算样本地区到目标分析地区的所有距离 $d_{n_{|\in l|} \to l}$，以及每个样本地区到其纳入分析的近邻地区的所有距离 $d_{n_o \to n_d}$；最后，依据式（3-21），计算调整后的自适应空间带宽 h。

$$h = \text{Max}(d_{|\in l| \to l}, d_{n_o \to n_d}) \Big/ \sqrt{-\frac{1}{\eta} \ln(sevc)} \qquad (3-21)$$

在式（3-21）中，η 为高斯核函数中的经验常数，本书取值为 0.5。$sevc$ 为空间影响边界上可以容忍的空间影响效应临界值，考虑到空间影响效应的定义域 $(0, 1)$ 以及显著性水平临界值的设计方式，本书设 $sevc = 0.05$，这意味着当地区之间的空间溢出效应小于 0.05 时，空间溢出效应不存在。

四　面板时空地理加权回归建模的方法逻辑

全息时空权重矩阵的设计，需要建立在一定的自适应空间带宽、时间带宽基础上，这些自适应的带宽一般依据纳入的空间点个数和时期数的阈值而确定。在给定空间带宽和时间带宽的条件下，单个局部点分析中纳入的近邻局部点将形成一个新的面板，这个新面板是包含所有空间点和所有时期数的初始面板的一个子集，此时，可以依据面板数据计量经济学的传统建模逻辑来确定单个局部点的所有参数及其统计性质。同时，由于局部点参数及其统计性质的计算依赖于自适应空间带宽、时间带宽的确定，不同的自适应带宽将意味着不同的最优模型，本书将基于模型的整体统计性质来确定自适应带宽的优选和模型遴选问题，这些整体统计性质计算过程中的相关指标主要基于模型平均的理念而设计。

（一）面板时空地理加权回归模型的参数估计和显著性评估逻辑

基于式（3-18）中设计的全息时空权重矩阵，结合对时空地理加权回归建模过程的改进，可以得到面板时空地理加权回归模型的参数估计和显著性评估的一般逻辑。其中参数及其方差估计值分别为 $\tilde{\beta}_l = \tilde{S} y_{|\in l|}$ 和 $Var\ (\tilde{\beta}_l) =$ $Diag_l\ [\widetilde{\Omega}\ (\tilde{\beta}_l)]$；$\widetilde{\Omega}\ (\tilde{\beta}_l) = \tilde{S} \Gamma^{-1} \tilde{S}' \tilde{\sigma}_l^2$，$\tilde{S} = (X'_{|\in l|} \Gamma X_{|\in l|})^{-1} X'_{|\in l|} \Gamma$；$Diag_l\ (\cdot)$ 为提取括号内矩阵的主对角线元素组成的向量中第 l 个元素；随机扰动项方差估计值将依据式（3-22）计算。

$$\tilde{\sigma}_l^2 = (H_{|\in l|} - \tilde{H}_{|\in l|})' (H_{|\in l|} - \tilde{H}_{|\in l|}) / (\tilde{v}_{0,l} - 2\tilde{v}_{1,l} + \tilde{v}_{2,l})$$

$$\tilde{\sigma}^2 = (H - \tilde{H})' (H - \tilde{H}) / (\tilde{V}_0 - 2\tilde{V}_1 + \tilde{V}_2) \tag{3-22}$$

在式（3-22）中，$\tilde{\sigma}_l^2$ 为局部点 l 的随机扰动项方差估计值，$l=1，2，\cdots，$ NT；$H_{|\in l|} = STW_{|\in l|}\ y_{|\in l|}$；$\tilde{H}_{|\in l|} = \tilde{h}_l y_{|\in l|}$，$\tilde{h}_l = STW_{|\in l|}\ X_{l,|\in l|}\ \tilde{S}$；$\tilde{v}_{0,l} =$ $tr\ (STW_{|\in l|})$，$\tilde{v}_{1,l} = tr\ (\tilde{h}_l)$，$\tilde{v}_{2,l} = tr\ (\tilde{h}_l' \tilde{h}_l)$。$\tilde{\sigma}^2$ 为模型整体的随机扰动项方差估计值；$H = [H_1；H_2；\cdots；H_l；\cdots；H_{NT}]$，$H_l = y_l$，$\tilde{H} = [\tilde{H}_1；\tilde{H}_2；\cdots；$ $\tilde{H}_l；\cdots；\tilde{H}_{NT}]$[①]，$\tilde{H}_l = A \tilde{H}_{|\in l|}$；$A$ 为局部点 l 分析中所有产生有效影响的近邻局部点对局部点 l 的空间影响效应份额，$A = tr^{-1}\ \{STW_{|\in l|}\}\ Diag\ \{STW_{|\in l|}\}$，$Diag\ (\cdot)$ 表示提取括号内矩阵的主对角线元素形成的新向量，$tr^{-1}\ (\cdot)$ 为括号内矩阵的迹统计量的倒数；$\tilde{V}_i = \sum_l \tilde{v}_{i,l} / NT$，$i=0，1，2$。

在确定随机扰动项方差估计值的基础上，容易确定各局部点参数估计的 T 统计量及其分布，其中 $T_{l,k} = \tilde{\beta}_{l,k} / Se\ (\tilde{\beta}_{l,k}) \sim T\ (\tilde{v}_{0,l} - 2\tilde{v}_{1,l} + \tilde{v}_{2,l})$，$\tilde{\beta}_{l,k}$ 为向量 $\tilde{\beta}_l$ 的第 k 个元素，$Se\ (\tilde{\beta}_{l,k})$ 为向量 $Var\ (\tilde{\beta}_l)$ 中第 k 个元素的开平方。

---

① H 与 $\tilde{H}$ 表达式中的分号表示矩阵换行排列。

此时，由于局部点参数估计过程仍按照传统的面板数据计量经济学方法进行，则其概率值及概率临界值仍需按照传统算法进行计算，相关统计性质指标的确定也仍然按照传统算法进行设计（包括拟合优度、AICc 准则值、F 分布值、F 分布的概率值等）。由于模型整体分析中单个解释变量参数变得无足轻重，则不再需要对整体模型的解释变量参数及假设检验过程做单独分析。

（二）面板时空地理加权回归模型中的整体统计性质与模型遴选逻辑

在面板时空地理加权回归模型中，目标分析地区的行为可以通过样本地区的行为及其在所有地区对目标分析地区时空溢出效应总水平中所占份额的乘积来解释、推断或预测。基于样本地区的行为，对目标分析地区行为的推断或预测精度可以决定最优模型，并由此决定最优的空间带宽。

基于这一逻辑，目标分析地区的被解释变量 y_l，既可以由 $\ddot{y}_l = ASTW_{|\in l|}$ $y_{|\in l|}$ 解释，也可以由 $\tilde{y}_l = ASTW_{|\in l|} X_{|\in l|} \tilde{\beta}_l$ 解释。A 的定义与前文相同。设地区集合 L 的被解释变量值为 $y_L = [y_{1_T}, y_{2_T}, \cdots, y_{N_T}, \cdots, y_l, \cdots, y_{1_1},$ $y_{2_1}, \cdots, y_{N_1}]'$，则基于样本地区数据信息而得到的地区集合 L 的被解释变量推断值，以及基于面板时空地理加权回归模型而得到的地区集合 L 的被解释变量估计值可以由式（3-23）表示。

$$\ddot{y}_L = [\ddot{y}_{1_T}, \ddot{y}_{2_T}, \cdots, \ddot{y}_{N_T}, \cdots, \ddot{y}_l, \cdots, \ddot{y}_{1_1}, \ddot{y}_{2_1}, \cdots, \ddot{y}_{N_1}]'$$
$$\tilde{y}_L = [\tilde{y}_{1_T}, \tilde{y}_{2_T}, \cdots, \tilde{y}_{N_T}, \cdots, \tilde{y}_l, \cdots, \tilde{y}_{1_1}, \tilde{y}_{2_1}, \cdots, \tilde{y}_{N_1}]'$$

$$(3 - 23)$$

基于式（3-23），可以计算面板时空地理加权回归模型中的映射误差和估计误差。映射误差表示基于样本地区信息映射得到的目标分析地区被解释变量的推断值 $\ddot{y}_L$，偏离目标分析地区被解释变量真值 y_L 的程度，即 $RSS_1 = (\ddot{y}_L - y_L)'(\ddot{y}_L - y_L)$。估计误差表示基于面板时空地理加权回归模型得到的目标分析地区被解释变量的估计值 $\tilde{y}_L$ 偏离推断值 $\ddot{y}_L$ 的程度，即 $RSS_2 = (\tilde{y}_L - \ddot{y}_L)'(\tilde{y}_L - \ddot{y}_L)$。这两部分构成了面板时空地理加权回归模型的预测误差，即 $RSS = RSS_1 + RSS_2$。在面板时空地理加权回归建模过程中，不同的自适应带宽数量阈值，意味着不同的自适应空间带宽设定值。自适应空间带宽值的不同设定，将导致不同的模型参数估计结果和模型性质，面板时空地理加权回归建模过程中的带宽优选，实际上可以从自适应空间带宽的不同设定中找到一个最优的数量阈值，以保证面板时空地理加权回归模型中对目标分析地区被解释变量的预测误差最小，即 Min（RSS）。

面板时空地理加权回归模型的带宽优选也可以按照传统的 CV 准则、GCV 准则和 AICc 准则等来完成，只不过计算公式需稍做调整，如式（3-24）所示。在式（3-24）中，NT、k 分别表示局部点的总数和局部模型分析中纳入的解释变量个数；$\tilde{V}_0$、$\tilde{V}_1$、$\tilde{\sigma}^2$ 如式（3-22）所示；π 为圆周率。面板时空地理加权回归模型将依据 CV 准则、GCV 准则和 AICc 准则的取值最小来决定最优的自适应空间带宽和时间带宽。当不同的准则取值指向不同的最优带宽时，可以对这些不同最优带宽下的模型全部进行试算，并依据模型优选结果来确定最优带宽的遴选准则及遴选结果。

$$
\begin{aligned}
CV &= (\tilde{y}_L - y_L)'(\tilde{y}_L - y_L) \\
GCV &= CV/(NT - k - 1)^2 \\
AICc &= \tilde{V}_0 \left[\ln(\tilde{\sigma}^2) + \ln(2\pi) + (\tilde{V}_0 + \tilde{V}_1)/(\tilde{V}_0 - 2 - \tilde{V}_1) \right]
\end{aligned}
\qquad (3-24)
$$

面板时空地理加权回归模型中不仅要对带宽做出优选，还应对不同解释变量纳入以及不同模型效应下模型整体的优劣做出诊断。本书拟基于式（3-25）的相关统计性质指标来对模型整体做出综合选择。

$$
\begin{aligned}
Rate\_Sig &= 1 - \frac{\sum_l I\{ \mathrm{Prob}(T_{l,k}, \tilde{v}_{0,l} - 2\tilde{v}_{1,l} + \tilde{v}_{2,l}) > \alpha \}}{NT \times (k+1)} \\[2mm]
\tilde{R}^2 &= 1 - \frac{(\tilde{y}_L - y_L)'(\tilde{y}_L - y_L)/(\tilde{V}_0 - 2\tilde{V}_1 + \tilde{V}_2)}{(y_L - \bar{y}_L)'(y_L - \bar{y}_L)/(\tilde{V}_0 - 1)} \\[2mm]
F &= \frac{(\tilde{y}_L - \bar{y}_L)'(\tilde{y}_L - \bar{y}_L)/(2\tilde{V}_1 - \tilde{V}_2)}{(\tilde{y}_L - y_L)'(\tilde{y}_L - y_L)/(\tilde{V}_0 - 2\tilde{V}_1 + \tilde{V}_2)} \\[2mm]
\tilde{\alpha} &= \alpha(k+1)/(2\tilde{V}_1 - \tilde{V}_2) \\[2mm]
\ln L &= -\frac{\tilde{V}_0}{2} \left[\ln(\tilde{\sigma}^2) + \ln(2\pi) + 1 \right]
\end{aligned}
\qquad (3-25)
$$

在式（3-25）中，$Rate\_Sig$ 为整体模型中所有局部点参数估计值显著的比例，NT、k 的定义如式（3-24），α 为预设的显著性水平（0.01、0.05和 0.1）；$I\{\cdot\}$ 为示性函数，当括号内算式为真时取值为 1，否则取值为 0；$\mathrm{Prob}\left(T_{l,k}, \tilde{v}_{0,l} - 2\tilde{v}_{1,l} + \tilde{v}_{2,l}\right)$ 为在自由度为 $\tilde{v}_{0,l} - 2\tilde{v}_{1,l} + \tilde{v}_{2,l}$ 时，统计量 $T_{l,k}$ 对应的概率值。$\tilde{R}^2$ 为整体模型中修正的拟合优度值，$\tilde{y}_L$、y_L、$\tilde{V}_0$、$\tilde{V}_1$ 和 $\tilde{V}_2$ 的定义与前文相同，$\bar{y}_L$ 为 y_L 的均值。F 为模型整体显著性的 F 统计量，其分布形式为 $F\left(2\tilde{V}_1 - \tilde{V}_2, \tilde{V}_0 - 2\tilde{V}_1 + \tilde{V}_2\right)$，由此可以计算 F 统计量的值及其对应的概率水平。模型整体的概率临界值必须依据预设的显著性水平 α 重新核算。$\ln L$ 为模型整体的对数似然值，$\tilde{V}_0$、$\tilde{\sigma}^2$、π 与前文定义一致。一般来说，$Rate\_Sig$ 取值越大，$\tilde{R}^2$ 取值越大，F 越能通过假设检验，对应的模型越可能是最优模型。

五　基于内嵌面板时空地理加权回归模型的索洛余值法的全要素生产率核算

面板时空地理加权回归模型是空间计量局部分析领域的研究新进展，是面向面板数据的时空地理加权回归模型，是充分考虑了不同时间、空间维度个体间关系异质性的地理加权回归模型。传统的索洛余值法，不仅忽略了被解释变量、解释变量、随机扰动项的空间溢出效应，也忽略了这些空间溢出效应的异质性特征。前述基于通用嵌套空间模型的索洛余值法改进，主要是针对传统索洛余值法对空间溢出效应的忽略问题，结合空间计量经济学模型一般式以及空间权重矩阵在时空维度的延展，建立了充分考虑空间溢出效应和索洛余值法理念的全要素生产率核算框架。接下来，本书将结合面板时空地理加权回归模型的建模理念和逻辑方法，解析在索洛余值法中嵌入面板时空地理加权回归模型后的改进策略，并由此架构充分考虑不同时间、空间维度个体间关系异质性的全要素生产率核算方法。

式（3-26）给出了基于面板时空地理加权回归模型的索洛余值法的生产函数。其中，l 与式（3-16）中的含义一致，表示时间或空间维度上的不

中国城市工业全要素生产率测度研究

同个体；Y、X、A 分别表示产出、投入要素及希克斯中性技术系数；k 表示投入要素的个数；$\prod(\cdot)$ 表示连乘符号。由此，Y_l、$X_{l,k}$、A_l 分别表示局部点 l 的产出、局部点 l 的第 k 个投入要素以及局部点 l 的希克斯中性技术系数；$\gamma_{l,k}$ 表示局部点 l 第 k 个投入要素的投入份额，在索洛余值法的基本假定下有 $\sum_k \gamma_{l,k} = 1$。

$$Y_l = A_l \prod_k (X_{l,k})^{\gamma_{l,k}} \qquad (3-26)$$

设式（3-26）中的投入要素包括劳动要素和其他要素，即 $X_k = \begin{bmatrix} L_l & X_m \end{bmatrix}$，$m \in k$，$X_m \neq L$，则可以将式（3-26）改写成式（3-27）。在式（3-27）中，L_l 表示局部点 l 的劳动投入，$\gamma_{l,L}$ 表示局部点 l 劳动投入要素的份额；$X_{l,m}$ 表示局部点 l 的其他投入要素，$\gamma_{l,m}$ 表示局部点 l 其他投入要素的份额。

$$Y_l = A_l L_l^{\gamma_{l,L}} \prod_{m \in k, X_m \neq L} (X_{l,m})^{\gamma_{l,m}}$$
$$\gamma_{l,L} + \sum_{m \in k, X_m \neq L} \gamma_{l,m} = 1 \qquad (3-27)$$

令 $y_l = Y_l/L_l$，$x_{l,m} = X_{l,m}/L_l$，将式（3-27）两边同时除以 L_l 并求对数，整理后可得式（3-28），该式为嵌入面板时空地理加权回归模型的索洛余值法改进方法中所使用的经验生产函数。其中，y_l 为局部点 l 的人均产出，$x_{l,m}$ 为局部点 l 的人均要素投入，$\gamma_{l,m}$ 为局部点 l 的人均要素投入份额。

$$\ln(y_l) = \ln(A_l) + \sum_{m \in k, X_m \neq L} \gamma_{l,m} \ln(x_{l,m}) \qquad (3-28)$$

结合投入和产出的相关数据，以及面板时空地理加权回归模型的估计算法，可以得到式（3-28）中 $\gamma_{l,m}$ 的参数估计值，记为 $\hat{\gamma}_{l,m}$。此时，按照索洛余值法测度全要素生产率的基本理念，对式（3-28）求关于时间的一阶导数并整理，可得全要素生产率及其增长率的表达式，如式（3-29）所示。在式（3-29）中，TFP_l、$Rate\_TFP_l$ 分别为局部点 l 的全要素生产率及其增长率，$\dot{A}_l$、$\dot{y}_l$、$\dot{x}_{l,m}$ 分别表示局部点 l 的希克斯中性技术系数、人均产出以及人均要素投入的增量。

$$TFP_l = \frac{y_l}{\prod\limits_{m \in k, X_m \neq L} (x_{l,m})^{\hat{\gamma}_{l,m}}}$$

$$Rate\_TFP_l = \frac{\dot{A}_l}{A_l} = \frac{\dot{y}_l}{y_l} - \sum_{m \in k, X_m \neq L} \left(\dot{\gamma}_{l,m} \times \frac{\dot{x}_{l,m}}{x_{l,m}} \right)$$

$$(3-29)$$

第四节　本章小结

本章基于通用嵌套空间模型以及面板时空地理加权回归模型，架构了嵌入时空计量分析的索洛余值法改进方法逻辑，并由此考察了基于改进后索洛余值法的全要素生产率核算方法，得到了一些重要结论。

（1）传统的索洛余值法忽略了建模过程中被解释变量、解释变量以及扰动项的空间溢出效应及其异质性，导致经验生产函数的参数估计结果不精准，由此得到的全要素生产率估计结果也不够精准。

（2）时空计量全局分析是空间计量模型结合面板数据和时空权重矩阵后形成的空间计量分析范式。嵌入通用嵌套空间模型后，需要根据模型的数据生成过程来考察全要素生产率的测度方法问题，在这一过程中需要使用时空计量模型估计技术，其时空权重矩阵的设定也需要外生设定。当然，基于嵌入通用嵌套空间模型的索洛余值法改进算法来测度全要素生产率，与传统索洛余值法的理念基本一致，其全要素生产率测度仍是基于产出与投入要素及其份额的比值计算，其全要素生产率增长率仍基于产出增长率与投入要素增长率及其份额乘积之差来核算。

（3）时空计量局部分析是地理加权回归模型结合面板数据和时空权重矩阵后形成的空间计量局部分析范式。嵌入面板时空地理加权回归模型后，不再需要根据模型的数据生成过程来考察全要素生产率的测度问题，但全要素生产率及其增长率的测度将基于局部点的个体情况进行核算，此时不同时期或不同空间维度局部点的全要素生产率及其增长率将单独核算，从而能够准确捕捉个体的空间异质性。值得指出的是，基于嵌入面板时空地理加权回归模型的索洛余值法改进算法来测度全要素生产率及其增长率的理念，仍与传统索洛余值法理念保持一致。

在嵌入通用嵌套空间模型及面板时空地理加权回归模型，实现对全要素生产率核算方法的有效创新后，接下来，本书将结合中国城市工业部门的实际数据，设定中国城市工业全要素生产率测度的实证模型，并实现对中国城市工业部门全要素生产率及其增长率的有效测度。

第四章
中国城市工业全要素生产率的测度方法
与数据处理

第三章指出，本书在嵌入通用嵌套空间模型和面板时空地理加权回归模型的基础上，对索洛余值法进行了改进。本书对索洛余值法的改进，主要是在考虑了增长过程中空间溢出效应及其异质性的条件下，通过更精准地核算经验生产函数，来更精准地测度要素投入份额，从而更科学地测度全要素生产率。接下来，本书将结合改进后的索洛余值法，来科学设定中国城市层面工业部门全要素生产率测度的经验生产函数模型，精准估计关键投入要素的投入份额，并由此实现对中国城市工业部门全要素生产率的精准测度和比较分析。

第一节　基于改进索洛余值法的中国城市工业全要素
生产率测度方法

一　中国城市工业全要素生产率的全局测度方法

一般来说，中国经济增长具有周期性特征，城市工业经济增长也受到GDP驱动模式的重大影响（周黎安，2007），由此，涉及中国城市工业经济增长的经验研究最好建立在空间计量分析框架下。基于式（3-4）和式（3-5），设定中国城市工业部门的经验生产函数模型如式（4-1）和式（4-2）所示。该模型在通用嵌套空间模型框架下实施了如下两个方面的约束：不存在被解释变量、解释变量及随机扰动项的滞后项影响；要素投入包括劳动、资本和能源三种（谌莹和张捷，2016），且采用人均形式以满足规模报酬不变假设。

$$\ln\left(\frac{Y}{L}\right) = \alpha_0 + \rho_0\left[STW \times \ln\left(\frac{Y}{L}\right)\right] + \ln\left(\frac{K}{L}\right)\beta_{0,K} + \ln\left(\frac{E}{L}\right)\beta_{0,E}$$
$$+ \left[STW \times \ln\left(\frac{K}{L}\right)\right]\theta_{0,K} + \left[STW \times \ln\left(\frac{E}{L}\right)\right]\theta_{0,E} + \psi^i + \varphi^t + \mu \tag{4-1}$$

$$\mu = \lambda_0(STW \times \mu) + \varepsilon \tag{4-2}$$

在式（4-1）和式（4-2）中，Y、K、L、E 分别为城市的工业部门产出、工业部门资本投入、工业部门劳动投入及工业部门能源投入。α_0、ρ_0、$\beta_{0,K}$、$\beta_{0,E}$、$\theta_{0,K}$、$\theta_{0,E}$、λ_0 是外生参数。ψ^i、φ^t 分别表示个体效应和时期效应。μ、ε 为随机扰动项，其中，ε 为独立同分布的随机变量，且 $\varepsilon \sim N(0, \sigma_\varepsilon^2 I_{NT})$；$\mu$ 的分布取决于式（4-2）。STW 为外生时空权重矩阵，其构造方式如下：初始空间权重矩阵基于城市间经纬度距离的倒数的平方而设定（范巧和石敏俊，2018）；初始时间权重矩阵按照单位矩阵的形式设定；在对初始空间权重矩阵进行行和为 1 的标准化处理后，基于时间权重矩阵和标准化的空间权重矩阵的克罗内克积，构建外生的时空权重矩阵。

基于式（4-1）和式（4-2），中国城市工业全要素生产率的测度可以通过如下步骤完成：第一，纳入中国城市工业部门的投入和产出数据，优选和估算最优的空间计量模型；第二，根据最优的空间计量模型，确定参数的边际效应矩阵，并由此确定投入要素的份额；第三，结合第三章中多要素投入假设下全要素生产率的核算方法，对中国城市工业部门的全要素生产率进行测度，如式（4-3）和式（4-4）所示。

$$\widehat{Rate\_TFP_{Industry,*}} = \frac{\dot{y}}{y} - \frac{\dot{k}}{k} \times \hat{a}_{k,*} - \frac{\dot{en}}{en} \times \hat{a}_{en,*} \tag{4-3}$$

$$\widehat{TFP_{Industry,*}} = \frac{y}{k^{\hat{a}_{k,*}} \cdot en^{\hat{a}_{en,*}}} \tag{4-4}$$

在式（4-3）和式（4-4）中，$y = Y/L$，$k = K/L$，$en = E/L$；$\dot{y}$、$\dot{k}$、$\dot{en}$ 分别表示 y、k、en 的增量；"$*$"表示将式（4-1）和式（4-2）模型作为

基准模型退化得到的最优模型；变量顶端的"^"表示估计值，$\overline{TFP_{Industry,*}}$

和$Rate\_TFP_{Industry,*}$分别表示基于最优模型测度的中国工业全要素生产率及其增长率估计值，$\hat{a}_{k,*}$和$\hat{a}_{en,*}$分别表示基于最优模型测度的中国城市工业部门资本投入份额和能源投入份额。值得注意的是，在不同的最优模型下，中国城市工业部门资本投入份额和能源投入份额的计算公式有所区别，如表4-1所示，其中$Trace$（·）为迹统计量。

依据最优模型，结合表4-1中资本投入要素和能源投入要素的份额，结合式（4-3）和式（4-4），来测度中国城市工业部门全要素生产率的方法，其本质是在经典的计量分析模型中嵌入了通用嵌套空间模型，从而重点考察不同地区工业部门产出及其投入要素的空间溢出效应，这可以使对中国城市工业部门生产函数的经验考察更为精准，从而得到更为精准的要素投入份额。在这过程中，基于一定的统计准则遴选最优模型是最核心的部分。正如表4-1显示的那样，在不同的最优模型下，资本或能源投入的份额表达式相同，但由于采用了不同的最优模型估计，相同计算公式中的参数估计值有所区别，从而导致所计算的份额也会不同。

表4-1　不同最优模型下中国城市工业部门资本、能源投入份额计算公式

模型类别	资本投入份额（$\hat{a}_{k,*}$）	能源投入份额（$\hat{a}_{en,*}$）
通用嵌套空间模型（GNSM）	$\frac{1}{NT}Trace\{[(I_{NT}-\hat{\rho}_0 STW)^{-1}$	$\frac{1}{NT}Trace\{[(I_{NT}-\hat{\rho}_0 STW)^{-1}$
空间杜宾模型（SDM）	$(I_{NT}\hat{\beta}_{0,K}+STW\hat{\theta}_{0,K})]\}$	$(I_{NT}\hat{\beta}_{0,E}+STW\hat{\theta}_{0,E})]\}$
空间杜宾误差模型（SDEM）	$\frac{1}{NT}Trace(I_{NT}\hat{\beta}_{0,K}+STW\hat{\theta}_{0,K})$	$\frac{1}{NT}Trace(I_{NT}\hat{\beta}_{0,E}+STW\hat{\theta}_{0,E})$
空间X滞后模型（SXL）		
空间自相关模型（SAC）	$\frac{1}{NT}Trace[(I_{NT}-\hat{\rho}_0 STW)^{-1}\hat{\beta}_{0,K}]$	$\frac{1}{NT}Trace[(I_{NT}-\hat{\rho}_0 STW)^{-1}\hat{\beta}_{0,E}]$
空间自回归模型（SAR）		
空间误差模型（SEM）	$\hat{\beta}_{0,K}$	$\hat{\beta}_{0,E}$
非空间多元回归模型（NSM）		

资料来源：作者推导和整理。

二　中国城市工业全要素生产率的局部测度方法

基于嵌入通用嵌套空间模型的全局分析来测度中国城市工业全要素生产率的方法，充分考虑了城市间工业部门增长的溢出效应，也考虑了影响城市工业部门增长的投入变量在城市间的溢出效应以及未纳入模型中的其他变量的空间溢出效应（Tientao et al.，2016；范巧和郭爱君，2019）。不过，这种方法在估算解释变量参数时将所有城市在所有时期上的样本数据一起纳入模型中，且对不同城市的资本、劳动投入份额给出了统一的数值，这并不利于把握城市工业部门投入要素与产出之间关系的异质性。

为了科学地掌握中国城市工业全要素生产率的异质性，接下来，本书将结合嵌入面板时空地理加权回归模型的索洛余值法改进方法，阐释中国城市工业部门全要素生产率及其增长率的测度逻辑，其经验生产函数设定如式（4-5）所示。

$$\ln\left(\frac{Y}{L}\right)(u_l,v_l,t_l) = \gamma_0(u_l,v_l,t_l) + \gamma_1(u_l,v_l,t_l)\ln\left(\frac{K}{L}\right)$$
$$+ \gamma_2(u_l,v_l,t_l)\ln\left(\frac{E}{L}\right) + \mu(u_l,v_l,t_l) \tag{4-5}$$

在式（4-5）中，Y、K、L、E 分别表示中国城市工业部门产出以及资本、劳动、能源三种投入要素；(u_l, v_l, t_l) 表示局部点，u_l、v_l、t_l 分别表示局部点 l 的经度、纬度和时间；$\gamma_i(u_l, v_l, t_l)$ 表示局部点 l 的外生参数，$i=0$，1，2；$0<\gamma_1(u_l, v_l, t_l)<1$，$0<\gamma_2(u_l, v_l, t_l)<1$，$\gamma_1(u_l, v_l, t_l)+\gamma_2(u_l, v_l, t_l)\leqslant 1$；$\mu(u_l, v_l, t_l)$ 表示局部点的随机扰动项。

基于第三章关于面板时空地理加权回归模型的理论和方法逻辑，可以估计式（4-5）中的相关参数，在此基础上可以结合式（3-29）的基本理念，估算中国城市工业部门的全要素生产率及其增长率，计算公式如式（4-6）和式（4-7）所示。

$$\widehat{Rate\_TFP}_{Industry}(u_l,v_l,t_l) = \frac{\dot{y}(u_l,v_l,t_l)}{y(u_l,v_l,t_l)} - \frac{\dot{k}(u_l,v_l,t_l)}{k(u_l,v_l,t_l)} \times \dot{\gamma}_1(u_l,v_l,t_l+1)$$
$$- \frac{\dot{en}(u_l,v_l,t_l)}{en(u_l,v_l,t_l)} \times \dot{\gamma}_2(u_l,v_l,t_l+1) \tag{4-6}$$

$$\widetilde{TFP_{Industry}}\ (u_l, v_l, t_l) = \frac{y(u_l, v_l, t_l)}{k(u_l, v_l, t_l)^{\hat{\gamma}_1(u_l, v_l, t_l)} en(u_l, v_l, t_l)^{\hat{\gamma}_2(u_l, v_l, t_l)}} \quad (4-7)$$

在式（4-6）和式（4-7）中，$\widetilde{TFP_{Industry}}$（$u_l$, v_l, t_l）和

$\widetilde{Rate\_TFP_{Industry}}$（$u_l$, v_l, t_l）分别为基于局部方法测度得到的中国城市工业全要素生产率及其增长率；（u_l, v_l, t_l）为局部点；$y = Y/L$，$k = K/L$，$en = E/L$；$\dot{y}$（u_l, v_l, t_l）、$\dot{k}$（u_l, v_l, t_l）和 $\dot{en}$（u_l, v_l, t_l）分别为局部点（u_l, v_l, t_l）的人均产出、人均资本投入和人均能源投入的增量，其取值为 $\dot{\zeta}$（u_l, v_l, t_l）$= \zeta$（u_l, v_l, t_l+1）$-\zeta$（u_l, v_l, t_l），$\zeta = \{y, k, en\}$，（u_l, v_l, t_l+1）为局部点（u_l, v_l, t_l）在时期上滞后一期的对应变量取值；$\dot{\gamma}_1$（u_l, v_l, t_l+1）和 $\dot{\gamma}_2$（u_l, v_l, t_l+1）分别为局部点（u_l, v_l, t_l+1）的资本和能源投入份额。

相比较而言，基于全局方法和局部方法来测度中国城市工业全要素生产率的方法，其侧重点有所区别。其中，基于全局方法来测度中国城市工业全要素生产率的方法重在纳入所有变量的全部样本估算不同的空间计量模型，从中遴选出一个最优模型，随后基于该最优模型确定所有城市所有时期统一的资本、能源投入份额，并由此确定中国城市工业全要素生产率。基于局部方法来测度中国城市工业全要素生产率的方法重在纳入和考察不同的时空带宽，从中遴选一个最优的空间和时间带宽，以此确定对各局部点产生有效影响的所有局部点，并以这些局部点数据作为样本数据来确定单个局部点的资本、能源投入份额。此时，由于单个局部点的有效影响局部点是单独考察的，单个局部点的资本、能源投入份额也将单独确定并由此具有异质性。从方法逻辑来看，这两种方法各有优劣，全局方法的优势在于能够全面考察城市工业增长及其影响因素的空间溢出效应，也能考察其他未纳入模型的变量的空间溢出效应，但劣势在于对资本、能源投入份额的异质性缺乏敏感性；局部方法的优势在于能够充分考虑资本、能源投入份额的空间异质性，但劣势在于局部模型相对较为单一，主要限于非空间模型，并未纳入经典的空间计量模型来建模。

第二节　中国城市工业全要素生产率测度的相关数据及其处理

一　数据处理的两个重要维度：纳入分析的城市及其投入产出替代指标

在阐释了中国城市工业部门全要素生产率的全局和局部测度方法后，接下来本书将结合中国城市层面的数据，对中国城市工业部门的全要素生产率及其增长率做出测度。对城市层面的全要素生产率及其增长率测度，主要涉及以下几个方面的数据处理维度：第一，确定中国哪些城市应该被纳入分析框架；第二，确定城市工业部门产出及资本、劳动和能源投入要素等变量的替代指标。

（一）纳入分析框架的城市解析

本书研究的城市范畴建立在地级市基础上。对于中国地级市中哪些城市应该被纳入分析框架，需要考虑地级市总量情况、变动情况及经典文献在分析中国地级市问题时的主要经验做法三个方面。结合图 2-1 中关于中国工业化发展阶段的划分，本书拟重点考察党的十六大提出"走新型工业化道路"以来中国城市工业部门全要素生产率及其增长率测度问题；同时，鉴于年鉴资料更新情况，本书将全书的分析周期确定为 2003~2019 年。图 4-1 显示了

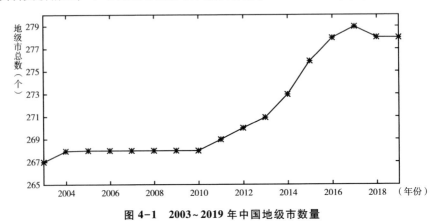

图 4-1　2003~2019 年中国地级市数量

资料来源：作者根据软件 MATLAB R2020a 绘制。

2003~2019 年中国地级市数据的变动情况。从图 4-1 可以看出，中国地级市数量总量在分析周期内变动情况较为明显，地级市数量最多的时候达到 279 个，最少的时候仅有 267 个。

表 4-2 列举了中国 2003~2019 年地级市撤销、新设及撤并情况。从表4-2 中可以看出，2003~2019 年中国地级市变动共计涉及 15 个城市，其中新增的地级市是海南的三沙市和儋州市，撤销的地级市包括安徽巢湖市和山东莱芜市，以撤地设市方式新增的地级市包括甘肃的定西市、贵州的毕节市和铜仁市、青海的海东市、新疆的吐鲁番市和哈密市、西藏的日喀则市、昌都市、林芝市、山南市、那曲市。从地级市的数据特征来看，新增的 2 个地级市在 2003~2019 年期间数据可能不完整，所以这 2 个地级市不便纳入分析框架。撤销的 2 个地级市可能在撤销之前相关指标数据是存在的，但撤销之后数据并入了撤并后的地级市，因此这 2 个地级市的指标数据需要单独核算。以撤地设市方式新增的地级市，其地级市原存在形式为某某地区，这些数据可能有，也可能没有，因此对于数据完整的撤地新设市，应该纳入分析框架，而对于数据欠缺的撤地新设市，则可能不便纳入分析框架。通过对地级市相关数据的初步检视，以撤地设市方式新增的 11 个地级市中，除了定西市的统计数据相对完整外，其他 10 个地级市的数据均相对较为缺乏，所以本书仅将定西市纳入分析框架。值得指出的是，鉴于拉萨市数据缺失较多，本书分析中也未将拉萨市纳入分析框架。

表 4-2　2003~2019 年中国地级市撤销、新设及撤并情况

年份	撤并之前名称	撤地设市后名称	新设市名称	撤销
2003	甘肃定西地区	定西市		
2011	安徽巢湖市			√
	贵州毕节地区	毕节市		
	贵州铜仁地区	铜仁市		
2012			海南三沙市	
2013	青海海东地区	海东市		
2014	西藏日喀则地区	日喀则市		
	西藏昌都地区	昌都市		

年份	撤并之前名称	撤地设市后名称	新设市名称	撤销
			海南儋州市	
2015	西藏林芝地区	林芝市		
	新疆吐鲁番地区	吐鲁番市		
2016	西藏山南地区	山南市		
	新疆哈密地区	哈密市		
2018	西藏那曲地区	那曲市		
2019	山东莱芜市			√

资料来源：作者收集和整理。

　　涉及地级市全要素生产率核算的经典文献中，对地级市个数的处理也不尽相同。如表4-3所示，在核算地级市总体层面的全要素生产率或绿色全要素生产率的经典文献中，地级市数量的波动范围从207个到286个。由于有较大比例的经典文献中纳入的地级市个数超过了实际的地级市总数，这留下一个十分重要的议题需要详加考察，即副省级城市是否应该纳入城市工业全要素生产率及其增长率核算的分析框架。目前，中国共有广州、武汉、哈尔滨、沈阳、成都、南京、西安、长春、济南、杭州、大连、青岛、深圳、厦门、宁波15个副省级城市。这些副省级城市在工业发展中起到了十分重要的作用，而且统计数据相对较为完整，再者这15个副省级城市并不便于直接纳入省级层面或直辖市层面的分析中，单独分析也并没有太大的意义。有鉴于此，本书也将这15个副省级城市纳入城市工业全要素生产率及其增长率的核算框架。

　　在考察副省级城市是否应该纳入城市工业全要素生产率及其增长率的核算过程中，也会衍生出一个副产品，即北京、上海、天津、重庆4个直辖市是否应该作为单独的城市纳入城市工业全要素生产率及其增长率的核算过程？或者，4个直辖市的下辖区（县）是否应该作为单独的个体纳入城市工业全要素生产率及其增长率的核算过程？本书认为，相较于一般的地级市，直辖市的工业投入或产出要素的指标值会有明显的规模差距，不宜将直辖市直接作为单独的个体纳入地级市工业全要素生产率及其增长率核算的

表 4-3　主要文献中全要素生产率计算的投入产出变量替代指标

类别	主要文献	城市(个)	数据来源	产出指标	投入指标
全要素生产率	桑倩倩和栗玉香(2021)	237	《中国城市统计年鉴》《中国统计年鉴》	实际GDP	资本存量,城市年末从业人员总数
	张治栋和廖常文(2019)	258	《中国城市统计年鉴》《中国省市经济发展年鉴》	实际GDP	资本存量,城市年末平均从业人数
	邹薇和杨胜寒(2019)	285	《中国城市统计年鉴》《中国统计年鉴》	GDP	资本存量,城镇单位从业人员期末数+城镇私营、个体从业人员期末数,职工平均工资
地级市全要素生产率	邱子迅和周亚虹(2021)	207	《中国城市统计年鉴》,《中国统计年鉴》,各省、城市统计年鉴,EPS数据库	实际GDP	固定资本存量,城镇就业总人口
	李启航等(2021)	261	《中国城市统计年鉴》,《中国统计年鉴》,中国经济数据库(CEIC)	GDP	资本存量,单位从业人员+私营个体从业人员
	肖挺(2021)	285	《中国城市统计年鉴》,部分城市统计数据	城市地区总产出	固定资本存量,从业人员,污染气体排放量
	王佳(2018)	281	《中国城市统计年鉴》《中国固定资产投资统计年鉴》	GDP	资本存量,市辖区劳动就业人数
绿色全要素生产率	赵娜等(2021)	266	《中国城市统计年鉴》,EPS数据库	GDP、工业废水、工业SO₂排放量	资本存量,城镇单位从业人员+私营从业人员×城市GDP/省GDP
	汪克亮等(2021)	281	《中国城市统计年鉴》《中国统计年鉴》	GDP、城市SO₂排放量、烟尘排放量	固定资产投资额,城市单位从业人员期末人数,城市用电量
	陈浩等(2020)	280	中经网统计数据库,国务院发展研究中心数据库	GDP、工业废气SO₂排放量	城市固定资产投资,城市年末单位从业人员数

续表

类别	主要文献	城市（个）	数据来源	产出指标	投入指标
绿色全要素生产率	彭小辉和王静怡（2019）	286	《中国城市统计年鉴》《中国统计年鉴》《中国区域统计年鉴》	实际 GDP，基于熵权法的环境污染合成指标	固定资本存量、年末单位从业人员数、全年市辖区用电量
	谢贤君（2019）	224	《中国城市统计年鉴》、《中国统计年鉴》、《新中国六十五年统计资料汇编》、WIND 数据库、《中国区域经济统计年鉴》、CNKI 数据库、中经网统计数据库	实际 GDP，基于熵权法的环境污染合成指标	固定资本存量、就业总人口、区域电力消费总量
	杜俊涛等（2017）	285	《中国城市统计年鉴》、EPS 数据库	GDP，工业 SO_2 排放量、废水排放量、工业烟尘排放量	固定资产投资额、年末单位劳动力数量、工业用电量、工业用水量

资料来源：作者收集和整理。

分析框架中，这会导致模型样本中存在明显的异常值，从而导致模型优选、最优时空带宽优选失效。与此同时，直辖市下辖区（县）的统计数据并不一定那么完备，且直辖市往往会以一个整体形象参与经济或城市发展竞争，因此本书也不打算将直辖市下辖区（县）作为单独的个体纳入城市工业全要素生产率及其增长率核算的分析框架中。

（二）城市工业产出及投入变量的替代指标确定

在城市工业全要素生产率及其增长率的核算过程中，最关键的步骤在于估计城市工业部门的经验生产函数。从式（4-1）、式（4-2）及式（4-5）的设定来看，城市工业部门的经验生产函数估计中涉及的变量包括城市工业产出，工业部门的资本投入、劳动力投入及能源投入等变量，对这些变量的替代指标确定具有举足轻重的作用。本书考察了涉及城市层面全要素生产率核算的经典文献中涉及变量替代的具体过程，如表4-3所示。

从表4-3来看，涉及城市层面产出及投入要素的资料主要来源于《中国城市统计年鉴》《中国统计年鉴》，各城市的统计年鉴、统计公报，以及EPS数据库、WIND数据库、国研网数据库等。其中，对城市层面产出要素的替代主要包括两个维度：其一，直接以GDP作为城市层面产出的替代指标；其二，对城市层面的产出进行期望或非期望产出分解，期望产出以GDP替代，非期望产出以SO_2排放量、废水排放量、工业烟尘排放量，或基于熵权法而形成的上述三者的综合指标等来替代。对城市层面投入要素的替代主要包括三个方面：其一，以资本存量、固定资产投资额来替代城市层面的资本投入要素；其二，以就业总人口或单位和个体就业人数总和等来替代城市层面的劳动投入要素；其三，以污染气体排放量、区域电力消费、区域水资源消费等作为城市层面能源投入要素的替代指标。

相比较而言，在城市工业全要素生产率及其增长率的核算过程中，对数据的要求远高于城市层面全要素生产率及其增长率的核算过程。为了精准地确定中国城市工业部门全要素生产率及其增长率核算过程中工业部门投入、产出要素的替代指标，本书首先基于《中国城市统计年鉴》、《中国区域统计年鉴》、《中国统计年鉴》和EPS数据库等，考察了涉及中国城市工业部门产出及投入要素的可能指标，如表4-4所示。

从表4-4中可以看出，在中国城市工业部门全要素生产率及其增长率核算过程中，产出要素主要可以用规模以上工业总产值或工业增加值来替代，其中使用规模以上工业总产值时将面临2017~2019年相应数据缺乏的局限，而采用工业增加值来替代时，尽管可以通过GDP以及GDP中第一、第三产业的比重来核算第二产业的增加值，但需要在第二产业增加值中剥离出建筑业的增加值，这也将是一个比较难处理的问题。

表4-4　主要年鉴及数据库中城市工业产出和投入数据的相关指标名称及覆盖年份

城市工业产出和投入		指标名称	指标年份
城市工业产出		地区生产总值；第二产业增加值占地区生产总值的比重	2003~2019年
		国有及年销售收入500万元以上非国有工业企业工业总产值	2003年
		规模以上工业总产值	2004~2016年
城市工业投入	资本	固定资产投资总额（全市/市辖区）	2003~2016年
		规模以上工业企业资产状况（固定资产合计）	2010~2016年
		规模以上工业企业资产状况（流动资产合计/固定资产合计）	2017~2019年
	劳动	国有及年销售收入500万元以上非国有工业企业年平均从业人员数	2003年
		按产业划分的年末城镇单位就业人员［第二产业（全市/市辖区）］；按产业划分的年末城镇单位就业人员（二）（建筑业［全市/市辖区］）	2003~2019年
	能源	全社会用电量情况（市辖区）：工业用电	2003~2016年
		全社会用电量情况（全市）：工业用电	2017~2019年

资料来源：作者收集和整理。

就中国城市工业部门的资本投入要素而言，可以基于固定资产投资总额来核算工业部门资本存量，在这一核算过程中会面临工业部门折旧率确定、价格指数选取、工业部门基年资本存量确定以及2017~2019年固定资产投资总额数据短缺的问题；就中国城市工业部门的劳动投入要素而言，可以用工业部门就业人数替代，而工业部门的就业人数可以通过在第二产业的就业人数中扣除建筑业的就业人数来计算；就中国城市工业部门的能源投入要素而言，目前能获得的数据主要是工业用电，目前统计数据中提供的数据口径包括城市全市口径的工业用电以及城市市辖区口径的工业用电，出于分析维度和逻辑的一致性，本书拟用全市工业用电来替代能源投入要素，但面临 2003~2016 年全市工业用电数据短缺的困难。接下来，本书将对这些困难的处理细节做出重点阐释。

二　城市工业产出及投入数据的处理细节[①]

结合上文中对城市工业产出、投入变量替代指标的确定方法，本书拟首先基于 EPS 数据库收集 280 个城市涉及工业增加值、工业总产值、资本存量、就业人数以及工业用电等指标的基础数据，并结合中国经济与社会发展统计数据库、《中国城市统计年鉴》、国研网数据库对相关指标进行初步查漏补缺后，对相关数据的缺省值进行插值，具体数据处理细节如下。

（一）城市工业增加值和总产值

本书拟从城市工业增加值和总产值两个维度来考察工业的产出情况。280 个城市的工业增加值通过如下方式计算：对应城市的 GDP 乘以对应城市第二产业增加值占 GDP 的比例，再乘以工业增加值占第二产业增加值的比例。280 个城市第二产业增加值占 GDP 的比例通过如下方式计算：1-对应城市第一产业增加值占 GDP 的比例-对应城市第三产业增加值占 GDP 的比例。工业增加值占第二产业增加值的比例通过如下方式计算：以 2003~2019 年中国工业增加值占 2003~2019 年中国工业和建筑业的增加值总和的比例，作为对应年份所有城市工业增加值占第二产业增加值比例的替代值。2003~2019 年中国工业增加值及建筑业增加值数据来源于《中国统计年鉴2021》。280 个城市的 GDP 数据、第一产业增加值占 GDP 的比例以及第三产业增加值占 GDP 的比例等主体数据从 EPS 数据库、中国经济与社会发展统计数据库及《中国城市统计年鉴》中获取。对于数据的缺省值，按照如

---

① 为了保持全书分析尺度的统一及称呼的简洁，后文"城市"均包括前文界定的 265 个城市及 15 个副省级城市。

下方式处理：①GDP 数据的缺省值依据相关城市统计年鉴补充；②第一、第三产业增加值占 GDP 比例的缺失数据依据第一产业增加值和第三产业增加值占 GDP 的比例计算，其中第一产业增加值和第三产业增加值缺省值依据《中国区域经济统计年鉴》以及相关城市统计年鉴、统计公报等补充。

相比较而言，基于总产值维度来测度城市工业全要素生产率，可能比基于增加值维度来测度城市工业全要素生产率要更为精准一些（朱沛华和陈林，2020）。不过，遗憾的是，目前从可得的数据库及年鉴资料中仅能获取 2003~2016 年 280 个城市规模以上工业总产值数据，且部分数据缺失。缺失数据的获取方法如下：①部分缺失数据可以直接从《中国区域经济统计年鉴》及相应省市统计年鉴中直接得到；②对无法直接获取的数据，以年份前 5 年或后 5 年平均值为基准，并结合调整系数加以确定，其中调整系数依据数据缺失的城市所在省份内数据信息完备的其他所有城市的前 5 年或后 5 年数据平均值与对应缺失年份的数据值之间的比例确定。对于 2017~2019 年城市规模以上工业总产值的缺失数据，本书通过如下方式获取：①计算 2012~2016 年城市工业增加值与对应年份和对应城市规模以上工业总产值的比例的年平均值，以此作为对应城市工业增加值与规模以上工业总产值的固定基准比例；②基于各城市工业增加值与规模以上工业总产值的固定基准比例，结合 2017~2019 年各城市的工业增加值，计算得到 2017~2019 年 280 个城市的规模以上工业总产值。事实上，这里蕴含了一个基本假设，即 2017~2019 年中国城市层面的工业增加值与总产值之间的比例，相较于 2012~2016 年基本保持稳定。

值得指出的是，本书还基于 GDP 平减指数（1990 年＝100），将 2003~2019 年 280 个城市的工业增加值及规模以上工业总产值名义数据折算成了 1990 年不变价的实际值。其中，2003~2016 年 GDP 平减指数基于范巧和郭爱君（2019）获取，并结合《中国统计年鉴 2021》中的中国 GDP 数据及 GDP 指数数据对 2017~2019 年 GDP 平减指数进行了计算和补充。同时，由于数据库和相关统计年鉴中，涉及 280 个城市工业总产值和增加值的数据单位均为万元，为了数据存储和计算的便利，本书将这些数据单位均调整为亿元。

（二）城市工业部门资本存量

本书将 280 个城市的工业部门资本存量作为其工业产业发展的资本投入要素。从主要的数据库和年鉴资料中可以获得 2003~2016 年 280 个城市的全市固定资产投资总额数据以及 2016~2019 年 280 个城市的全市规模以上工业固定资产总额数据等主体数据。对两类数据的缺失值，按照如下方式处理。①基于《中国城市统计年鉴》补充 2003~2016 年城市全市固定资产投资总额以及 2016~2019 年城市规模以上工业固定资产等相关数据的缺省值。②以缺失数据对应地区对应年份邻近的前 5 年或后 5 年对应指标值的平均值为基准，结合调整系数对缺失数据进行插值；以缺失数据对应地区所属省份数据完备的所有城市为基础，计算这些城市在前 5 年或后 5 年相应数据的平均值与其在缺失数据对应年份对应数据取值的比例，以此作为调整系数。

对于 280 个城市的固定资产投资总额和规模以上工业固定资产两类数据，本书基于如下方法将其转化为城市工业部门的资本存量：首先，对于 2016~2019 年 280 个城市的规模以上工业固定资产数据，本书直接将其作为城市工业部门资本存量的替代值，并以对应年份的固定资产投资价格指数（1990 年为 100）将 280 个城市的工业部门资本存量折算成实际值（1990 年不变价）；其次，对于 2003~2015 年 280 个城市工业部门的资本存量，本书结合永续盘存法测度 2003~2016 年城市层面的资本存量，随后基于 2016 年工业部门资本存量占城市层面资本存量的比重，将 2003~2015 年城市层面的资本存量，折算成城市工业部门层面的资本存量。2003~2016 年城市层面的资本存量依据如下公式计算：当年实际资本存量＝上年实际资本存量×（1−折旧率）＋当年新增固定资产投资总额/资产价格指数×100。本书以 2003 年作为计算城市层面资本存量的起始年份，各城市基年资本存量（2003 年）依据如下方式获得：2003 年各城市资本存量基于各省资本存量分配，分配系数为 2003 年各城市 GDP 占所在省份 GDP 的比例，其中各省 2003 年资本存量（1990 年不变价）数据来源于范巧和郭爱君（2019），2003 年各省 GDP 数据来源于 EPS 数据库，2003 年各城市 GDP 数据前文已经获取，2003 年各省和各城市的 GDP 数据均取名义值。依据范巧（2012）的分析和计算，本书的折旧率取值为 11.28%。基于 2003 年作为基年的城市层面资本存量的核算结果，结合永续盘存法和资产折旧率的设定，可以核算 2004~2016 年 280 个城市的资本存量，其中资产价格指数选取中国相应年份的固定资产投资价格指数（1990 年为 100）。出于数据计算和存储的便利，城市层面的工业资本存量也以亿元为单位。

（三）城市工业部门就业人数与城市工业用电

城市工业部门劳动投入要素以城市工业部门城镇单位就业人数替代，城市工业部门城镇单位就业人数通过城市全市第二产业城镇单位就业人数减去城市全市建筑业城镇单位就业人数计算得到。280 个城市的第二产业城镇单位就业人数及建筑业城镇单位就业人数仍通过 EPS 数据库、《中国城市统计年鉴》与中国经济和社会发展统计数据库获取主体数据，缺失数据按照如下方式获得。①对于 2003~2019 年城市全市第二产业城镇单位就业人数缺失数据，首先依据相关城市统计年鉴补充部分数据，其余缺失数据以本地近 5 年同口径数据的平均值替代。②对于 2003~2019 年城市全市建筑业城镇单位就业人数缺失数据，以对应年份前 5 年或者后 5 年平均值为基准值，并结合调整系数加以确定。其中，依据前 5 年平均值计算缺省值时，缺省值调整系数为 1.05；依据后 5 年平均值计算缺省值时，缺省值调整系数为 0.9524，即 1/1.05。

城市工业部门能源投入要素以城市全市工业用电数据替代。按照相关数据库和统计年鉴的口径，城市工业用电包括市辖区和全市两个统计口径。从主要数据库中可以获得 2003~2016 年 280 个城市市辖区工业用电以及 2017~2019 年 280 个城市全市口径工业用电等主体数据，缺失数据仍根据基准值和调整系数确定。基准值和调整系数的确定方法与前文类似，具体过程如下：以缺省值对应年份前 5 年或后 5 年平均值为基准值，并以缺省值地区所在省份其他所有城市数据为基础，基于基准值口径一致的城市 5 年平均值与缺省值对应年份所有城市平均值的比例来确定调整系数。

本书还基于如下方式将 2003～2016 年市辖区工业用电折算成全市工业用电：第一，计算 2017～2019 年 280 个城市全市工业用电与对应城市规模以上工业总产值的比例的年平均值；第二，计算 2014～2016 年 280 个城市市辖区工业用电与对应城市规模以上工业总产值的比例的年平均值；第三，以第一步得到的年均比例与第二步得到的年均比例的比值作为对应城市全市工业用电与市辖区工业用电的比例，将 2003～2016 年各城市市辖区工业用电折算成全市工业用电。同时，为了数据计算和存储方便，本书将工业用电数据的单位调整为亿千瓦时。

三　数据的描述性统计分析

基于对中国城市层面工业总产值（亿元）、工业增加值（亿元）、工业资本存量（亿元）、工业就业人数（万人）以及工业用电（亿千瓦时）等数据的系统收集及整理，结合 MATLAB R2020a 软件，可以将所有数据展示出来（见图 4-2）。

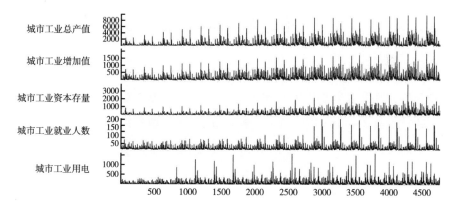

图 4-2　2003～2019 年中国城市工业 TFP 核算的投入、产出变量数据

资料来源：作者根据软件 MATLAB R2020a 绘制。

图 4-2 中，2 种产出指标数据和 3 种投入指标数据并不存在异常值，对这些数据进行描述性统计分析，如表 4-5 所示。

表 4-5　城市工业 TFP 核算的投入、产出变量数据的描述性统计性质

	城市工业 增加值	城市工业 总产值	城市工业 资本存量	城市工业 就业人数	城市工业 用电
均值	732.75	200.41	239.67	15.48	107.15
中位数	372.53	121.62	137.56	9.43	65.66
最大值	10036.18	2160.22	3984.01	260.92	1611.90
最小值	1.360	3.29	2.14	0.31	0.23
标准差	1050.97	235.51	291.34	20.73	133.45
偏度	3.40	2.93	3.04	5.15	4.15
峰度	19.26	14.66	18.42	43.34	30.69
J-B 统计量	61589.40	33781.97	54515.39	343795.9	165677.8
概率值	0.0000	0.0000	0.0000	0.0000	0.0000
样本和	3487907.0	953937.8	1140850.0	73702.26	510011.8
样本方差	5.26E+09	2.64E+08	4.04E+08	2044359.0	84752751
观测值个数	4760	4760	4760	4760	4760

资料来源：根据 Eviews 11.0 软件计算。

第三节　本章小结

本章基于第三章中对全要素生产率测度方法的创新，考察了嵌入时空计量分析的改进索洛余值方法视角下中国城市工业全要素生产率的测度方法，并对中国 280 个城市（265 个地级市和 15 个副省级城市）工业全要素生产率测度的实证模型设定及数据处理过程进行了详细说明。主要结论如下。

（1）基于嵌入通用嵌套空间模型和面板时空地理加权回归模型的改进索洛余值法对中国工业部门全要素生产率进行测度的基本思路有所区别，但也有相似之处。主要区别在于，嵌入通用嵌套空间模型的改进索洛余值法，强调从通用嵌套空间模型入手或者从最简单的非空间模型入手，试算和优选中国城市工业部门 TFP 核算的最优经验生产函数模型，并由此测度中国城市层面的工业全要素生产率；嵌入面板时空地理加权回归模型的改进索洛余值法，强调在优选真正产生有效影响的时间周期或空间近邻个数

的基础上，合理设计时空权重矩阵，并由此测度中国城市层面在不同时间周期上的工业全要素生产率。相似之处在于，二者均需要预先试算和优选经验生产函数，并在此基础上结合索洛余值法的基本理念来测度中国城市层面的工业全要素生产率；同时，二者在测度中国城市工业全要素生产率时均须计算投入要素的份额。

（2）本章基于经典文献的主要做法以及主要数据库和统计资料中的相关指标口径，分别遴选了表征中国城市工业部门产出和投入变量的相关指标，并对这些指标数据进行了系统的收集和处理。本章对城市工业部门的数据处理时限为 2003~2019 年，相关指标的变量处理方式为：中国城市工业部门产出变量以用总产值或增加值替代，其中总产值指标为城市规模以上工业总产值，增加值指标为城市工业增加值；中国城市工业部门投入变量以工业资本存量、工业就业人数和工业用电替代，其中工业资本存量依据工业固定资产、城市层面的固定资产投资总额以及永续盘存法计算，工业就业人数通过在第二产业城镇单位就业人数中扣除建筑业城镇单位就业人数的方式获得，工业用电根据全市工业用电以及市辖区工业用电计算。

事实上，在核算城市工业全要素生产率的过程中，存在数据短缺和数据质量较差问题。本章在综合利用加权移动平均方法对单个缺失数据进行插值的基础上，综合考虑各城市所处省份或自治区范围内各城市相关统计指标发展趋势具有相对稳定性的特征，以此来综合设计各缺失数据插值过程中的调整系数，这使得对缺失数据的插值处理会更为精准，也会确保本书测度得到的中国城市工业全要素生产率数据更具科学性。

第五章
中国城市工业全要素生产率测度中的
模型优选与测度结果

第四章对中国城市工业全要素生产率的测度方法以及相应的数据处理过程进行了详细阐释。接下来，本章将结合全局分析和局部分析中空间权重矩阵的设计，遴选全局最优模型和局部最优模型，并由此在工业总产值、工业增加值视角下分别核算中国城市工业全要素生产率。

第一节 中国城市工业全要素生产率全局测度中的
模型优选

一 全局测度中的时空权重矩阵设计

在中国城市工业全要素生产率的测度中，工业部门的经验生产函数估计是比较关键的环节。而在经验生产函数的估计过程中，空间权重矩阵的设计十分必要，这也是空间计量全局或局部分析中最关键的环节。在空间计量全局分析或局部分析中，空间权重矩阵的设计方式有所区别。其中，在全局分析中，强调基于所有地区两两之间的近邻关系、距离或经济规模等，结合符合地理学第一定律的核函数来设计；在局部分析中，则强调基于局部点与对局部点产生有效影响的局部点之间的距离，结合高斯核函数、双平方核函数等来设计。本书拟基于经纬度距离和距离平方的倒数来设计全局分析中的空间权重矩阵元素（范巧和石敏俊，2018），如式（5-1）和式（5-2）所示。

$$W_{ij}^{G} = (1/d_{ij}^{2}) \Big/ \sum_{j=1}^{N} (1/d_{ij}^{2}) \tag{5-1}$$

$$d_{ij} = r_e \times \arccos[\sin(\beta_i\xi)\sin(\beta_j\xi) + \cos(\beta_i\xi)\cos(\beta_j\xi)\cos(\alpha_i\xi - \alpha_j\xi)] \tag{5-2}$$

在式（5-1）中，W_{ij}^{G}为全局模型中使用的空间权重矩阵元素，其元素计算方式为经纬度距离的平方的倒数，按照式（5-1）计算得到的空间权重矩阵元素已经完成了行随机标准化处理。i、j=1，2，…，N，代表按照顺序排列的 280 个城市，$i \neq j$，N=280。d_{ij}为城市两两之间的经纬度距离，d_{ii}=0，d_{ij}依据式（5-2）计算。在式（5-2）中，r_e 为地球半径，取值 6378.1km。arccos、sin、cos 分别为反余弦函数、正弦函数和余弦函数。a_i、a_j 分别为第 i、j 个城市的经度，β_i、β_j 分别为第 i、j 个城市的纬度。ξ 为经验常数，取值为 π/180，π 为圆周率。280 个城市的经纬度数据通过 Google Earth 获取，获取时间为 2022 年 1 月 9 日，结果如表 5-1 所示。

表 5-1　中国城市工业全要素生产率测度中城市排序及其经纬度

省或自治区	城市排序及其经纬度
河　北	石家庄市(114.52,38.05)、唐山市(118.18,39.65)、邯郸市(114.48,36.61)、张家口市(114.89,40.81)、保定市(115.49,38.89)、沧州市(116.86,38.30)、秦皇岛市(119.60,39.95)、邢台市(114.52,37.07)、廊坊市(116.70,39.52)、承德市(117.93,40.99)、衡水市(115.69,37.75)
山　西	太原市(112.55,37.89)、大同市(113.29,40.11)、阳泉市(113.57,37.87)、长治市(113.12,36.20)、晋城市(112.87,35.50)、朔州市(112.48,39.34)、忻州市(112.73,38.46)、晋中市(112.74,37.69)、吕梁市(111.14,37.53)、临汾市(111.54,36.10)、运城市(111.01,35.04)
内蒙古	呼伦贝尔市(119.76,49.20)、通辽市(122.26,43.63)、乌兰察布市(113.11,41.02)、鄂尔多斯市(109.99,39.82)、巴彦淖尔市(107.42,40.77)、呼和浩特市(111.66,40.83)、包头市(109.85,40.65)、乌海市(106.83,39.68)、赤峰市(118.93,42.30)
辽　宁	沈阳市(123.43,41.81)、大连市(121.59,38.95)、鞍山市(123.01,41.12)、抚顺市(123.93,41.88)、本溪市(123.78,41.33)、丹东市(124.34,40.13)、锦州市(121.15,41.13)、营口市(122.23,40.67)、阜新市(121.66,42.02)、辽阳市(123.17,41.27)、铁岭市(123.85,42.30)、朝阳市(120.45,41.57)、盘锦市(122.07,41.14)、葫芦岛市(120.86,40.74)

省或自治区	城市排序及其经纬度
吉林	长春市(125.31,43.90)、吉林市(126.56,43.87)、四平市(124.39,43.18)、辽源市(125.13,42.92)、通化市(125.94,41.74)、白山市(126.44,41.95)、白城市(122.84,45.62)、松原市(124.83,45.14)
黑龙江	哈尔滨市(126.66,45.77)、齐齐哈尔市(123.99,47.35)、牡丹江市(129.61,44.59)、佳木斯市(130.28,46.81)、鸡西市(130.94,45.32)、鹤岗市(130.29,47.34)、双鸭山市(131.17,46.66)、七台河市(131.02,45.78)、黑河市(127.50,50.25)、伊春市(128.91,47.73)、大庆市(125.02,46.60)、绥化市(126.99,46.65)
江苏	南京市(118.78,32.06)、无锡市(120.31,31.57)、徐州市(117.19,34.27)、常州市(119.98,31.77)、苏州市(120.62,31.32)、南通市(120.87,32.01)、连云港市(119.17,34.60)、淮安市(119.03,33.61)、盐城市(120.15,33.38)、扬州市(119.43,32.41)、镇江市(119.46,32.20)、泰州市(119.92,32.48)、宿迁市(118.30,33.95)
浙江	杭州市(120.22,30.26)、嘉兴市(120.76,30.77)、湖州市(120.14,30.88)、舟山市(122.17,30.04)、金华市(119.65,29.10)、绍兴市(120.59,30.00)、温州市(120.69,28.00)、台州市(121.44,28.67)、丽水市(119.93,28.46)、衢州市(118.88,28.96)、宁波市(121.58,29.89)
安徽	宣城市(118.75,30.95)、宿州市(116.99,33.64)、滁州市(118.32,32.32)、池州市(117.49,30.66)、阜阳市(115.82,32.90)、六安市(116.51,31.76)、合肥市(117.28,31.87)、蚌埠市(117.36,32.93)、淮南市(117.02,32.64)、铜陵市(117.82,30.94)、马鞍山市(118.52,31.69)、淮北市(116.79,33.96)、芜湖市(118.38,31.37)、安庆市(117.06,30.54)、黄山市(118.29,29.73)、亳州市(115.79,33.87)
福建	福州市(119.33,26.05)、三明市(117.64,26.27)、南平市(118.18,26.64)、宁德市(119.54,26.66)、莆田市(119.08,25.45)、泉州市(118.60,24.90)、漳州市(117.68,24.52)、龙岩市(117.02,25.08)、厦门市(118.10,24.49)
江西	南昌市(115.89,28.69)、景德镇市(117.19,29.30)、萍乡市(113.86,27.64)、九江市(116.00,29.72)、新余市(114.95,27.82)、鹰潭市(117.04,28.24)、赣州市(114.94,25.85)、宜春市(114.40,27.81)、上饶市(117.96,28.46)、吉安市(114.99,27.11)、抚州市(116.36,27.95)
山东	青岛市(120.38,36.11)、济南市(117.02,36.68)、淄博市(118.06,36.80)、枣庄市(117.28,34.81)、烟台市(121.31,37.54)、潍坊市(119.14,36.72)、济宁市(116.60,35.40)、临沂市(118.34,35.07)、泰安市(117.09,36.19)、聊城市(115.99,36.46)、菏泽市(115.46,35.26)、德州市(116.33,37.46)、滨州市(117.97,37.41)、东营市(118.58,37.49)、威海市(122.09,37.53)、日照市(119.51,35.42)

续表

省或自治区	城市排序及其经纬度
河　南	郑州市(113.65,34.76)、开封市(114.35,34.80)、洛阳市(112.45,34.66)、平顶山市(113.30,33.75)、安阳市(114.35,36.11)、濮阳市(115.03,35.75)、新乡市(113.91,35.31)、焦作市(113.21,35.23)、鹤壁市(114.30,35.76)、许昌市(113.84,34.03)、漯河市(114.05,33.58)、三门峡市(111.18,34.78)、南阳市(112.54,33.01)、商丘市(115.64,34.44)、信阳市(114.09,32.13)、周口市(114.65,33.62)、驻马店市(114.05,32.98)
湖　北	武汉市(114.32,30.58)、黄石市(115.05,30.22)、十堰市(110.80,32.64)、荆州市(112.24,30.33)、宜昌市(111.31,30.73)、襄阳市(112.25,32.23)、鄂州市(114.90,30.38)、荆门市(112.22,31.04)、孝感市(113.94,30.93)、黄冈市(114.91,30.45)、咸宁市(114.30,29.88)、随州市(113.38,31.72)
湖　南	长沙市(112.98,28.21)、株洲市(113.13,27.83)、湘潭市(112.94,27.84)、衡阳市(112.58,26.90)、邵阳市(111.46,27.24)、岳阳市(113.15,29.38)、常德市(111.65,29.01)、张家界市(110.48,29.12)、益阳市(112.37,28.59)、永州市(111.61,26.44)、郴州市(113.04,25.78)、娄底市(112.00,27.74)、怀化市(109.99,27.56)
广　东	广州市(113.31,23.12)、深圳市(114.03,22.55)、珠海市(113.56,22.26)、汕头市(116.73,23.38)、佛山市(113.13,23.04)、韶关市(113.59,24.80)、河源市(114.71,23.76)、梅州市(116.13,24.30)、惠州市(114.41,23.11)、汕尾市(115.37,22.78)、东莞市(113.76,23.04)、中山市(113.42,22.55)、江门市(113.08,22.58)、阳江市(111.98,21.87)、湛江市(110.37,21.26)、茂名市(110.93,21.67)、肇庆市(112.48,23.08)、清远市(113.04,23.70)、潮州市(116.63,23.66)、揭阳市(116.38,23.55)、云浮市(112.05,22.94)
广　西	南宁市(108.30,22.81)、柳州市(109.42,24.33)、桂林市(110.26,25.26)、梧州市(111.31,23.49)、北海市(109.12,21.47)、防城港市(108.35,21.62)、钦州市(108.64,21.97)、贵港市(109.61,23.10)、玉林市(110.15,22.64)、贺州市(111.55,24.41)、百色市(106.63,23.90)、河池市(108.07,24.70)、来宾市(109.23,23.74)、崇左市(107.36,22.42)
海　南	海口市(110.33,20.02)、三亚市(109.52,18.26)
四　川	成都市(104.07,30.68)、自贡市(104.78,29.36)、攀枝花市(101.72,26.59)、泸州市(105.44,28.90)、德阳市(104.40,31.13)、绵阳市(104.71,31.50)、广元市(105.82,32.44)、遂宁市(105.56,30.56)、内江市(105.07,29.60)、乐山市(103.76,29.60)、南充市(106.11,30.80)、宜宾市(104.63,28.77)、广安市(106.64,30.46)、达州市(107.49,31.21)、资阳市(104.64,30.13)、眉山市(103.84,30.06)、巴中市(106.76,31.87)、雅安市(103.01,30.00)

续表

省或自治区	城市排序及其经纬度
贵　州	贵阳市（106.71,26.63）、六盘水市（104.85,26.59）、遵义市（106.93,27.70）、安顺市（105.93,26.23）
云　南	昆明市（102.71,25.05）、昭通市（103.73,27.34）、曲靖市（103.78,25.52）、玉溪市（102.55,24.37）、普洱市（100.98,22.79）、保山市（99.18,25.12）、丽江市（100.23,26.88）、临沧市（100.09,23.89）
陕　西	西安市（108.95,34.28）、铜川市（108.97,34.91）、宝鸡市（107.17,34.36）、咸阳市（108.71,34.35）、渭南市（109.48,34.50）、汉中市（107.05,33.08）、安康市（109.04,32.70）、商洛市（109.93,33.87）、延安市（109.50,36.60）、榆林市（109.75,38.28）
甘　肃	兰州市（103.82,36.06）、嘉峪关市（98.28,39.80）、金昌市（102.21,38.52）、白银市（104.17,36.55）、天水市（105.74,34.58）、酒泉市（98.51,39.74）、张掖市（100.46,38.94）、武威市（102.64,37.93）、定西市（104.63,35.59）、陇南市（104.93,33.39）、平凉市（106.69,35.55）、庆阳市（107.64,35.73）
青　海	西宁市（101.77,36.64）
宁　夏	银川市（106.21,38.50）、石嘴山市（106.38,39.02）、吴忠市（106.21,37.99）、中卫市（105.20,37.52）、固原市（106.29,36.02）
新　疆	乌鲁木齐市（87.56,43.84）、克拉玛依市（84.88,45.59）

注：括号里数据分别代表经度和纬度，实际数据处理中按照小数点后 6 位计算，但表格中展示的数据仅保留小数点后 2 位；变量数据收集、处理以及空间权重矩阵设计时地区截面个体按照表中城市出现的先后顺序进行排序。

资料来源：作者收集和整理。

　　值得注意的是，尽管表 5-1 中在展示各城市经纬度时仅保留了小数点后 2 位，但在空间权重矩阵实际计算中则保留了各城市经纬度小数点后 6 位，以确保计算得到的空间权重矩阵元素能更精准地反映城市之间的空间溢出效应路径及强度关系。同时，表 5-1 也显示了各城市的排序情况，这种排序既决定了被解释变量、解释变量的截面堆积顺序，也决定了空间权重矩阵元素的组成方式，所以有必要在正文中重点强调。当然，这种排序并不是不可变化的，只不过这种排序一旦变化，被解释变量、解释变量相关指标数据以及空间权重矩阵元素也应做出相应调整。基于式（5-1）和式（5-2）可以得到表征中国 280 个城市两两之间空间溢出效应的空间权重矩阵，如图 5-1 所示。

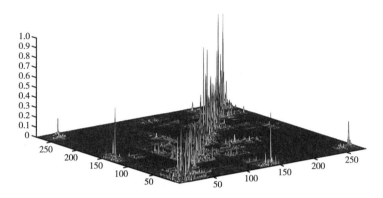

图 5-1　全局测度中采用的空间权重矩阵

资料来源：作者根据软件 MATLAB R2020a 绘制。

由于在中国城市工业全要素生产率的全局测度中需要采用外生的时空权重矩阵，本书拟结合单位矩阵来构建时间权重矩阵，同时基于时间权重矩阵和空间权重矩阵的克罗内克积，来设计表征 2003 ~ 2019 年不同城市两两之间影响关系路径、强度及结构的时空权重矩阵，即 $STW_1 = Kron\ (I_T,\ W^G)$。其中，$STW_1$、$W^G$ 分别为全局模型中使用的时空权重矩阵和空间权重矩阵，W^G 的元素如式（5-1）所示；I_T 为时间权重矩阵，取值为 T 阶单位矩阵，$T = 17$；$Kron$ 为克罗内克积符号。具体如图 5-2 所示。

二　全局测度中的经验生产函数模型估计及优选

在对中国城市工业全要素生产率测度的全局模型做出经验设计，并对其时空权重矩阵进行外生设计的基础上，接下来，本书将分别以人均工业总产值、人均工业增加值为产出指标，以人均工业资本投入和人均工业能源投入为投入指标，构建中国城市工业经济增长的经验生产函数模型。随后，结合软件 MATLAB R2020a 估计和优选相关模型。模型优选主要是在考察变量参数显著性、模型统计指标优良性基础上结合 LR 检验来完成的。

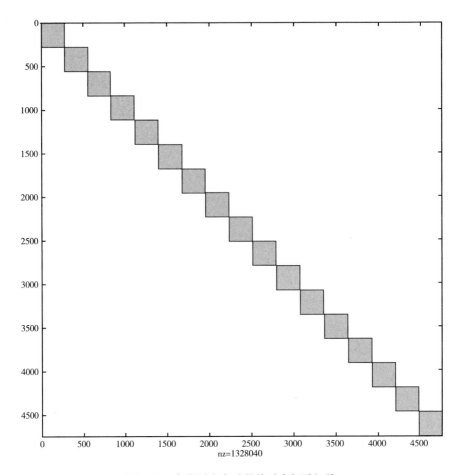

图 5-2　全局测度中采用的时空权重矩阵

资料来源：作者根据软件 MATLAB R2020a 绘制。

（一）城市工业总产值视角下全局模型估计及优选

基于式（4-1）、式（4-2）的通用嵌套空间模型及其各种退化模型，结合如图 5-2 所示的时空权重矩阵，可以对中国城市工业经济增长的经验生产函数模型做出估计。表 5-2 显示了不考虑个体或时期固定效应或随机效应下混合效应模型的参数估计结果及统计性质。表 5-2 中，被解释变量为人均工业总产值的对数值，解释变量为人均工业资本投入的对数值和人均工业能源投入的对数值。

表5-2 城市工业总产值视角下混合效应模型的估计结果及统计性质

	NSM	SXL	SAR	SDM	SEM	SDEM	SAC	GNSM
Const.	1.8445 (66.69)***	1.7239 (61.52)***	1.8376 (67.37)***	1.7237 (61.55)***	1.8445 (66.55)***	1.7224 (62.51)***	1.4919 (53.88)***	1.5652 (57.04)***
$\ln(K/L)$	0.6128 (51.41)***	0.5965 (50.67)***	0.6131 (51.60)***	0.5968 (50.74)***	0.6126 (50.38)***	0.5960 (51.30)***	0.5767 (53.30)***	0.5736 (52.04)***
$\ln(E/L)$	0.0660 (6.04)***	0.0844 (7.89)***	0.0665 (6.10)***	0.0844 (7.90)***	0.0661 (6.02)***	0.0846 (7.89)***	0.1032 (10.59)***	0.0987 (10.00)***
$STW \times \ln(K/L)$		61.999 (8.82)***		61.015 (8.71)***		62.504 (9.34)***		46.853 (6.86)***
$STW \times \ln(E/L)$		-38.899 (-4.03)***		-39.856 (-4.14)***		-38.586 (-3.99)***		-11.913 (-1.30)
ρ_0			0.9999 (1.72)*	0.9999 (1.89)*			79.32 (32.09)***	39.402 (18.84)***
λ_0					0.99 (0.08)	0.99 (0.30)	48.4 (64.51)***	44.257 (41.63)***
修正的拟合优度	0.4788	0.5119	0.4811	0.5109	0.4811	0.5130	0.5952	0.5841
随机扰动项的方差估计值	0.3265	0.3057	0.3244	0.3053	0.3244	0.3047	0.2534	0.2602
对数似然值	-4088.4	-3930.9	-2425.3	-2280.9	-2425.3	-2276.1	-1836.9	-3605.9

注：括号内表示相应参数估计的 T 统计量值，***、**、* 分别表示通过显著性水平为 1%、5%、10% 的假设检验。

资料来源：作者根据 MATLAB R2020a 软件输出结果整理。

从表 5-2 的结果可知，不纳入空间溢出效应的 NSM 的参数估计结果均显著，然而，其修正的拟合优度相对较低，随机扰动项的方差估计值也相对较大。此时，若考虑邻近地区被解释变量或邻近地区解释变量的空间溢出效应影响，模型参数估计结果的统计性质均在不同程度上变得更为优良，如 SXL、SAR 和 SDM。在考虑邻近地区随机扰动项空间溢出效应影响的情况下，模型参数估计结果中涉及邻近地区随机扰动项参数 λ 的估计结果均不显著，如 SEM、SDEM；更有甚者，SAC 和 GNSM 的参数估计结果明显异常，其 ρ、λ 的参数估计值均超过了空间相关系数的一般定义域界限。[①]

从表 5-2 中可以看出，在混合效应及城市工业总产值视角下，模型统计性质较为优良的包括 NSM、SXL、SAR 和 SDM 4 种。本书基于 LR 检验来遴选混合效应及城市工业总产值视角下的最优模型。从 LR 检验的基本逻辑来看，SDM 相比较 NSM、SXL、SAR 的检验的原假设分别为：$H_0 : \rho_0 = 0$，$\theta_0^K = 0$，$\theta_0^E = 0$；$H_0 : \rho_0 = 0$；$H_0 : \theta_0^K = 0$，$\theta_0^E = 0$。其检验统计量值分别为 3615、3300 和 288.8，均大于显著性水平为 0.01、自由度分别为 3、1 和 2 的卡方检验临界值，$\chi_{0.01}^2 (3) = 11.34$，$\chi_{0.01}^2 (1) = 6.63$，$\chi_{0.01}^2 (2) = 9.21$。因此，在工业总产值和混合效应视角下，中国城市工业经济增长的最优经验模型应考虑采用空间杜宾模型。

就面板数据空间模型而言，还应考虑模型的具体效应形式。由于本书纳入分析的空间样本为 280 个城市，所以本书不考虑随机效应，仅考虑空间杜宾模型下的个体固定效应、时期固定效应和个体-时期双固定效应 3 种模型形式。为了防止基于 LR 检验的基本模型优选过程中的误判，本书同时估计了空间自回归模型下个体固定效应、时期固定效应和个体-时期双固定效应等模型的参数及其统计性质。

由表 5-3 可知，SAR 和 SDM 的时期固定效应、个体-时期双固定效应均存在对数似然值为正的情况，说明这两种模型并未得到科学而精准的估

---

① 在空间权重矩阵对称的情况下，空间相关系数的定义域一般设定为（-1，1）。这里 SAC 和 GNSM 参数估计结果超过空间相关系数一般设定的原因，可能是因为伪回归的存在，毕竟按照 SEM 和 SDEM 的参数估计结果，邻近地区随机扰动项的参数估计值并不显著，而在 SAC 和 GNSM 中这一参数估计结果反而变成显著了。

计，毕竟按照极大似然估计方法的基本原理，单个概率密度的对数值一般应该为负，则联合概率密度的对数值和也一般应该取值为负数。所以，最优模型应该在个体固定效应空间杜宾模型和混合效应空间杜宾模型之间遴选，按照 LR 检验的基本逻辑，这两个模型之间检验的原假设为 $H_0 : \psi^1 = \cdots = \psi^{280} = 0$，其检验统计量为 LR = 712.4，大于显著性水平为 0.01、自由度为 280 的卡方检验临界值，$\chi^2_{0.01}$（280）= 337.97。因此，相比较而言，个体固定效应的空间杜宾模型更适合用于中国城市工业经济增长的经验生产函数模型估计。同时，为了防止混合效应模型视角下的模型误判，本书还对个体固定效应的空间杜宾模型和个体固定效应的空间自回归模型进行了模型比较。按照 LR 检验的基本逻辑，这两个模型之间假设检验的原假设为 $H_0 : \theta_0^K = \theta_0^E = 0$，检验统计量为 LR = 31.40，大于显著性水平为 0.01、自由度为 2 的卡方检验临界值，$\chi^2_{0.01}$（2）= 9.21。因此，相较于个体固定效应的空间自回归模型，个体固定效应的空间杜宾模型更适合用于中国城市工业经济增长的经验生产函数模型估计。

从对表 5-2 和表 5-3 的综合分析来看，在中国城市工业全要素生产率测度过程中，如果采用工业生产总值作为产出指标，用来分析中国城市工业经济增长的最优模型为个体固定效应的空间杜宾模型，说明自 2002 年走新型工业化道路以来，中国城市工业经济增长呈现明显的个体差异特征，城市工业总产值之间呈现明显的空间溢出效应，城市工业资本投入和工业能源投入也呈现明显的空间溢出效应。这也说明，此时按照传统面板模型来估算工业资本投入、工业能源投入等要素投入份额并由此测度城市工业全要素生产率将存在重大失误，毕竟工业总产值和工业资本投入、工业能源投入在空间上的相互影响并未被纳入城市工业经济增长的经验生产函数模型建模过程中。

（二）城市工业增加值视角下全局模型估计及优选

为了考察中国城市工业经济增长经验生产函数模型的稳健性，并对中国城市工业全要素生产率进行有效的比较，本书将表 5-2 和表 5-3 中相关模型的被解释变量替换为人均工业增加值的对数值，结果如表 5-4 所示。

表5-3　城市工业总产值视角下备选最优模型的估计结果及统计性质

	SAR			SDM		
	个体固定效应	时期固定效应	个体-时期双固定效应	个体固定效应	时期固定效应	个体-时期双固定效应
$\ln(K/L)$	0.4578 (34.37)***	0.7177 (78.55)***	1.1991 (139.65)***	0.4559 (33.81)***	0.6858 (69.64)***	1.1983 (135.42)***
$\ln(E/L)$	0.0563 (5.63)***	0.2062 (18.67)***	0.2055 (16.85)***	0.0626 (6.23)***	0.2004 (18.32)***	0.2032 (16.64)***
$STW \times \ln(K/L)$				35.475 (4.60)***	-2.1919 (-0.43)	-18.476 (-2.44)**
$STW \times \ln(E/L)$				-61.407 (-5.59)***	90.479 (10.12)***	28.684 (2.69)***
ρ_0	0.9999 (1.89)*	0.9999 (1.88)*	0.9999 (1.11)	0.9999 (1.89)*	0.9999 (1.89)*	0.9999 (1.89)*
λ_0						
修正的拟合优度	0.2831	0.7392	0.0377	0.2875	0.7481	0.0395
随机扰动项的方差估计值	0.2646	0.0966	0.110	0.2629	0.0933	0.1097
对数似然值	-1940.4	457.28	149.91	-1924.7	540.06	155.65

注：括号内表示相应参数估计的 T 统计量值，***、**、* 分别表示通过显著性水平为 1%、5% 和 10% 的假设检验。

资料来源：作者根据 MATLAB R2020a 软件输出结果整理。

　　在表5-4中，从模型参数估计结果及其统计性质来看，非空间模型的参数估计结果均显著，修正的拟合优度值尚可但偏低；空间自回归模型的参数估计结果也均显著，且显示中国城市工业增加值具有正向的空间溢出效应；空间X滞后模型及空间杜宾模型中邻近地区人均工业资本投入要素对中国城市工业增加值不具有显著的影响效应；空间误差模型和空间杜宾误差模型中邻近地区随机扰动项的空间溢出效应也不显著；空间自相关模型和通用嵌套空间模型中空间相关系数ρ、λ的参数估计值也异常。这说明，在工业增加值和混合效应模型视角下，中国城市工业经济增长的经验生产函数模型最好在空间自回归模型和非空间模型之间遴选。本书仍基于LR检验对二者进行优选，按照LR检验的基本模型，空间自回归模型和非空间模型二者进行假设检验的原假设为$H_0: \rho_0 = 0$，检验统计量值为LR = 3310.4，大于显著性水平为0.01、自由度为1的卡方检验临界值，$\chi^2_{0.01}(1) = 6.63$。因此，在混合效应视角下，中国城市工业经济增长的经验生产函数模型最好采用空间自回归模型。

　　为了与工业产出采用工业总产值时模型效应形式的分析保持一致，本书也分别考察了个体固定效应、时期固定效应和个体-时期双固定效应下空间自回归模型和空间杜宾模型的参数估计结果和统计性质，如表5-5所示。就空间自回归模型而言，尽管3种效应下模型参数估计结果均能通过显著性检验，但是修正的拟合优度均为负数，说明存在明显的"伪回归"现象。就空间杜宾模型而言，修正的拟合优度也为负数，同样提示模型存在"伪回归"情况，同时部分解释变量也不显著，包括个体固定效应下邻近地区的人均工业资本投入，以及时期固定效应下邻近地区的人均工业资本投入和人均工业能源投入变量。这意味着，在中国城市工业经济增长的实证分析中，如果以工业增加值作为产出替代指标，则无论是个体固定效应模型或时期固定效应模型，还是个体-时期双固定效应模型，均不是最优模型。

　　从表5-4和表5-5的综合分析来看，在以工业增加值作为产出变量的替代指标时，在中国城市工业生产的实证分析和中国工业全要素生产率测度的要素投入份额分析中，需要采用混合效应的空间自回归模型作为最优模型。这一模型提示以下几点信息：第一，在中国城市工业经济增长过程中，

表 5-4　城市工业增加值视角下混合效应模型的估计结果及统计性质

	NSM	SXL	SAR	SDM	SEM	SDEM	SAC	GNSM
Const.	1.1216 (57.69)***	1.0843 (53.47)***	1.1167 (58.15)***	1.0839 (53.50)***	1.1212 (56.56)***	1.0838 (44.04)***	1.0237 (44.87)***	1.0339 (49.76)***
$\ln(K/L)$	0.4776 (57.01)***	0.4811 (56.48)***	0.4779 (57.13)***	0.4814 (56.57)***	0.4778 (55.29)***	0.481 (56.22)***	0.4815 (56.72)***	0.4867 (57.69)***
$\ln(E/L)$	0.0810 (10.54)***	0.0808 (10.43)***	0.0813 (10.60)***	0.0808 (10.44)***	0.0810 (10.32)***	0.0808 (10.27)***	0.0853 (11.23)***	0.0827 (11.00)***
$STW \times \ln(K/L)$		-6.7526 (-1.33)		-7.3162 (-1.44)		-6.6677 (-1.28)		-27.006 (-4.58)***
$STW \times \ln(E/L)$		20.875 (2.99)***		20.105 (2.89)***		20.989 (2.41)**		12.06 (1.68)*
ρ_0			0.9999 (1.73)*	0.9999 (1.89)*			23.416 (5.81)***	36.52 (10.60)***
λ_0					0.99 (0.08)	0.99 (0.04)	54.754 (11.38)***	38.502 (11.82)***
修正的拟合优度	0.5503	0.5537	0.5510	0.5536	0.5510	0.5541	0.5763	0.5779
随机扰动项的方差估计值	0.1613	0.1601	0.1608	0.1598	0.1608	0.1598	0.1519	0.1512
对数似然值	-2410.5	-2391.1	-755.06	-739.91	-755.06	-739.36	-618.78	-2293.9

注：括号内表示相应参数估计值的 T 统计量值，***、**、* 分别表示通过显著性水平为 1%、5% 和 10% 的假设检验。
资料来源：作者根据 MATLAB R2020a 软件输出结果整理。

表 5-5 城市工业增加值视角下备选最优模型的估计结果及统计性质

	SAR			SDM		
	个体固定效应	时期固定效应	个体-时期双固定效应	个体固定效应	时期固定效应	个体-时期双固定效应
$\ln(K/L)$	0.4989 (7.47)***	0.4759 (6.27)***	-0.8446 (-41.15)***	0.5796 (8.65)***	0.4919 (5.92)***	-0.8504 (-41.05)***
$\ln(E/L)$	0.0606 (1.21)	0.1700 (1.86)*	-0.1227 (-4.29)***	0.0968 (1.94)*	0.1621 (1.76)*	-0.1122 (-3.93)***
$STW \times \ln(K/L)$				59.28 (1.55)	-30.495 (-0.71)	95.873 (5.38)***
$STW \times \ln(E/L)$				-375.05 (-6.88)***	41.417 (0.55)	-137.69 (-5.50)***
ρ_0	0.9999 (1.89)*	0.9999 (1.89)*	0.9999 (1.85)*	0.9999 (1.89)*	0.9999 (1.89)*	0.9999 (1.89)*
λ_0						
修正的拟合优度	-17.606	-17.586	-0.6952	-17.143	-17.592	-0.6852
随机扰动项的方差估计值	6.6503	6.6448	0.6073	6.4854	6.644	0.6034
对数似然值	-9613.8	-9611.8	-3917.4	-9554	-9611.5	-3902.1

注：括号内表示相应参数估计的 T 统计量值，***、**、* 分别表示通过显著性水平为 1%、10% 的假设检验。

资料来源：作者根据 MATLAB R2020a 软件输出结果整理。

邻近地区的工业增加值变化将对本地工业增加值起到一个正向的激励作用；第二，在中国城市工业增加值变化过程中缺乏明显的固定效应特征，无论是个体固定效应还是时期固定效应，在中国城市工业增加值变化中均无明显的影响作用；第三，邻近地区人均工业资本投入、人均工业能源投入等变量的变化，对中国城市工业增加值的变化无显著影响。

从工业产出指标采用工业总产值或工业增加值两种指标的比较来看，在工业总产值视角下，最优模型为个体固定效应的空间杜宾模型，而在工业增加值视角下，最优模型为空间自回归模型。这说明，无论产出指标是采用工业总产值还是工业增加值，空间溢出效应在中国城市工业经济增长过程中均存在，只不过空间溢出效应的方式有所区别。在工业总产值视角下，城市工业发展的人均规模不仅会受到邻近地区工业发展的人均规模影响，也会受到邻近地区人均工业资本投入和人均工业能源投入的影响。在工业增加值视角下，城市工业人均增长情况则主要受到邻近地区工业人均增长情况的正向影响，以及本地区人均工业资本投入和人均工业能源投入的影响，但邻近地区人均工业资本投入和人均工业能源投入对本地区工业人均增长不会产生显著的影响。因此，中国城市工业发展质的提高更需要依赖于本地区人均要素投入的增长，更体现出一种内化的增长过程。当然，无论是个体固定效应的空间杜宾模型，还是空间自回归模型，均提示地区之间工业发展的空间溢出效应十分重要，在工业经济增长的经验生产函数模型构建和工业全要素生产率测度过程中，采用空间计量模型而非传统的面板数据模型，将更为精准和科学。

第二节　中国城市工业全要素生产率局部测度中的模型优选

一　局部测度中的时空带宽优选

与空间计量全局分析过程中时空权重矩阵的外生设计有所区别，空间计量局部分析中必须基于一定的统计准则来优选时空带宽，这些准则包括

CV 准则、GCV 准则和 AICc 准则等，如式（3-24）所示。按照第三章中对面板时空地理加权回归模型的建模逻辑阐释，中国城市工业全要素生产率局部测度中对单个局部点最优时空权重矩阵的遴选，必须建立在所有局部点在所有可能空间带宽和可能时间带宽的试算基础上，随后基于 CV、GCV 和 AICc 3 个准则值最小来进行最优空间带宽和最优时间带宽遴选。这是一项十分庞杂的工作，毕竟局部点数有 4760 个，时间带宽和空间带宽的可能组合也包括 4760 种，局部模型的估计及统计性质试算可能达到22657600 次之多。这种计算即使是大容量的计算机设备，也会耗时甚久。

　　为了节省运算时间，并尽可能得到精确的最优空间带宽和最优时间带宽，本书首先基于 GWR4.0 软件试算 2003～2019 年各年局部点的最优空间带宽；随后在固定最优空间带宽的基础上，分别估计时间带宽为 1～17 时各种模型的 CV、GCV 和 AICc 准则值；最后基于 3 种准则值最小原则确定最优时间带宽，并由此确定各局部点的最优空间带宽和最优时间带宽。表 5-6显示了以 2003～2019 年每一年城市人均工业总产值或人均工业增加值的对数值为被解释变量，以每一年人均工业资本存量和人均工业用电的对数值为解释变量的局部模型中最优空间带宽的遴选结果，其中核函数为自适应的高斯核函数，空间带宽遴选方法为黄金分割搜索法，空间带宽遴选准则为 AICc 准则，局部点间的距离采用基于经纬度的球面距离和投影距离两种方式。从表 5-6 的分析可知，中国城市工业全要素生产率局部测度的经验生产函数估计中，局部点的最优空间带宽指向 46，即单个局部点仅受到周边距离最近的 45 个城市的有效空间影响，更远的城市对单个局部点城市的空间影响较小，可以忽略不计。

　　在固定最优空间带宽为 46 的条件下，本书结合 MATLAB R2020a 软件及自编程序，对最优时间带宽进行试算。结论显示，无论是以城市人均工业总产值的对数值为被解释变量的模型，还是以城市人均工业增加值为被解释变量的模型，CV、GCV 和 AICc 准则均指向最优时间带宽为 17。这说明在中国城市工业全要素生产率测度的经验生产函数模型估计中，最优时间带宽为 17，最优空间带宽为 46，即单个局部点会受到周边距离最近的 45

表 5-6 局部测度中最优空间带宽试算结果及其 AICc 准则值

年份	城市工业总产值				城市工业增加值			
	球面距离		投影距离		球面距离		投影距离	
	最优空间带宽	AICc 值	最优空间带宽	AICc 值	最优空间带宽	AICc 值	最优空间带宽	AICc 值
2003	46	379.76	46	376.76	46	206.36	46	205.61
2004	46	382.23	46	379.38	46	19.50	46	190.30
2005	46	357.15	46	354.12	46	204.87	46	203.47
2006	46	334.91	46	331.86	46	187.22	46	185.66
2007	46	352.96	46	350.29	46	180.85	46	179.35
2008	46	336.74	46	333.67	46	171.85	46	170.55
2009	46	347.08	46	344.21	46	178.56	46	177.90
2010	46	336.51	46	334.63	46	176.78	46	176.24
2011	46	340.30	46	339.30	46	183.02	46	183.03
2012	46	319.78	46	317.57	46	187.12	46	187.08
2013	46	279.12	46	276.47	46	166.15	46	165.97
2014	46	344.48	46	344.13	46	202.04	46	203.14
2015	46	363.44	46	365.41	46	237.51	46	240.61
2016	46	367.57	46	371.07	46	258.77	46	262.03
2017	46	360.74	46	364.08	46	247.79	46	252.44
2018	46	398.96	46	401.44	46	262.47	46	266.53
2019	46	398.55	46	404.41	46	259.08	46	266.83

资料来源：作者根据 GWR4.0 软件输出结果整理。

个城市不超过 16 年的时空溢出效应影响。由此，基于式（3-17）、式（3-18）、式（3-19）、式（3-20）及式（3-21）等表达式，可以确定每个局部点分析中所使用的时空权重矩阵。由于局部点总数有 4760 个，本书并不打算对这些局部点所使用的时空权重矩阵进行一一列举，仅以 2019 年河北石家庄市为例来展示其局部点分析中所使用的时空权重矩阵，如图 5-3 所示。

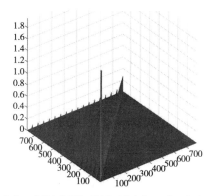 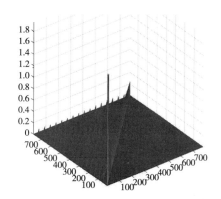

（a）工业总产值视角下河北石家庄市2019年局部点估计中使用的时空权重矩阵　　　（b）工业增加值视角下河北石家庄市2019年局部点估计中使用的时空权重矩阵

图 5-3　局部测度中采用的局部点时空权重矩阵样例：2019 年河北石家庄市

资料来源：作者根据软件 MATLAB R2020a 绘制。

二　局部测度中的经验生产函数模型估计及优选

在局部点最优空间带宽和最优时间带宽分别为 46 和 17 的条件下，本书基于面板时空地理加权回归模型的建模方法和自编 MATLAB 程序代码，对中国城市工业全要素生产率测度中的经验生产函数模型进行了局部估计，结果如表 5-7 所示。值得注意的是，由于本书分析中几乎纳入了所有的城市，所以表 5-7 中未报告经验生产函数的随机效应估计结果（Hsiao，2003；Beenstock and Felsenstein，2007）。

表 5-7 中，在以城市人均工业总产值的对数值为被解释变量的经验生产函数估计中，其个体固定效应及时期固定效应模型的拟合优度为负值，意味着经验生产函数估计若采用个体固定效应模型或时期固定效应模型将存在伪回归，于是本书将在混合效应模型以及个体-时期双固定效应模型两种

表5-7 城市工业总产值、增加值视角下PGTWR模型整体统计性质估计结果

	城市工业总产值				城市工业增加值			
	混合效应	个体固定效应	时期固定效应	个体-时期双固定效应	混合效应	个体固定效应	时期固定效应	个体-时期双固定效应
局部系数估计值的显著比率	0.8133	0.9684	0.7707	0.8926	0.9035	0.8526	0.9000	0.8250
样本容量	4760	4760	4760	4760	4760	4760	4760	4760
自由度	307	309	306	310	309	319	309	319
随机扰动项方差估计值	20.8589	25.6321	5.0684	67.5011	15.0754	10.3412	3.9917	34.6832
CV准则值	6.4037E+03	7.9203E+03	1.5509E+03	2.0925E+04	4.6583E+03	3.2989E+03	1.2334E+03	1.1064E+04
GCV准则值	2.8310E-04	3.5001E-04	6.8538E-05	9.2471E-04	2.0594E-04	1.4578E-04	5.4507E-05	4.8893E-04
AICc准则值	2.7980E+04	2.8958E+04	2.1242E+04	3.3567E+04	2.6434E+04	2.4637E+04	2.0106E+04	3.0397E+04
修正的拟合优度	0.5925	-0.6451	-8.5242	0.9310	0.8518	0.7099	-8.5411	0.9765
F统计量值	1.2421E+04	5.8630E+03	144.8877	1.2786E+05	3.6043E+04	1.8706E+04	296.1524	2.1487E+05
F统计量的概率	0.0000	0.0000	0.0000	0.0000	0.0000	0.0000	0.0000	0.0000
修正的概率临界值（$\alpha=0.01,0.05,0.1$）	0.0424	0.0633	0.0442	0.0570	0.0466	0.0368	0.0484	0.0321
	0.2119	0.3167	0.2208	0.2851	0.2329	0.1840	0.2419	0.1606
	0.4238	0.6334	0.4416	0.5702	0.4659	0.3680	0.4839	0.3213
对数似然值	-1.3984E+04	-1.4474E+04	-1.0617E+04	-1.6779E+04	-1.3211E+04	-1.2314E+04	-1.0049E+04	-1.5194E+04

资料来源：作者根据MATLAB R2020a软件输出结果整理。

模型之间进行优选。在工业总产值视角下，混合效应模型局部系数估计值的显著比率以及修正的拟合优度值小于双固定效应模型，但 CV、GCV 和 AICc 准则值和随机扰动项的方差估计值均小于个体-时期双固定效应模型；同时，从 F 统计量的概率值来看，两种模型并无明显差别，均在 1% 的水平上指向模型在整体上具有显著性，尽管混合效应模型的 F 统计量小于双固定效应模型；再者，由于在个体固定效应和时期固定效应模型下模型均有伪回归的嫌疑，因此本书采用混合效应模型作为最优模型来估计工业总产值视角下的经验生产函数。需要指出的是，尽管在工业总产值视角下混合效应模型的整体统计性质相对较优，但其模型整体的拟合优度仍较低，而局部点模型的参数估计结果中也存在部分不显著的问题，这可能会影响到城市工业全要素生产率的测度结果。

　　基于类似的逻辑，可以对以城市人均工业增加值的对数值为被解释变量的经验生产函数模型估计结果进行优选。依据表 5-7 的后四列，本书仍选择混合效应模型作为工业增加值视角下的最优模型。其原因有以下四点。第一，时期固定效应模型估计结果中模型整体拟合优度为负提示模型失效。第二，相较于个体-时期固定效应模型，混合效应模型相对更优。在混合效应模型中，局部系数估计值显著比率更高，随机扰动项方差估计值、CV、GCV 和 AICc 准则值更小，且时期固定效应模型失效提示慎用时期固定效应模型。第三，尽管在原假设 $\gamma_0 (u_1, v_1, \bar{t}) = \gamma_0 (u_l, v_l, \bar{t}) = \cdots = \gamma_0 (u_{280}, v_{280}, \bar{t})$ 条件下，混合效应模型和个体固定效应模型之间遴选的 LR 统计量取值为 1794，大于显著性水平为 1% 时的卡方统计量临界值 $[\chi^2_{0.01} (280) = 227.91]$。然而，相较于个体固定效应模型，混合效应模型的局部系数估计值显著比率更高，拟合优度和 F 统计量值也更大。第四，便于与工业总产值视角下的最优模型保持一致，也便于对相关结果进行比较。

　　在完成城市工业部门经验生产函数模型的估计后，仅需依据人均工业资本投入和人均工业能源投入份额，即可依据改进的索洛余值法完成对城市工业全要素生产率的测度。图 5-4 显示了工业总产值和工业增加值视角下 2003~2019 年中国 280 个城市人均工业资本投入和人均工业能源投入份额变量参数估计结果的经验分布模拟情况。图5-4中，子图（a）表示人均工业资本投入在人均工业总产值中的贡献份额估计值分布特征，子图（b）表示人均工业能源投入在人均工业总产值中的贡献份额估计值分布特征。从子图（a）和子图（b）来看，在工业总产值增长中，不同地区不同时期资本要素的贡献份额具有明显的时空异质性特征，大致处于（0.2,1）的区间，均值约为0.6502；不同时空维度上能源要素的贡献份额也具有明显的异质性特征，大致处于（-0.2,0.5）的区间，均值约为0.1288。值得指出的是，部分时期部分地区能源投入要素的贡献份额为负，说明依靠能源投入的粗放型增长开始在工业部门失效。当然，这种负值也提示与式（4-5）的原假设不符合。本书认为主要可能有如下两个方面的因素导致了参数估计结果不够精准：第一，工业能源投入要素以工业用电替代，以及对部分城市工业用电缺漏数据的插值等数据处理过程，将可能影响其参数估计结果的精度。第二，在局部分析模型参数估计过程中，模型的整体统计性质表现为显著，但工业总产值视角下最优模型的拟合优度不到0.6，且局部模型参数估计结果显著性比率也仅有80%多，而工业增加值视角下，最优模型的拟合优度不足0.9，局部模型参数估计结果显著性比率也未达到100%。

图5-4的子图（c）和子图（d），分别表示人均工业资本投入和人均工业能源投入在人均工业增加值中的贡献份额估计值分布特征。从子图（c）来看，在工业增加值增长中，不同地区不同时期资本要素的贡献份额也存在明显的时空异质性特性，大约在（0.3,0.8）的区间，均值约为0.5849。

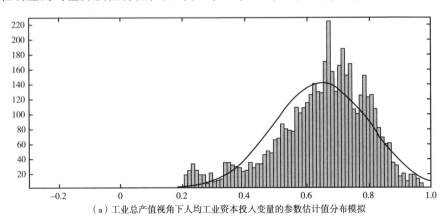

（a）工业总产值视角下人均工业资本投入变量的参数估计值分布模拟

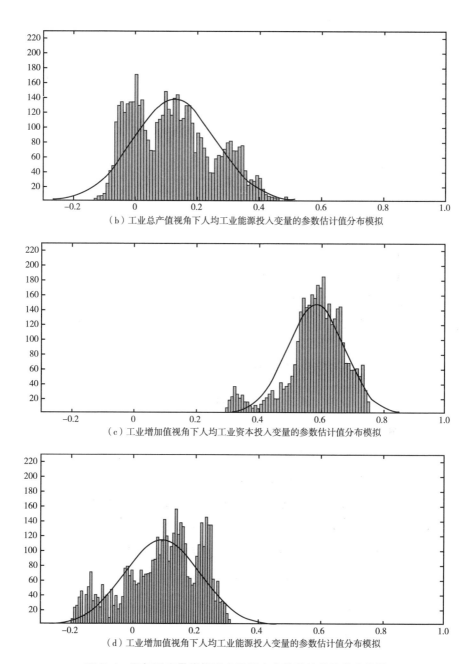

（b）工业总产值视角下人均工业能源投入变量的参数估计值分布模拟

（c）工业增加值视角下人均工业资本投入变量的参数估计值分布模拟

（d）工业增加值视角下人均工业能源投入变量的参数估计值分布模拟

图 5-4　局部测度最优模型中局部点参数估计值的分布模拟

资料来源：作者根据软件 MATLAB R2020a 绘制。

从子图（d）来看，不同时空维度能源要素对工业增加值增长的影响也呈现明显的时空异质性特征，大约处在（-0.2，0.3）的区间，均值约为 0.0914。与工业总产值视角类似，工业能源投入要素对工业增加值的影响也在部分地区和部分时期取值为负，这同样有可能来自数据质量不高导致的估计偏误，也可能是部分地区本身存在能源投入负向影响工业发展质量的可能。

第三节　中国城市工业全要素生产率的测度结果

本章前两节分别基于全局分析和局部分析，估计和遴选了中国城市工业全要素生产率测度中的最优经验生产函数模型，并由此确定了工业资本投入要素和工业能源投入要素的贡献份额。接下来，本书将分别基于全局分析和局部分析的方法，从城市工业总产值和工业增加值的视角入手，分别测度中国城市工业全要素生产率及其增长率。

一　基于全局分析的中国城市工业全要素生产率测度结果

基于本章第一节的分析，在采用空间计量全局分析来估计中国城市工业部门经验生产函数时，如果城市工业产出变量选择工业总产值，最优模型为个体固定效应的空间杜宾模型，而如果城市工业产出变量选择工业增加值，最优模型为混合效应的空间自回归模型。基于这两个最优模型，结合表 4-1 中不同最优模型下资本和能源投入要素份额的计算公式，以及式（4-3）和式（4-4），可以计算中国城市工业全要素生产率及其增长率。

在产出变量为工业总产值条件下，工业资本投入要素的份额计算公式为 $1/NT \times Trace \{[(I_{NT} - \hat{\rho}_0 STW)^{-1}(I_{NT}\hat{\beta}_{0,K} + STW\,\hat{\theta}_{0,K})]\}$，工业能源投入要素的份额计算公式为 $1/NT \times Trace \{[(I_{NT} - \hat{\rho}_0 STW)^{-1}(I_{NT}\hat{\beta}_{0,E} + STW\,\hat{\theta}_{0,E})]\}$。其中，$N = 280$，$T = 17$，$STW$ 的取值如图 5-2 所示，$\hat{\rho}_0 = 0.9999$，$\hat{\beta}_{0,K} = 0.4559$，$\hat{\theta}_{0,K} = 35.475$，$\hat{\beta}_{0,E} = 0.0626$，$\hat{\theta}_{0,E} = -61.407$。由此，可以计算得到工业资本投入要素和工业能源投入要素对中国城市工业总产值的贡献份额分别为 0.4561 和 0.0623。

在产出变量为工业增加值条件下，工业资本投入要素的份额计算公式

为 $1/NT \times Trace\left[\left(I_{NT} - \hat{\rho}_0 STW\right)^{-1} \hat{\beta}_{0,K}\right]$，工业能源投入要素的份额计算公式为

$1/NT \times Trace\left[\left(I_{NT} - \hat{\rho}_0 STW\right)^{-1} \hat{\beta}_{0,E}\right]$。其中，$N$、$T$ 仍表示全局模型中纳入的截面个数和时期数，取值分别为 280 和 17，STW 的取值也如图 5-2 所示，空间相关系数 $\hat{\rho}_0$ 取值为 0.9999，$\hat{\beta}_{0,K} = 0.4779$，$\hat{\beta}_{0,E} = 0.0813$。此时，也可以计算得到工业资本投入要素和工业能源投入要素对中国城市工业增加值的贡献份额分别为 0.4779 和 0.0813。就中国工业经济发展而言，工业资本投入要素和工业能源投入要素对工业增加值的影响，相较于对工业总产值的影响都会稍大一些。而从资本和能源投入要素的份额加总来看，劳动投入要素在中国工业经济发展中也发挥了十分重要的作用。

　　基于两种视角下工业资本投入要素和工业能源投入要素的份额确定结果，结合式（4-4），可以计算中国城市工业部门的全要素生产率，结果如图 5-5 所示。同时，结合式（4-3），可以计算中国城市工业部门的全要素生产率增长率，如图 5-6 所示。值得注意的是，式（4-3）中，$\dot{y}$、$\dot{k}$、$\dot{en}$ 分别表示人均工业总产值（或增加值）、人均资本存量和人均工业用电的变化量，这种变化量可以是环比的，也可以是定基的，所以，本书在图 5-6 中既给出了中国城市工业全要素生产率相比上一年的环比增长率，也给出了以 2003 年为基期的定基增长率。

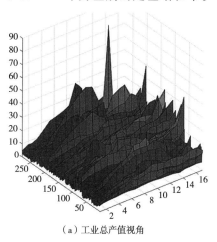
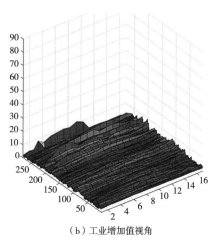

（a）工业总产值视角　　　　　　　　　　（b）工业增加值视角

图 5-5　中国城市工业全要素生产率的全局测度结果

资料来源：作者根据软件 MATLAB R2020a 绘制。

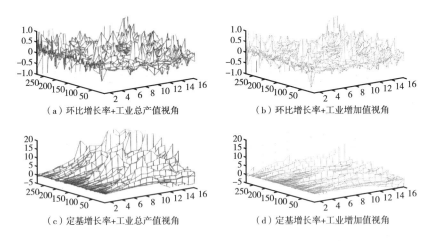

（a）环比增长率+工业总产值视角　　　　（b）环比增长率+工业增加值视角

（c）定基增长率+工业总产值视角　　　　（d）定基增长率+工业增加值视角

图 5-6　中国城市工业全要素生产率增长率的全局测度结果

资料来源：作者根据软件 MATLAB R2020a 绘制。

二　基于局部分析的中国城市工业全要素生产率测度结果

基于本章第二节的分析，在采用空间计量局部分析来估计中国城市工业部门经验生产函数时，城市工业产出变量的替代指标无论选用工业总产值，还是选用工业增加值，最优模型均为混合效应面板数据模型。在这两个最优模型中，单个局部点建模过程实际上是在纳入该局部点的被解释变量和解释变量数据基础上，同时纳入距离该局部点最近的 45 个邻近局部点以及距离该局部点所处时期往前不超过 16 年的所有局部点的被解释变量和解释变量数据，组成新的面板数据来估计该局部点工业部门发展中工业资本投入要素和工业能源投入要素的贡献份额。由于本书中用来估计中国城市工业部门经验生产函数的相关变量替代指标的时期较短，所以在年份越久远的局部点工业部门经验生产函数模型构建过程中纳入的样本数越少，甚至在 2003 年的 280 个局部点的工业部门经验生产函数模型构建过程中样本量仅有当年数据，均为 46 个。

在采用空间计量局部分析来估计中国城市工业部门的经验生产函数时，会单独给出 2003~2019 年中国 280 个城市各种投入要素的份额估计值。限于篇幅，本书未完整报告这些份额的估计值结果，仅在图 5-4 中展示了其频数及分布模拟结果。利用这些估计值，结合公式（4-7），可以直接估计中国城市工业全要素生产率，结果如图5-7所示。同时，利用公式（4-6），也可以估计中国城市工业全要素生产率增长率，结果如图5-8所示。与基于全局分析的增长率测度结果类似，本书同样给出了环比增长率和以2003年为基期的定基增长率计算结果。

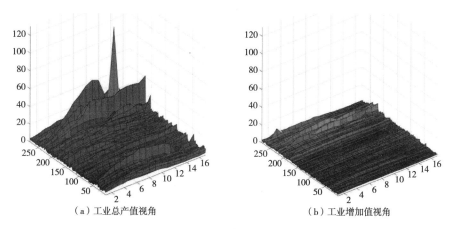

（a）工业总产值视角　　　　　　　　（b）工业增加值视角

图5-7　中国城市工业全要素生产率的局部测度结果

资料来源：作者根据软件 MATLAB R2020a 绘制。

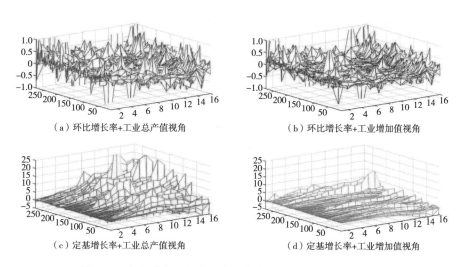

（a）环比增长率+工业总产值视角　　　　　　（b）环比增长率+工业增加值视角

（c）定基增长率+工业总产值视角　　　　　　（d）定基增长率+工业增加值视角

图5-8　中国城市工业全要素生产率增长率的局部测度结果

资料来源：作者根据软件 MATLAB R2020a 绘制。

值得注意的是，按照索洛余值法的基本定义和算法逻辑，无论是采用空间计量全局测度方法，还是采用空间计量局部测度方法，抑或是采用经典的非空间方法，计算中国城市工业全要素生产率增长率，不能直接在全要素生产率的基础上按照定基或者环比的方式计算，而应该按照前文相关公式设计的特定算法进行计算。

第四节　本章小结

本章基于中国城市工业部门经验生产函数模型的全局、局部估计和优选，分别从全局分析和局部分析方法入手，测度了中国城市工业全要素生产率及其增长率。主要研究结论如下。

（1）在基于全局分析方法估计和优选中国城市工业部门经验生产函数模型过程中，本章采取的是外生的时空权重矩阵，这种时空权重矩阵是以时期跨度为维度的单位矩阵和外生的空间权重矩阵的克罗内克积。其中，外生的空间权重矩阵基于经纬度距离的倒数的平方而构建，需要注意的是，这种外生的空间权重矩阵的元素必须与截面个体的排序顺序一致。采用全局分析方法来估计中国城市工业部门的经验生产函数模型时，本章分别以工业总产值和工业增加值来替代工业产出，分别试算了两种产出下8种空间计量模型的估计结果，并考察了各种模型的混合效应、个体固定效应、时期固定效应以及个体–时期双固定效应。结论显示，在以工业总产值作为工业产出指标时，中国城市工业部门经验生产函数的最优模型为个体固定效应的空间杜宾模型；而在采用工业增加值作为工业产出指标时，中国城市工业部门经验生产函数的最优模型为混合效应的空间自回归模型。

（2）在基于局部分析方法估计和优选中国城市工业部门经验生产函数模型过程中，首先需要遴选最优的时间带宽和空间带宽，随后基于加权最小二乘法来估计各城市局部点工业生产中各投入要素的份额。为了确保最优空间带宽和最优时间带宽确定过程的科学性、便利性，本章首先基于GWR4.0软件优选了2003～2019年各年份中国城市工业部门经验生产函数估计过程中的最优空间带宽；随后结合 MATLAB R2020a 软件及自编程序，在固定最优空间带宽的基础上确定了最优时间带宽。结论显示，最优空间带宽和最优时间带宽分别为 46 和 17，这意味着在中国城市工业部门发展中，对各城市产生有效影响的近邻局部点为 45 个，对各城市产生有效影响的时间周期为 16 年。

第六章
中国城市工业全要素生产率的测度结果
诊断与时空特征解析

第五章分别基于全局分析和局部分析方法，对中国城市工业生产中经验生产函数估计的最优模型进行了遴选，接下来本章将基于城市工业总产值、工业增加值两种视角，采用全局分析或局部分析方法测度工业全要素生产率及其增长率的稳健性，来实现对不同方法下测度结果的诊断。同时，结合均值分析、核密度估计，对中国城市工业全要素生产率相对较优的测度结果的基本统计特征及其动态演进规律性和空间差异性质做出阐释。

第一节　两类测度方法视角下的测度结果诊断及优选

第五章分别基于全局分析和局部分析方法，对中国城市工业全要素生产率进行了测度。从图 5-5 至图 5-8 的直观结果来看，可以得到一个较为明显的结论：基于全局分析方法和局部分析方法得到的中国城市全要素生产率及其增长率存在明显的差别。这就意味着，本书对中国城市工业全要素生产率及其增长率的测度尚未完结，需要对基于全局分析方法和基于局部分析方法得到的测度结果进行科学的选择。

事实上，从全局模型出发来估计经验生产函数模型既有优势，也有劣势。优势在于能够充分利用空间计量经济学模型的各种可能模型，且可以充分考虑被解释变量、解释变量以及随机扰动项的空间相关性。劣势在于基于全局分析的结果是建立在所有观测值均被纳入模型的条件下，这意味着原本并不存在有效空间影响的样本点也可能被纳入模型估计过程；同时，对所有地区采取统一的资本或能源要素投入份额来测度城市工业全要素生产率及其增长率的做法,科学性也存在一定的问题。相比较而言,从局部模型出发来估计经验生产函数规避了全局模型的某些缺陷,但也并不能将全局模型的所有优势全部纳入建模过程。[①] 局部模型相较于全局模型的优势在于,在单个城市工业部门的经验生产函数估计和优选过程中纳入了对本地产生实实在在空间影响的局部点,而非一股脑儿纳入所有样本导致样本信息冗余;同时,其优势还体现在单个城市工业全要素生产率及其增长率估计中不同地区对应着不同的资本或能源投入要素份额。局部模型也存在一定的缺陷,主要表现在基于自适应带宽的基本要求,所有局部点分析中纳入的近邻局部点个数必须保持一致,这可能会导致部分地区分析中多纳入了一些无效的样本信息或者忽略了部分有效的样本信息,这可能会导致测度结果精准性欠佳。

由于全局模型或局部模型各有优劣,因此并不能直接说明哪种测度结果更为优良。本书拟基于如下命题来讨论两类方法测度结果的优良性质:一种更为优良的测度方法,应该是在城市工业部门产出指标无论是选择工业总产值还是工业增加值时,对工业全要素生产率及其增长率的测度结果都尽可能保持一致。由于工业全要素生产率及其增长率表征城市工业部门的发展效率,这一发展效率在特定的时期内应该是稳定的,无论是采取什么样的测度方法,或者是将工业投入或产出指标进行不同方式的替换。在前文的分析中,本书对中国城市工业部门经验生产函数的估计建立在工业就业人数、工业资本存量、工业用电等统一的投入指标上,同时还建立在工业总产值和工业增加值两种不同的工业产出指标上,也建立在全局分析和局部分析两种不同的方法上。有鉴于此,可以通过考察在城市工业总产值和工业增加值视角下采用两类方法的结果稳健性来考察哪一种测度结果更具优良性质。从图5-5至图5-8的直观结果来看,并不容易确定哪一种

---

① 尽管可能存在在局部点建模过程中纳入所有空间计量全局模型的可能,但目前理论进展尚未达到如此水平;同时,这种纳入是否科学或必要也存在争议。本书认为,局部模型的参数估计过程已经通过全息映射考虑了各种局部点的空间溢出效应,如果局部点建模过程中再纳入8种可能的空间计量模型,则会导致重复纳入局部点空间溢出效应,从而影响建模科学性。

方法的测度结果更为优良。为了更为科学地考察两种方法的优良性质，本书计算了不同方法下采用工业总产值作为产出指标计算得到的城市工业全要素生产率及其增长率，与采用工业增加值作为产出指标计算得到的相应值的差额，并在此基础上计算了这些测度结果差额的均值及方差，如表 6-1 所示。

表 6-1 两类方法测度结果稳健性考察指标及其取值

		工业全要素生产率	工业全要素生产率增长率（环比）	工业全要素生产率增长率（定基）
基于全局分析的测度结果差额	均值	7.9530	0.0602	2.0569
	方差	28.9091	0.0401	6.1924
基于局部分析的测度结果差额	均值	3.7105	0.0415	1.7269
	方差	14.1730	0.0473	5.2227

资料来源：作者根据 MATLAB R2020a 软件计算和整理。

如表 6-1 所示，在城市工业全要素生产率的测度中，采用局部分析方法得到的结果更为稳健，也更为优良。原因体现在如下两个方面：第一，在工业全要素生产率和工业全要素生产率的定基增长率计算中，采用局部方法将使工业产出指标分别选择工业总产值和工业增加值时得到的结果差额的均值更小，方差更小；第二，在工业全要素生产率的环比增长率计算中，采用局部方法将使工业产出指标分别采用工业总产值和工业增加值时得到的结果差额的变异系数更小。值得指出的是，基于局部分析方法得到的测度结果差额中，部分均值为负数，这意味着采用此类方法计算时，基于工业增加值得到的估计结果取值更高；与之相对，如果均值为正数，则意味着采用此类方法计算时，基于工业总产值得到的估计结果取值更高。

第二节 中国城市工业全要素生产率局部测度结果的基本统计特征：基于均值分析

本书在第五章中测度了 2003~2019 年中国 280 个城市的工业全要素生

产率及其环比和定基增长率，然而，这些数据量较大，从直观上无法得出其发展及演变规律，需要采用科学、直观的方法来分析这些测度结果。本章拟基于均值分析来分别计算按地区或时期平均的中国城市工业全要素生产率及其增长率并阐释其统计性质，如式（6-1）、式（6-2）、式（6-3）和式（6-4）所示。

$$Mean\_TFP_{Industry,T} = \underset{(u_l,v_l)}{Mean}\left\{ \overline{\overline{TFP_{Industry}}}(u_l,v_l,t_l) \right\} \qquad (6-1)$$

$$Mean\_TFP_{Industry,N} = \underset{t_l}{Mean}\left\{ \overline{\overline{TFP_{Industry}}}(u_l,v_l,t_l) \right\} \qquad (6-2)$$

$$Mean\_Rate\_TFP_{Industry,T} = \underset{(u_l,v_l)}{Mean}\left\{ \overline{Rate\_TFP_{Industry}}(u_l,v_l,t_l) \right\} \qquad (6-3)$$

$$Mean\_Rate\_TFP_{Industry,N} = \underset{t_l}{Mean}\left\{ \overline{Rate\_TFP_{Industry}}(u_l,v_l,t_l) \right\} \qquad (6-4)$$

式（6-1）、式（6-2）、式（6-3）和式（6-4）中，$\overline{\overline{TFP_{Industry}}}$ (u_l, v_l, t_l) 和 $Rate\_TFP_{Industry}(u_l, v_l, t_l)$ 分别为基于局部分析方法测度得到的城市工业全要素生产率及其增长率，其计算公式如式（4-7）式（4-6）所示；$\underset{(u_l,v_l)}{Mean}\{\cdot\}$ 和 $\underset{t_l}{Mean}\{\cdot\}$ 分别表示按地区和时期计算得到的平均值；$Mean\_TFP_{Industry,T}$ 和 $Mean\_Rate\_TFP_{Industry,T}$ 分别表示按所有地区尺度计算得到的城市工业全要素生产率平均值及城市工业全要素生产率增长率平均值；$Mean\_TFP_{Industry,N}$ 和 $Mean\_Rate\_TFP_{Industry,N}$ 分别表示按所有时期尺度计算得到的城市工业全要素生产率平均值及城市工业全要素生产率增长率平均值。

基于式（6-1）、式（6-2）、式（6-3）和式（6-4），结合第五章基于局部分析方法对中国城市工业全要素生产率及其增长率的测度结果，本章将首先对中国城市工业全要素生产率及其增长率的基本统计特征做出阐释，如图6-1所示；随后，基于东中西部和东北地区经济板块以及南北方地区经济板块等视角，对中国分区域城市工业全要素生产率及其增长率的均值变化做出分析，如图6-2和图6-3所示。值得注意的是，对东中西部和东

中国城市工业全要素生产率测度研究

北地区经济板块及其所属省份的划分比较清晰。依据国家统计局的划分，东部地区包括上海等 10 个省份，中部地区包括河南等 6 个省份，西部地区包括重庆等 12 个省份，东北地区包括辽宁等 3 个省份。相比较而言，对南北方地区经济板块及其所属省份的划分比较模糊。经济学界一般以秦岭—淮河线为界来划分南北方省份，其中北方包括北京等 15 个省份，南方包括上海等 16 个省份。本书按照城市所属省份来划分城市的经济板块，其中东中西部和东北地区的城市分别有 83 个、80 个、83 个和 34 个，南北方地区的城市分别有 128 个和 152 个。

图 6-1、图 6-2 和图 6-3 中，横轴刻度为 1~17 时，对应年份为 2003~2019 年；横轴刻度为 1~16 时，对应年份为 2004~2019 年，这主要是阐释环比或定基增长率的需要；横轴为 1~280 时，对应的是城市。基于图 6-1、图 6-2 和图 6-3，可以阐释中国城市工业全要素生产率及其增长率的基本统计特征。

（1）基于工业总产值视角计算的工业全要素生产率及其定基增长率高于基于工业增加值视角计算的工业全要素生产率及其定基增长率。[①] 从图 6-1 的子图（a）和子图（b）中可以看出，以工业总产值为被解释变量来测度中国城市工业全要素生产率时，其结果明显高于以工业增加值为被解释变量的测度结果。工业总产值视角下按所有地区计算的中国城市工业全要素生产率平均值呈现较为明显的倒 U 形特征，其峰值出现在 2011 年前后，而 2017 年中国城市工业全要素生产率平均值向下探底的趋势有所缓解，到 2019 年甚至出现了逆势上扬的发展态势；工业增加值视角下按所有地区计算的中国城市工业全要素生产率平均值则呈现较为平稳的发展态势。从图 6-1 的子图（e）和子图（f）中可以看出，工业总产值视角下按所有地区计算的中国城市工业全要素生产率定基增长率平均值，也高于工业增加值视角下的测度结果。其中，工业总产值视角下的定基增长率平均值与按所有地区计算的中国城市工业全要素生产率平均值的发展态势基本保持一致，

---

① 这种测度结果有其科学性，原因在于城市工业总产值往往会大于工业增加值，这必然导致按照索洛余值法计算得到的工业全要素生产率中，基于工业总产值的测度结果大于基于工业增加值的测度结果。

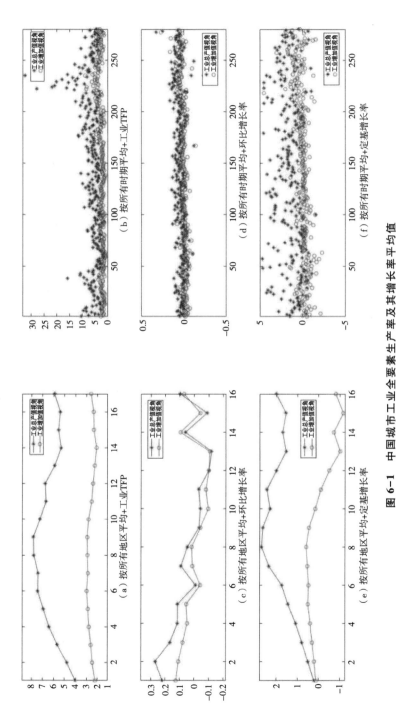

图 6-1 中国城市工业全要素生产率及其增长率平均值

资料来源：作者根据软件 MATLAB R2020a 绘制。

即整体上具有倒 U 形特征，但到 2017 年向下发展的态势有所逆转。工业增加值视角下定基增长率平均值的发展态势稍有不同：2011 年前，按所有地区计算的中国城市工业全要素生产率定基增长率平均值的发展态势较为平稳，但2011 年后呈现下降趋势，2017～2019 年则呈现小幅波动态势。从图 6-1 的子图（c）和子图（d）来看，在多数年份中，工业总产值视角下的中国城市工业全要素生产率环比增长率高于工业增加值视角下的环比增长率；2017 年前，工业总产值或工业增加值视角下中国城市工业全要素生产率环比增长率平均值均总体呈现下降态势，2017～2019 年，这种下降态势稍微有所逆转。

（2）从东中西部和东北地区经济板块来看，中国东部地区城市工业全要素生产率及其增长率发展态势良好，中部和西部地区城市工业全要素生产率及其增长率发展态势较为接近，东北地区城市工业全要素生产率及其增长率整体呈现衰落趋势。从图 6-2 的子图（a）中可以看出，中国东部地区按地区平均的城市工业全要素生产率明显高于其他三个经济板块；中国东北地区按地区平均的城市工业全要素生产率整体呈现倒 U 形特征，但在2016 年后有缓慢回升的趋势；中国西部地区城市工业全要素生产率平均值略高于中部地区，但发展态势基本保持一致。从图 6-2 的子图（b）中可以看出，在工业增加值视角下，中国东部地区城市工业全要素生产率仍远高于其他三个经济板块，其余三个经济板块按所有地区计算的工业全要素生产率平均值相差不大且发展态势较为平稳。从图 6-2 的子图（c）和子图（e）来看，无论是在工业总产值还是工业增加值视角下，中国东中西部及东北地区四大经济板块的城市工业全要素生产率环比增长率在 2017 年前基本呈现下降态势，但 2017～2019 年有缓慢回升趋势。从图 6-2 的子图（d）和子图（f）来看，2011 年前，中国东部地区城市工业全要素生产率定基增长率的发展态势最优，西部地区城市工业全要素生产率定基增长率的发展态势相对较弱，中部地区及东北地区城市工业全要素生产率定基增长率的发展态势基本相当，但从工业总产值视角来看，中部地区相对更为优良一些。2011 年后，四大经济板块的工业发展效率变化趋势发生了重大变化。首先，无论是基于工业总产值视角，还是基于工业增加值视角，东部地区和东北地区的城市工业全要素生产率定基增长率整体都呈现下降态势，东北地区的下降态势更为猛烈，甚至出现了负增长的情况。其次，中部地区和西部地区城市工业全要素生产率定基增长率平均值整体呈现向上发展态势。在工业增加值视角下，中部地区和西部地区两大经济板块的城市工业发展效率基本相当；而在工业总产值视角下，中部地区城市工业全要素生产率的定基增长率相对西部地区要高一些。

（3）从南北方地区的经济板块来看，南方地区的城市工业全要素生产率平均值高于北方地区，南北方地区城市工业全要素生产率环比增长率整体呈现下降趋势但近年来有所回升，南方地区城市工业全要素生产率定基增长率的发展态势则不同。从图 6-3 的子图（a）来看，在工业总产值视角下，2006 年前，南方地区和北方地区的城市工业全要素生产率平均值相差不大；2006 年后，南方地区与北方地区的差异呈扩大化趋势。从图 6-3 的子图（b）来看，在工业增加值视角下，2003~2019 年，南方地区的城市工业全要素生产率平均水平高于北方地区，且 2008 年之后这种差距呈扩大化趋势。从图 6-3 的子图（c）和子图（e）来看，无论是在工业总产值还是工业增加值视角下，南方地区和北方地区的城市工业全要素生产率环比增长率均总体呈现下降态势，2017~2019 年有小幅回升但波动较明显。从图 6-3 的子图（d）和子图（f）来看，2012 年前，南方地区和北方地区的城市工业全要素生产率定基增长率平均水平总体呈现向上发展态势，北方地区整体优于南方地区；2012 年后，南北方城市工业全要素生产率定基增长率平均水平发展态势出现了分化，其中北方地区城市工业全要素生产率定基增长率平均水平整体下滑，而南方地区城市工业全要素生产率定基增长率平均水平则呈现缓步上升趋势。

总的来说，从中国城市工业全要素生产率及其增长率的总体水平和分区域平均水平来看，基于工业总产值视角的中国城市工业全要素生产率及其定基增长率的测度结果高于基于工业增加值视角的测度结果；从区域板块来看，中国东部地区城市工业发展效率平均水平较高，中部和西部地区工业发展效率平均水平较为接近，东北地区工业发展效率平均水平整体下滑；同时，南方地区城市工业发展效率平均水平优于北方地区，且这种相对优势和发展差距有扩大化趋势。

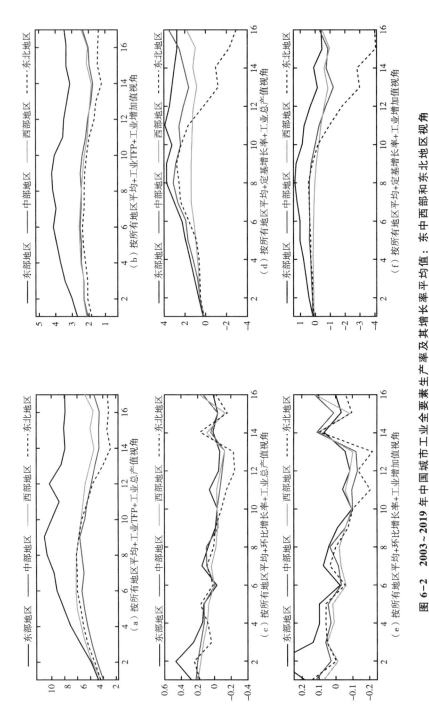

图 6-2 2003~2019 年中国城市工业全要素生产率及其增长率平均值：东中西部和东北地区视角

资料来源：作者根据软件 MATLAB R2020a 绘制。

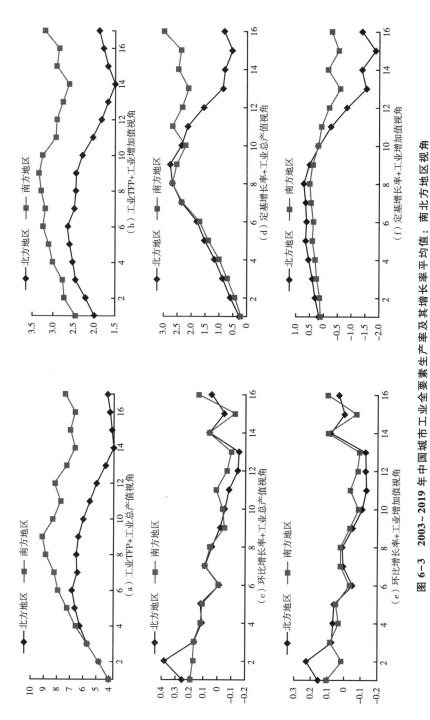

图 6-3　2003～2019 年中国城市工业全要素生产率及其增长率平均值：南北方地区视角

资料来源：作者根据软件 MATLAB R2020a 绘制。

第三节　中国城市工业全要素生产率局部测度结果的时空演变规律：基于核密度估计

一　核密度估计方法

核密度估计的本质在于用估计的、平滑的密度曲线来描述随机变量的分布，是空间分布及其动态演进规律分析中的重要工具之一。核密度估计的本质在于基于一定的核函数和带宽，来经验地估计随机变量的分布特性。设 ϑ 为独立同分布的随机变量，其样本观测值为 ϑ_i，$i = 1,\ 2,\ \cdots,\ Num$；$f(\vartheta_0)$ 和 $F(\vartheta_0)$ 分别为其概率密度函数和累积概率分布函数，其中 $F(\vartheta_0) = Prob(\vartheta_i < \vartheta_0)$；设 ϑ_i 的均值为 $\bar{\vartheta}$，其概率密度函数如式（6-5）所示（陈宗胜等，2013；陈明华等，2016）。

$$f(\bar{\vartheta}) = \frac{1}{Num \times h} \sum_{i=1}^{Num} K\left(\frac{\vartheta_i - \bar{\vartheta}}{h}\right) \tag{6-5}$$

式（6-5）中，$K(\cdot)$、h 分别表示核函数和带宽。一般而言，核函数的形式有多种，包括高斯核函数、双平方核函数等，其主要性质如式（6-6）所示。

$$K(\vartheta) \geq 0, \int_{-\infty}^{+\infty} K(\vartheta)\,\mathrm{d}\vartheta = 1, \lim_{\vartheta \to \infty} K(\vartheta)\ \vartheta = 0, \int_{-\infty}^{+\infty} K^2(\vartheta)\,\mathrm{d}\vartheta < +\infty \tag{6-6}$$

带宽 h 也可称为平滑参数，不同的带宽选择将对核密度估计结果产生重要影响。一般而言，带宽 h 将依据平均积分误差最小原则来选择，其中平均积分误差 $MISE$ 的计算公式如式（6-7）所示。式（6-7）中，$Mean\{\cdot\}$ 表示均值。在弱势假设下，平均积分误差最小原则将可以转化为渐进平均积分误差最小原则，其中渐进的平均积分误差 $AMISE$ 的计算公式如式（6-8）所示。式（6-8）中，$R(K) = \int K(\vartheta)^2\,\mathrm{d}\vartheta$，$R(f'') = \int f''(\vartheta)^2\,\mathrm{d}\vartheta$ $M(K) = \int \vartheta^2 K(\vartheta)\,\mathrm{d}\vartheta$，$Num$ 为样本量，$f''(\vartheta)$ 为 $f(\vartheta)$ 的二阶导数。对式（6-8）求关于带宽 h 的一阶导数，可以得到最优带宽 h^* 的表达式，如式（6-9）所示。

$$MISE(h) = Mean\left\{\int [\hat{f}_h(\vartheta) - f(\vartheta)]^2 d\vartheta\right\} \qquad (6-7)$$

$$AMISE(h) = \frac{R(K)}{hNum} + \frac{1}{4}M(K)^2 h^4 R(f'') \qquad (6-8)$$

$$h^* = \left[\frac{R(K)}{M(K)^2 R(f'')Num}\right]^{1/5} \qquad (6-9)$$

二　中国城市工业全要素生产率时空演变的基本统计规律

基于式（6-5）以及 MATLAB R2020a 软件，可以对中国城市工业全要素生产率及其增长率的时空演变规律做出阐释，如图 6-4 和图 6-5 所示。值得注意的是，为了与前文的核函数选择保持一致，本节进行核密度估计时采用的核函数仍为高斯核函数，带宽为基于式（6-5）的最优空间带宽。从图 6-4 和图 6-5 中，可以得到中国城市工业全要素生产率时空演变的整体规律如下。

第一，从工业总产值视角来看，中国城市工业全要素生产率呈现先升后降，再缓慢回升的总体发展态势。从图 6-4 的子图（a）来看，核密度曲线整体右偏且波峰处密度曲线变薄，右拖尾变长，说明 2003～2008 年中国城市工业全要素生产率整体水平提升且空间分异较为明显，高水平地区的发展更为迅速且占比增加，中等水平地区也有不俗表现但占比有所下降。从图 6-4 的子图（b）来看，核密度曲线基本形状未发生明显变化，说明 2009～2014 年中国城市工业全要素生产率的空间分布特征未发生明显改变。从图 6-4 的子图（c）来看，核密度曲线整体先左偏再右偏，波峰处对应的全要素生产率下降但有逐步回升趋势，右拖尾现象仍然明显，这说明 2015 年来，中国工业发展效率整体情况不佳但有逐步回升的发展趋势，部分高水平地区表现良好。主要年份的变动如图 6-4 的子图（d）所示，2009 年相比 2003 年而言，核密度曲线整体右偏且波峰处密度曲线变薄，右拖尾明显变长，说明中国城市工业全要素生产率均有所提升且高水平地区在工业发展效率提升中处于引领地位。2015 年相比 2009 年而言，核密度曲线有整体左移态势且波峰处密度曲线变厚，说明中国城市工业全要素生产率总体呈现

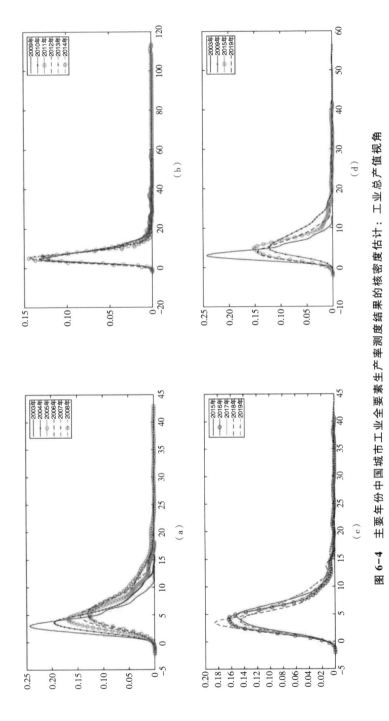

图6-4 主要年份中国城市工业全要素生产率测度结果的核密度估计：工业总产值视角

资料来源：作者根据软件 MATLAB R2020a 绘制。

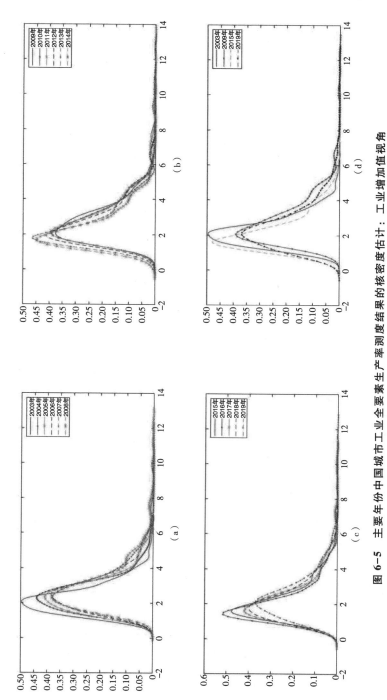

图 6-5 主要年份中国城市工业全要素生产率测度结果的核密度估计：工业增加值视角

资料来源：作者根据软件 MATLAB R2020a 绘制。

下降态势，高水平地区的工业发展也明显乏力。究其原因，可能是 2008 ~ 2009 年世界经济危机的影响及持续作用，导致中国工业发展效率和水平有所回落；2019 年相比 2015 年而言，核密度曲线整体基本稳定，但波峰处对应的全要素生产率变小且波峰处密度曲线稍变薄，右拖尾稍变长，说明中国城市工业全要素生产率稍有回升但并未恢复到 2009 年前的水平，不过部分高水平地区的工业发展效率有上升趋势。

第二，从工业增加值的视角来看，中国城市工业全要素生产率的动态演变规律与工业总产值视角下的动态演变规律基本保持一致，即呈现先升后降再缓慢回升的趋势。从图 6-5 的子图（a）来看，核密度曲线整体右偏，波峰处对应的全要素生产率提升但波峰处密度曲线变薄，右拖尾呈现先变长后缩短的发展态势，说明 2003 ~ 2008 年，中国城市工业全要素生产率整体水平有所提升，空间分异也比较明显，高水平地区发展有一定波动但总体有向上发展趋势。从图 6-5 的子图（b）来看，核密度曲线整体左偏，波峰处对应的全要素生产率降低但波峰处密度曲线变厚，右拖尾变短，说明 2009 ~ 2014 年中国城市工业全要素生产率整体呈现下降态势，有较多的城市工业全要素生产率下降明显，高水平地区的工业全要素生产率也有下降趋势。从图 6-5 的子图（c）来看，核密度曲线整体呈现先左偏再右偏的发展态势，波峰处对应的城市工业全要素生产率提升但波峰处密度曲线变薄，右拖尾变长，说明 2015 ~ 2019 年中国城市工业全要素生产率的下降趋势有所缓解，开始逐步提升，高水平地区也开始在引领工业发展效率提升中发挥重要作用。

主要年份的变动如图 6-5 的子图（d）所示。2009 年相比 2003 年而言，波峰处对应的全要素生产率基本稳定，波峰处核密度曲线变薄，波峰处之前核密度曲线整体右偏，波峰处之后核密度曲线左偏和右偏并存但右偏占主导地位，右拖尾变长，说明中国城市工业全要素生产整体呈现提升态势，且高水平地区与低水平地区的发展差距变大，空间异质性更明显。2015 年相比 2009 年而言，核密度曲线整体左偏，波峰处对应的城市工业全要素生产率降低且波峰处核密度曲线变厚，右拖尾变短十分明显，说明这一阶段中国城市工业全要素生产率整体提升乏力，高水平地区的工业发展效率也并未有明显提升的趋势。2019 年相比 2015 年而言，核密度曲线整体右偏，波峰处对应的城市工业全要素生产率明显提升，波峰处对应的核密度曲线明显变薄，右拖尾开始逐步变长但未达到 2009 年前的最高水平，说明这一阶段中国城市工业全要素生产率全面提升，但高水平地区的工业发展效率尚未从根本上逆转世界经济危机以来的影响。

三 区域经济板块视角下中国城市工业全要素生产率的时空演变规律

与前文分析类似，接下来从中国东中西部和东北地区，以及中国南北方地区经济板块维度入手，对区域经济板块视角下中国城市工业全要素生产率及其增长率的时空演变规律性进行分析，如图 6-6、图 6-7 和图 6-8 所示。从图 6-6、图 6-7 和图 6-8 中，可以得到中国城市工业全要素生产率时空演变的规律如下。

第一，从东中西部和东北地区经济板块及工业总产值视角来看，中国东中西部地区城市工业全要素生产率总体呈现先提高后降低再逆转的发展态势，其中西部地区的逆转态势逐渐明显，东部地区和中部地区降低态势的逆转则不十分明显；东北地区城市工业全要素生产率总体呈现先提高再降低的发展态势，且有加速下滑的倾向。

从图 6-6 的子图（a）来看，2009 年相比 2003 年而言，核密度曲线整体呈现右偏特征，波峰处对应的工业全要素生产率提升，波峰处核密度曲线变薄，说明这一阶段中国西部地区城市工业全要素生产率整体处于快速提升阶段；2015 年相比 2009 年而言，核密度曲线整体呈现左偏特征，波峰处对应的工业全要素生产率降低，波峰处核密度曲线变厚，说明这一阶段中国西部地区城市工业全要素生产率整体呈现下降趋势；2019 年相比 2015 年而言，核密度曲线右拖尾变长，波峰处对应的城市工业全要素生产率基本稳定，但波峰处核密度曲线变薄，说明这一阶段中国西部地区城市工业全要素生产率开始呈现回升态势，西部地区工业发展效率的空间分异较为明显，部分高水平地区在引领工业发展效率提升中处于主导地位。

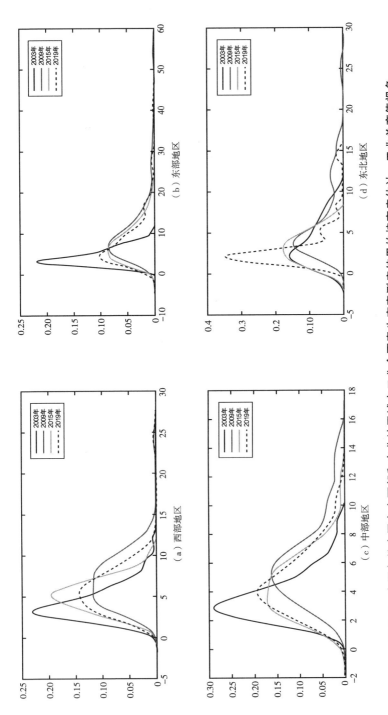

图6-6 主要年份中国东中西部和东北地区城市工业全要素生产率测度结果的核密度估计：工业总产值视角

资料来源：作者根据软件 MATLAB R2020a 绘制。

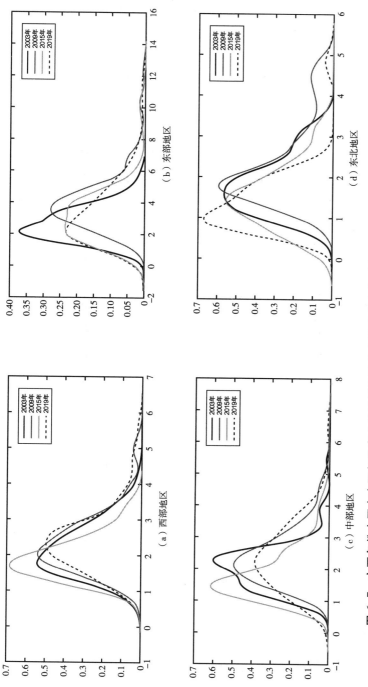

图 6-7　主要年份中国东中西部及东北地区城市工业全要素生产率测度结果的核密度估计：工业增加值视角

资料来源：作者根据软件 MATLAB R2020a 绘制。

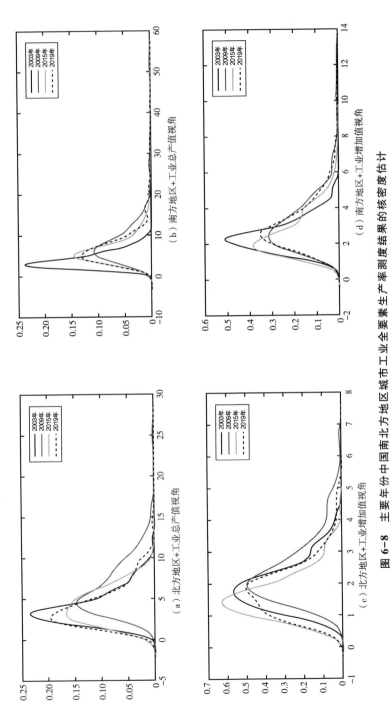

图 6-8 主要年份中国南北方地区城市工业全要素生产率测度结果的核密度估计

资料来源：作者根据软件 MATLAB R2020a 绘制。

从图 6-6 的子图（b）来看，2009 年相比 2003 年而言，核密度曲线整体呈现右偏态势，右拖尾现象特别明显，波峰处对应的工业全要素生产率提高，波峰处核密度曲线变薄，说明 2003～2009 年中国东部地区城市工业全要素生产率处于全面快速提升阶段，且部分高水平地区的提升效果更为明显；2015 年相比 2009 年而言，核密度曲线整体偏左，波峰处核密度曲线基本形状保持不变，但波峰处对应的城市工业全要素生产率降低，右拖尾变短，说明 2009～2015 年中国东部地区城市工业全要素生产率整体处于下降态势，且空间分异变小；2019 年相比 2015 年而言，核密度曲线整体继续左偏，波峰处核密度曲线变厚，波峰处对应的城市工业全要素生产率降低，右拖尾开始变长，说明 2015～2019 年中国东部地区工业全要素生产率的整体提升趋势尚不明显，仅有部分高水平地区处于提升通道中，且与 2009 年前水平还有一定距离。

从图 6-6 的子图（c）来看，2009 年相比 2003 年而言，核密度曲线整体右偏态势明显，右拖尾明显变长，波峰处对应的城市工业全要素生产率提高，波峰处核密度曲线变薄，说明 2003～2009 年中国中部地区城市工业全要素生产率整体处于上升通道；2015 年相比 2003 年而言，核密度曲线整体呈现左偏态势，右拖尾变短，波峰处对应的城市工业全要素生产率降低，波峰处核密度曲线变厚，说明 2009～2015 年中国中部地区城市工业全要素生产率整体处于下降态势；2015 年相比 2009 年而言，核密度曲线基本形状保持稳定，波峰处对应的城市工业全要素生产率未发生明显改变，波峰处核密度曲线变厚，说明 2015～2019 年中国中部地区城市工业全要素水平未发生明显变化。

从图 6-6 的子图（d）来看，2009 年相比 2003 年而言，核密度曲线整体呈现右偏态势，右拖尾现象明显，波峰处对应的城市工业全要素生产率提高，波峰处核密度曲线稍变薄，说明 2003～2009 年中国东北地区城市工业全要素生产率整体处于上升通道；2015 年相比 2009 年而言，核密度曲线整体左偏，波峰处对应的城市工业全要素生产率降低，波峰处核密度曲线变薄，右拖尾明显变短，说明 2009～2015 年中国东北地区城市工业全要素生产率处于全面下滑过程；2019 年相比 2015 年而言，核密度曲线由一个波峰变成多个波峰,主峰处对应的城市工业全要素生产率明显降低,主峰处核密度曲线明显变厚,说明 2015~2019 年中国东北地区城市工业全要素生产率仍然处于加速下滑通道。

第二,从工业增加值视角来看,东中西部和东北地区四大经济板块的城市工业全要素生产率发展态势与工业总产值视角下的发展态势基本保持一致,即:2003~2009 年四大经济板块城市工业全要素生产率均有不同程度的提升;2009~2015 年四大经济板块城市工业全要素生产率均整体呈现下降态势;2015 年后,中国西部地区和中部地区城市工业全要素生产率有所回升,西部地区甚至达到了 2009 年前的发展水平,中国东部地区部分城市工业全要素生产率开始有所回升但整体仍处于下行态势,中国东北地区城市工业全要素生产率的下降趋势十分明显且有加速下滑趋势。

从图 6-7 的子图(a)来看,2009 年相比 2003 年而言,核密度曲线整体右偏,存在两个波峰,其中主峰波峰处对应的城市工业全要素生产率提高,主峰波峰处核密度曲线变薄,右拖尾现象比较明显,说明 2003~2009 年中国西部地区城市工业全要素生产率从增加值视角来看整体处于上升态势;2015 年相比 2009 年而言,核密度曲线整体左移,波峰处对应的城市工业全要素生产率降低,且波峰处核密度曲线变厚,右拖尾明显降低,说明 2009~2015 年中国西部地区城市工业全要素生产率明显降低;2019 年相比 2015 年而言,核密度曲线整体右移,其中波峰处对应的城市工业全要素生产率提高,波峰处核密度曲线变薄,右拖尾明显变长;2019 年相比 2009 年而言,波峰处对应的城市工业全要素生产率提高,波峰处核密度曲线变薄,右拖尾形状基本保持但对应的核密度曲线更厚,说明从工业增加值的视角来看,中国西部地区城市工业全要素生产率的下降趋势基本逆转,恢复到了 2009 年前的发展水平,且有继续提高的发展态势。

从图 6-7 的子图(b)来看,2009 年相比 2003 年而言,核密度曲线右移,波峰处对应的城市工业全要素生产率提高,波峰处核密度曲线变薄,右拖尾现象十分明显,说明 2003~2009 年中国东部地区城市工业全要素生产率整体处于上升通道；2015 年相比 2009 年而言，核密度曲线左偏，波峰处核密度曲线变薄且变宽，波峰处对应的城市工业全要素生产率降低，说明从增加值视角来看，中国东部地区城市工业全要素生产率整体处于下降态势；2019 年相比 2015 年而言，波峰处对应的城市工业全要素生产率降低，波峰处核密度曲线变宽，波峰之前核密度曲线基本形状不变，波峰之后，核密度曲线变厚和变薄两种情形同时存在，右拖尾稍稍变长，说明从增加值视角来看，2015~2019 年中国东部地区城市工业全要素生产率整体仍处于下行态势，但部分高水平地区开始在工业发展效率提升上有不俗表现。

从图 6-7 的子图（c）来看，2009 年相比 2003 年而言，核密度曲线右偏，波峰处对应的城市工业全要素生产率降低，波峰处核密度曲线变薄，右拖尾变长，说明 2003~2009 年中国中部地区城市工业全要素生产率总体呈现下降态势，但部分高水平地区表现良好；2015 年相比 2009 年而言，核密度曲线整体左移，波峰处对应的城市工业全要素生产率降低，波峰处核密度曲线变厚，右拖尾变短，说明 2009~2015 年中国中部地区城市工业全要素生产率整体处于下行通道；2019 年相比 2015 年而言，核密度曲线右偏，波峰处对应的城市工业全要素生产率提升，波峰处核密度曲线变薄，说明 2015~2019 年中国中部地区城市工业全要素生产率整体呈现上升态势；2019 年相比 2009 年而言，核密度曲线宽度变宽，城市工业全要素生产率下限和上限均有不同程度的下降，波峰处核密度曲线变薄，说明尽管中国中部地区城市工业全要素生产率有所提升，但仍未达到 2009 年前的发展水平。

从图 6-7 的子图（d）来看，2009 年相比 2003 年而言，核密度曲线整体右偏，波峰处对应的城市工业全要素生产率提高，波峰处核密度曲线变厚，右拖尾变长，说明从工业增加值视角来看，中国东北地区城市工业全要素生产率在 2003~2009 年处于上行通道；2015 年相比 2009 年而言，核密度曲线整体左移，波峰处核密度曲线变薄，波峰处对应的城市工业全要素生产率降低，右拖尾明显变短，说明 2009~2015 年中国东北地区城市工业全要素生产率整体处于下滑态势；2019 年相比 2015 年而言，核密度曲线左偏，核密度曲线有两个波峰，主峰波峰处核密度曲线变厚，波峰处对应的城市工业全要素生产率降低，右拖尾变长，但相比 2009 年而言，2019 年核密度曲线仍呈现整体左移态势，说明 2015~2019 年，中国东北地区城市工业全要素生产率除了少数高水平地区有所恢复以外，整体上仍处于降低的趋势。

第三，从中国南北方的区域经济板块视角来看，中国北方地区城市工业全要素生产率总体呈现先上升后下降的发展趋势，其中工业总产值视角下城市工业全要素生产率水平近年来呈现下降态势，工业增加值视角下城市工业全要素生产率水平近年来处于低水平复苏阶段；中国南方地区城市工业全要素生产率总体呈现先上升后下降再上升的发展态势，其中工业总产值视角下中国南方地区城市工业全要素生产率近期有复苏趋势，但相比 2009 年前水平仍有差距，工业增加值视角下中国南方地区城市工业全要素生产率发展态势表现不俗，目前已经全面回升甚至超过了 2009 年前的水平。

从图 6-8 的子图（a）来看，2009 年相比 2003 年而言，核密度曲线整体右偏，波峰处对应的城市工业全要素生产率水平提高，波峰处核密度曲线变薄，右拖尾变长十分明显，说明从工业总产值视角来看，2003~2009 年中国北方地区城市工业全要素生产率处于上升态势；2015 年相比 2009 年而言，核密度曲线整体左偏，波峰处对应的城市工业全要素生产率水平降低，波峰处核密度曲线变厚，右拖尾明显变短，说明 2009~2015 年中国北方地区城市工业全要素生产率处于下降态势；2019 年相比 2009 年而言，核密度曲线整体稍左偏，波峰处对应的城市工业全要素生产率稍有下降，波峰处核密度曲线变窄变厚，右拖尾继续变短，说明 2015~2019 年中国北方地区城市工业全要素生产率仍呈下降态势。

从图 6-8 的子图（c）来看，2009 年相比 2003 年而言，核密度曲线整体右偏，波峰处对应的城市工业全要素生产率水平提高，波峰处核密度曲线变薄，右拖尾较为明显，说明从工业增加值视角来看，2003~2009 年中国北方地区城市工业全要素生产率处于上升态势；2015 年相比 2009 年而言，核密度曲线整体左偏，波峰处对应的城市工业全要素生产率水平降低，波峰处核密度曲线变厚，右拖尾明显变短，说明 2009～2015 年中国北方地区城市工业全要素生产率处于下降态势；2019 年相比 2015 年而言，核密度曲线整体右偏，波峰处对应的城市工业全要素生产率水平提升，波峰处核密度曲线变薄，右拖尾变长，同时，2019 年相比 2009 年而言，核密度曲线基本形状一致，但波峰前核密度曲线明显变厚，波峰后核密度曲线明显变薄，说明 2015～2019 年中国北方地区城市工业全要素生产率呈现复苏态势，但相比较而言，低水平地区占比较大，高水平地区占比则相对较小。

从图 6-8 的子图（b）来看，2009 年相比 2003 年而言，核密度曲线整体右移，且波峰处核密度曲线变薄，波峰处对应的城市工业全要素生产率水平提升，右拖尾明显变长，说明从工业总产值视角来看，2003～2009 年中国南方地区城市工业全要素生产率水平明显提升；2015 年相比 2009 年而言，核密度曲线左偏，右拖尾变短，波峰处对应的城市工业全要素生产率水平降低，波峰处核密度曲线变厚，说明 2009～2015 年中国南方地区城市工业全要素生产率水平呈现下降态势；2019 年相比 2015 年而言，核密度曲线基本形状保持不变，但波峰处核密度曲线变薄，同时，2019 年相比 2009 年而言，核密度曲线整体左偏，波峰处对应的城市工业全要素生产率水平降低，波峰处核密度曲线变厚，说明 2015～2019 年中国南方地区城市工业全要素生产率发展态势基本保持不变，但与 2009 年前的水平仍有一定差距。

从图 6-8 的子图（d）来看，2009 年相比 2003 年而言，核密度曲线整体右偏，波峰处对应的城市工业全要素生产率水平基本稳定，波峰处核密度曲线变薄，右拖尾明显变长，说明从工业增加值视角来看，2000～2009 年中国南方部分高水平地区的城市工业全要素生产率提升明显；2015 年相比 2009 年而言，核密度曲线整体左偏，波峰处对应的城市工业全要素生产率降低，波峰处核密度曲线变厚，右拖尾变短，说明 2009～2015 年中国南方地区城市工业全要素生产率整体呈现下降趋势；2019 年相比 2015 年而言，核密度曲线稍显右偏，波峰处对应的城市工业全要素生产率提高，波峰处核密度曲线变薄，右拖尾变长，同时，2019 年相比 2009 年而言，核密度曲线基本形状保持一致，波峰处对应的城市工业全要素生产率水平稍有提高，波峰处核密度曲线变厚，右拖尾稍微变短，说明 2015～2019 年中国南方地区城市工业全要素生产率已经全面回升，达到甚至超过了 2009 年前的水平。

第四节　本章小结

本章首先基于估计结果的稳健性，考察了中国城市工业全要素生产率及其增长率测度中全局分析和局部分析方法哪种更优的问题；随后，基于均值分析、核密度估计，对中国城市工业全要素生产率局部测度结果进行了分析，得到了如下一些重要的结论。

（1）基于中国城市工业部门经验生产函数的全局优选和局部优选结果，本章分别计算了工业总产值及工业增加值视角下中国城市工业全要素生产率及其定基和环比增长率。本章还基于两种视角下估计结果的稳健性，考察了全局测度和局部测度方法的优良性质。结论显示：在测度中国城市工业全要素生产率及其增长率时，局部分析方法的估计结果更为优良，在采用局部方法时，无论城市工业产出采用工业总产值指标还是采用工业增加值指标，中国城市工业全要素生产率及其增长率的估计结果均更具稳健性。

（2）可以将工业总产值或工业增加值作为工业产出指标来测度中国城市工业全要素生产率，由于工业总产值通常会高于工业增加值，基于工业总产值视角计算的城市工业全要素生产率会高于基于工业增加值视角计算得到的结果；而巧合的是，基于工业总产值视角计算的城市工业全要素生产率定基增长率也高于基于工业增加值视角计算得到的定基增长率。从中国城市工业全要素生产率的总体特征来看，无论是在工业总产值视角下，还是在工业增加值视角下，均呈现先升后降再缓慢回升的总体发展态势。

（3）从东中西部及东北地区经济板块来看，在城市工业全要素生产率及其增长率的总体发展态势中，中国东部地区整体表现良好，中部地区和西部地区发展态势较为接近，而中国东北地区表现较差且衰落趋势明显。

具体来说，在工业总产值视角下，中国东北地区城市工业全要素生产率总体呈现先提高再降低的发展态势，且有加速下滑的倾向，中国其他三大经济板块的城市工业全要素生产率总体呈现先提高再降低再逆转恢复的发展特征，其中西部地区逆转态势逐渐明显，东部地区和中部地区的逆转恢复趋势尚不十分确定。在工业增加值视角下，中国东北地区城市工业全要素生产率总体呈现先提高再降低的发展态势且有加速下滑倾向；其他三大经济板块城市工业全要素生产率也呈现出先提高再降低再逆转恢复的总体特征，但相比较而言，中国西部地区和中部地区的恢复提升趋势日渐明朗，而中国东部地区仅有少数城市开始有所回升。从本章的分析来看，中国城市工业全要素生产率下滑的主要原因在于 2008～2009 年的世界经济危机。这一经济危机对中国工业发展效率的影响深远，目前多数城市尚处在工业发展效率的恢复提升阶段，仅有少数地区城市工业发展效率达到或超过了 2009 年前的水平。

（4）从城市工业全要素生产率的测度结果来看，中国南方地区的平均水平高于中国北方地区。从总体特征上看，中国北方地区城市工业全要素生产率呈现先上升后下降的发展态势，其下降趋势在工业总产值视角下表现得更为明显，相比较而言，在工业增加值视角下，这种下降趋势有所缓解，呈现低水平复苏的发展态势。从总体特征上看，中国南方地区城市工业全要素生产率呈现先上升后下降再逆转恢复的发展态势，其逆转恢复趋势在工业增加值视角下表现得更为明显，部分城市以工业增加值测度的工业全要素生产率近期已经全面回升甚至超过了 2009 年前的水平；相比较而言，这种逆转恢复趋势在工业总产值视角下表现得并不特别突出，近期中国南方地区以工业总产值测度的城市工业全要素生产率虽然有所恢复，但相比 2009 年前的水平仍有一定差距。从城市工业全要素生产率的环比增长率来看，中国南北方地区整体呈现下降趋势，且近年来有所波动。从城市工业全要素生产率的定基增长率来看，中国北方地区下降趋势明显且有继续向下探底的发展倾向，中国南方地区相对比较平稳，且近期有逐步上扬的趋势。

第七章
时空权重矩阵调整视角下中国城市工业全要素生产率全局测度结果及其时空特征解析

第五章和第六章结合外生时空权重矩阵在全局分析和局部分析方法中的一致性设计，估算和优选了中国城市工业部门经验生产函数模型，并在此基础上计算和诊断了中国城市工业全要素生产率的全局测度结果和局部测度结果，指出在考虑外生的、一致性的时空权重矩阵设计范式下，局部测度的结果更为优良。不过，时空权重矩阵的设计范式具有多元化特征，而近期相关研究也已经将时空权重矩阵的设计方式由外生衍生到了内生方式。那么，在时空权重矩阵设计方式的调整下，中国城市工业全要素生产率的测度结果是否会有不同？接下来，本章将在全局分析方法中嵌入内生时空权重矩阵，以此来考察这一问题。值得指出的是，由于本章中采用的时空权重矩阵设计方式变化，因此基于调整后时空权重矩阵的测度结果与前文基于局部测度方法得到的测度结果不再具有一致性的可能。

第一节　全局测度中对时空权重矩阵设计方式的调整：从外生到内生

一　内生时空权重矩阵的设计方式

时空权重矩阵的设定，对于精准解析中国城市工业部门的经验生产函数特别重要，本章拟基于经纬度距离的平方的倒数的空间权重设计方式及基于莫兰指数比的内生时空权重矩阵设计方式，来设定中国城市工业部门经验生产函数模型中的时空权重矩阵，如式（7-1）至式（7-4）所示。

$$STW_2 = kron(TW, W) \tag{7-1}$$

$$W_{ij} = \frac{W_{ij}^{(0)}}{\sum_j W_{ij}^{(0)}}, W_{ij}^{(0)} = \begin{cases} \frac{1}{d_{ij}^2}, i \neq j \\ 0, i = j \end{cases} \tag{7-2}$$

$$TW_{\tau\upsilon} = \frac{TW_{\tau\upsilon}^{(0)}}{\sum_\upsilon TW_{\tau\upsilon}^{(0)}}, TW_{\tau\upsilon}^{(0)} = \begin{cases} 0, \tau < \upsilon \\ \frac{Moran\_I_\tau}{Moran\_I_\upsilon}, \tau \geqslant \upsilon \end{cases} \tag{7-3}$$

$$Moran\_I_\tau = \frac{N \sum_{i=1}^N \sum_{j=1}^N W_{ij}(\eta_{i,\tau} - \bar{\eta}_\tau)(\eta_{j,\tau} - \bar{\eta}_\tau)}{\left(\sum_{i=1}^N \sum_{j=1}^N W_{ij}\right) \sum_{i=1}^N (\eta_{i,\tau} - \bar{\eta}_\tau)^2}, \bar{\eta}_\tau = \frac{1}{N} \sum_{i=1}^N \eta_{i,\tau} \tag{7-4}$$

式（7-1）中，STW_2 为时空权重矩阵；TW、W 分别为时间权重矩阵和空间权重矩阵，其元素决定方式分别如式（7-3）和式（7-2）所示；$kron(\cdot)$ 为克罗内克积符号。式（7-2）中，W_{ij} 为标准化后的空间权重矩阵元素，由初始空间权重矩阵按行和为 1 的标准化方式而得；初始空间权重矩阵的元素为 $W_{ij}^{(0)}$，按照城市 i、j 间经纬度距离的平方的倒数计算得到；城市相同时，初始空间权重矩阵的元素设定为 0，这意味着标准化后的空间权重矩阵主对角线元素也为 0。式（7-3）中，$TW_{\tau\upsilon}$ 为标准化后的时间权重矩阵元素，由初始时间权重矩阵按照行和为 1 的标准化处理方式得到，τ、υ 为时期编号。$TW_{\tau\upsilon}^{(0)}$ 为初始时间权重矩阵的元素，其取值方式具体如下：当 τ 时期对应的年份早于 υ 时期对应的年份时，$TW_{\tau\upsilon}^{(0)}$ 取值为 0，意味着不产生空间溢出效应在时间上的转移和传导效应；当 τ 和 υ 时期相同时，$TW_{\tau\upsilon}^{(0)}$ 取值为 1；当 τ 时期对应的年份晚于 υ 时期对应的年份时，$TW_{\tau\upsilon}^{(0)}$ 取值为两个时期各自的 Moran 指数的比值，表征两个时期空间溢出效应在时间上的转移和传导效应（范巧和 Hudson，2018）。式（7-4）中，$Moran\_I_\tau$ 为 τ 时期的 Moran 指数；W_{ij} 为由式（7-2）决定的空间权重矩阵元素；$\eta_{i,\tau}$ 和 $\eta_{j,\tau}$ 分别为表征 τ 时期城市 i、j 之间空间溢出效应的某个指标值，$\bar{\eta}_\tau$ 为 τ 时期所有城市该指标值的均值；N 为城市总数。

二　表征城市间时空溢出效应的时空权重矩阵确定

依据式（7-2），可以结合软件 MATLAB R2020a 绘制 2003~2019 年中国 280 个城市基于经纬度距离平方的倒数的空间权重矩阵，如前文图 5-1 所示。在此基础上可以结合 Moran 指数及其比值的计算，来确定空间溢出效应在时间上的转移和传导效应，如图 7-1 所示，并在此基础上通过行随机标准化来确定时间权重矩阵。随后，可以结合 2003~2019 年 280 个城市的工业总产值来确定时空权重矩阵，如图 7-2 所示。

值得注意的是，本章基于式（7-4）来计算 i 时期各城市间空间溢出效应的 $Moran\_I_\tau$ 时，主要按照如下步骤完成。首先，以城市人均工业总产值的对数值为被解释变量，以城市人均工业资本存量和人均工业用电的对数值为解释变量，建立模型并估计模型残差。这一模型实际上是式（4-1）和式（4-2）模型的退化模型，其退化条件为个体和时期固定效应 u_i、v_t 均不存在，且 ρ、$\theta_{0,K}$、$\theta_{0,E}$、λ_0 均取值为 0。其次，以该退化模型的残差作为表征城市间空间溢出效应的经济指标替代值，结合式（7-4）计算 $Moran\_I_\tau$。

在嵌入通用嵌套空间模型来测度全要素生产率过程中，所采用的时空权重矩阵需要是外生的。然而，无论是基于单位矩阵还是基于下三角元素全为 1 的矩阵来建立时间权重矩阵并由此进一步建立外生的时空权重矩阵，在阐释空间溢出效应在时间上的转移和传导效应方面均存在精度不够的问题。有鉴于此，本章期望在城市工业全要素生产率测度模型中引入内生时空权重矩阵的设计方式，以此更为精准地捕捉城市间空间溢出效应在时间上的转移和传导效应。一般来说，内生时空权重矩阵的元素计算，需要纳入被解释变量或者解释变量，将此种内生时空权重矩阵纳入城市工业全要素生产率测度模型的构建过程，会不可避免地出现内生性问题。为了尽量缓解建模过程中纳入内生时空权重矩阵可能出现的内生性问题，并在建模过程中尽可能纳入被解释变量或解释变量来捕捉城市空间溢出效应在时间上的转移和传导效应，本章采用以非空间残差作为经济指标替代值的方式来计算 $Moran\_I_\tau$。

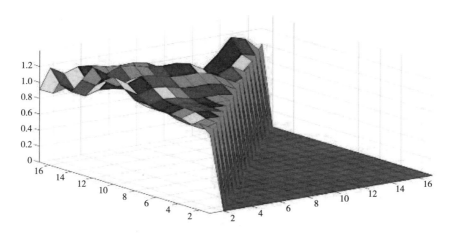

图 7-1 空间溢出效应在时间上的转移和传导效应

注：根据软件 MATLAB R2020a 绘制。X 轴和 Y 轴均为年份。

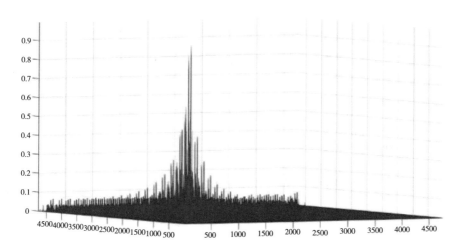

图 7-2 中国城市间的时空权重矩阵

注：据软件 MATLAB R2020a 绘制。X 轴和 Y 轴均为城市和年份的堆积序列，其堆积顺序为先截面再时期，这种堆积方式与面板数据的 Pool 堆积方式有区别。

第二节 时空权重矩阵调整下经验生产函数模型的估计与优选

基于式（4-1）和式（4-2），结合图 7-2 的时空权重矩阵和相关投入产出数据，可以估计中国城市工业部门经验生产函数的 8 种混合效应模型，如表 7-1 所示。值得注意的是，在基于嵌入通用嵌套空间模型的改进索洛余值法来测度全要素生产率过程中，对经验生产函数模型的关注重点首先是模型是否具有空间效应以及具有何种模型类型的空间效应形式，因此对式（4-1）和式（4-2）所示模型的试算及优选过程将首先关注混合效应模型，其次才是对个体、时期固定效应或随机效应的考察。

在表 7-1 中，空间自回归模型（SAR）、空间杜宾模型（SDM）和空间误差模型（SEM）的拟合优度为负，考虑伪回归情况；在空间杜宾误差模型（SDEM）中，邻近地区工业资本投入要素的参数估计值不显著；在空间自相关模型（SAC）中，空间相关系数估计值为负，与 Moran 指数的取值方向不吻合。因此，经验生产函数的最优模型不太可能从这 5 个模型中产生。在表 7-1 中，通用嵌套空间模型（GNSM）的参数估计值及统计性质优良。然而，该模型相比 SAR、SDM、SEM、SDEM 和 SAC 5 个模型而言更具一般性，在 5 个退化模型均不是最优模型的前提下，模型一般式 GNSM 也不可能是最优模型。因此，中国城市工业部门经验生产函数模型的最优形式应在空间 X 滞后模型（SXL）和非空间多元回归模型（NSM）之间遴选。从 SXL 和 NSM 的参数估计结果及统计性质来看，两种模型的变量参数均通过显著性检验，不过，SXL 的拟合优度和对数似然值大于 NSM 的拟合优度和对数似然值，SXL 的随机扰动项方差估计值小于 NSM。从这一视角来看，SXL 有可能是中国城市工业部门经验生产函数的最优模型。

对模型的个体、时期固定效应或随机效应的进一步考察有助于经验生产函数最优模型的遴选。表 7-2 列出了 SXL 在个体固定效应、时期固定效应及双固定效应下的参数估计结果及统计性质，为了便于比较，表 7-2 中也列举了 NSM 的相应模型参数估计结果及统计性质。值得注意的是，由于本书测度城市工业部门生产效率时考察的空间对象为中国 280 个城市，基本上纳入了中国城市尺度上的主要空间单位，因此在表 7-2 中无须再列出 SXL 及 NSM 的随机效应估计结果（Hsiao，2003）。从表 7-2 中 3 种效应视角下两类模型的估计结果来看，无论是考虑解释变量参数显著性，还是考虑拟合优度和

表7-1　混合效应模型估计结果及统计性质

	NSM	SXL	SAR	SDM	SEM	SDEM	SAC	GNSM
$Const.$	1.8445 *** (66.69)	1.1687 *** (22.76)	-0.2521 *** (-5.62)	0.2062 *** (43.22)	20.414 *** (86.63)	19.635 *** (119.43)	1.3248 *** (9.76)	2.4504 *** (6.14)
$\ln(K/L)$	0.6128 *** (51.41)	0.4774 *** (33.22)	0.3498 *** (32.95)	0.4552 *** (11.21)	0.456 *** (66.62)	0.4503 *** (43.41)	0.4502 *** (41.21)	0.4404 *** (40.07)
$\ln(E/L)$	0.066 *** (6.04)	0.0817 *** (7.26)	0.0942 *** (10.89)	0.0995 *** (7.95)	0.0992 *** (11.42)	0.1088 *** (12.07)	0.1009 *** (11.77)	0.1069 *** (11.86)
$STW \times \ln(K/L)$		0.5161 *** (14.77)		-0.4676 *** (-38.29)		-0.0433 (-1.40)		-0.2676 *** (-4.91)
$STW \times \ln(E/L)$		-0.0748 ** (-2.40)		-0.0764 *** (-2.73)		0.1013 *** (3.51)		0.0964 *** (3.23)
ρ_0			0.866 *** (53.58)	0.9899 *** (33.58)			-0.133 *** (-3.24)	0.4004 *** (4.46)
λ_0					0.99 *** (5040.3)	0.99 *** (7078.2)	1.2072 *** (64.20)	0.9019 *** (43.24)
修正的拟合优度	0.4788	0.5053	-0.3163	-520.13	-0.3163	0.7044	0.7113	0.7032
随机扰动项的方差估计值	0.3265	0.3099	0.2037	0.1854	0.2037	0.1850	0.1807	0.1857
对数似然值	-4088.4	-3963.1	-1354.6	-1123	-1354.6	-1117.7	-1084.5	-2771.7

注：括号内表示相应参数估计的 T 统计量值，**、*** 分别表示通过显著性水平为 5%、1% 的假设检验。
资料来源：作者根据 MATLAB R2020a 软件输出结果整理。

对数似然函数值，抑或是考虑随机扰动项的方差估计值，SXL 的估计结果均优于 NSM 的估计结果，这也与前文 Moran 指数值的计算结果保持一致。

在确定 SXL 的估计结果优于 NSM 后，还需进一步确定 SXL 的效应形式。本章拟基于 LR 检验来确定 SXL 的效应形式。就混合效应与个体固定效应、时期固定效应的比较而言，原假设分别为 $H_{0,1}$：$\mu_1 = \mu_2 = \cdots = \mu_{280}$ 和 $H_{0,2}$：$\nu_1 = \nu_2 = \cdots = \nu_{17}$，此时混合效应模型与个体固定效应模型、时期固定效应模型的对数似然值之差的 -2 倍将分别服从自由度为 280 和 17 的卡方分布。计算两种原假设下的 LR 统计量，可以得到其值分别为 6631.8 和 868.8，这些值均远远大于对应自由度下的卡方统计量临界值 $[\chi^2_{0.01}(280) = 227.91$，$\chi^2_{0.01}(17) = 6.41]$，这意味着个体固定效应和时期固定效应下的 SXL 均优于混合效应下的 SXL。就双固定效应与个体固定效应、时期固定效应的比较而言，原假设分别为 $H_{0,3}$：$\nu_1 = \nu_2 = \cdots = \nu_{17}$ 和 $H_{0,4}$：$\mu_1 = \mu_2 = \cdots = \mu_{280}$，此时 LR 统计量仍服从自由度分别为 17 和 280 的卡方分布，两种原假设下的 LR 统计量取值分别为 960.85 和 6723.9，这些值也远远大于对应自由度下的卡方统计量临界值。因此，中国城市工业部门经验生产函数模型的最优形式为双固定效应下的 SXL，其参数估计结果及统计性质如表 7-2 第 7 列所示。

表 7-2　SXL、NSM 在个体固定效应、时期固定效应及双固定效应下的
参数估计结果及统计性质

	个体固定效应		时期固定效应		双固定效应	
	NSM	SXL	NSM	SXL	NSM	SXL
$\ln(K/L)$	0.7186 (78.44) ***	0.5919 (43.52) ***	0.4581 (34.37) ***	0.4104 (29.33) ***	1.201 (137.28) ***	0.5649 (44.53) ***
$\ln(E/L)$	0.2062 (18.64) ***	0.1417 (14.10) ***	0.0563 (5.62) ***	0.0792 (7.61) ***	0.2058 (16.88) ***	0.1202 (12.83) ***
$STW \times \ln(K/L)$		-0.8341 (-18.13) ***		0.3987 (11.20) ***		0.519 (9.75) ***
$STW \times \ln(E/L)$		1.9307 (33.56) ***		-0.1981 (-6.87) ***		0.4655 (6.65) ***

	个体固定效应		时期固定效应		双固定效应	
	NSM	SXL	NSM	SXL	NSM	SXL
修正的拟合优度	0.7389	0.7927	0.2831	0.3016	0.036	0.4504
随机扰动项的方差估计值	0.0969	0.0769	0.265	0.2581	0.1103	0.0629
对数似然值	-1197.4	-647.22	-3592.1	-3528.7	-1505.1	-166.79

注：括号内表示相应参数估计的 T 统计量值，*** 表示通过显著性水平为 1% 的假设检验。
资料来源：作者根据 MATLAB R2020a 软件输出结果整理。

第三节　时空权重矩阵调整下中国城市工业全要素生产率的全局测度结果及其时空演变特征解析

一　时空权重矩阵调整下的全局测度结果

基于中国城市工业部门经验生产函数的最优模型，结合表 4-1 可以计算中国城市工业部门生产中资本投入要素和能源投入要素的投入份额，其中资本要素投入份额为 0.5649，能源要素的投入份额为 0.1201。此时，在希克斯中性技术进步和规模报酬不变的假设下，中国城市工业部门生产中劳动要素的投入份额为 0.3150。基于资本要素和能源要素的投入份额估计值，结合式（4-4），可以计算得到 2003~2019 年中国城市工业全要素生产率，如图 7-3 所示。

二　测度结果的基本统计分析

在基于调整后的时空权重矩阵和全局分析方法重新测度了中国城市工业全要素生产率后，本章拟基于均值分析、核密度估计和空间基尼系数分析，对中国城市工业全要素生产率的基本统计性质、时空演变规律及空间异质性做出阐释。结合式（6-1）和式（6-2），可以对基于调整后的时空权重矩阵测度得到的中国城市工业全要素生产率进行均值分析，如图 7-4 所示。在图 7-4 中，子图（a）为 280 个城市工业全要素生产率在 2003~

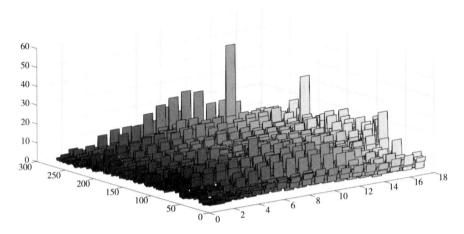

图7-3　中国城市工业全要素生产率测度结果

注：X 轴和 Y 轴分别为年份和城市，具体城市排序略。

资料来源：根据软件 MATLAB R2020a 绘制。

2019 年的均值，子图（b）为 280 个城市工业全要素生产率均值的直方图及正态分布模拟，子图（c）为 2003～2019 年 280 个城市工业全要素生产率的年度均值及其按东中西部及东北地区经济板块划分的城市工业全要素生产率年度均值。

　　从图 7-4 的子图（a）可以看出，中国城市工业全要素生产率均值存在明显的空间差异，其均值值域基本处于 1～19 的区间。从图 7-4 的子图（b）可以看出，中国城市工业全要素生产率均值有一定集中态势。2003～2019 年，工业全要素生产率均值在 5～10 的城市有 156 个，占全部城市的 55.71%。从图 7-4 的子图（c）可以看出，2003～2019 年，中国东部地区城市的工业全要素生产率均值高于全部城市的均值，东北地区城市的工业全要素生产率均值低于全部城市的均值，中部地区及西部地区城市工业全要素生产率均值波动较大，尤以西部地区城市为甚；从发展趋势来看，中国城市工业全要素生产率基本上呈现先上升后下降再缓慢恢复趋势，其中中部地区和西部地区城市工业全要素生产率平均值的恢复态势明显，而近期东部地区和东北地区城市工业全要素生产率平均值仍有下滑的倾向。

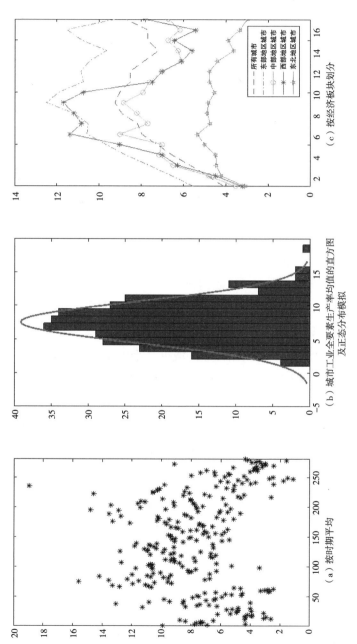

图 7-4　中国城市工业全要素生产率平均值

资料来源：根据 MATLAB R2020a 软件绘制。

三 测度结果的核密度估计

核密度估计一般用于动态演变规律解析，基于式（6-5）可以实现时空权重矩阵调整后中国城市工业全要素生产率测度结果的核密度估计，如图7-5所示。图7-5的子图（a）显示了2003年、2006年、2011年、2016年和2019年中国城市工业全要素生产率的三维核密度估计情况。从图7-5的子图（a）可以看出，2006年相比2003年而言，中国城市工业全要素生产率的核密度估计图的分布位置右移，峰值处对应的核密度降低，分布幅度变宽；2011年相比2006年而言，分布位置继续右移，峰值处对应的核密度继续降低，分布幅度继续变宽；2016年相比2011年而言，分布位置左移，峰值处对应的核密度稍有提高，分布幅度收窄；2019年相比2016年而言，分布位置稍右移，峰值处变得更为扁平，峰值处对应的核密度下降明显，分布幅度有一定的变宽，右拖尾现象明显。

图7-5的子图（b）、子图（c）和子图（d）分别显示了2003年、2011年和2019年中国东中西部及东北地区城市工业全要素生产率的核密度估计结果。图7-5的子图（b）中，东部地区城市工业全要素生产率的核密度估计相比中部地区城市而言，分布位置右移，峰值大幅度下降，分布幅度拓宽，且右拖尾更加明显；西部地区城市相比中部地区城市而言，分布位置左移，峰值下降，分布幅宽基本保持不变；东北地区城市相比西部地区城市而言，分布位置稍右移，峰值大幅下降，分布幅宽明显加大。

图7-5的子图（c）中，东部地区城市工业全要素生产率的核密度估计相比中部地区城市而言，分布位置左移，峰值稍有提高，分布幅度基本不变；西部地区城市相比中部地区城市而言，分布位置明显左移，峰值和分布幅度基本不变，但右拖尾明显，且核密度估计结果呈现明显的"多峰"特征；东北地区城市相比西部地区城市而言，分布位置右移，峰值明显下降，右拖尾收窄，核密度估计结果有"双峰"倾向，但副峰尚未明显成型。

图7-5的子图（d）中，东部地区城市工业全要素生产率的核密度估计相比中部地区城市而言，分布位置基本不变，但峰值略有提高，核密度估

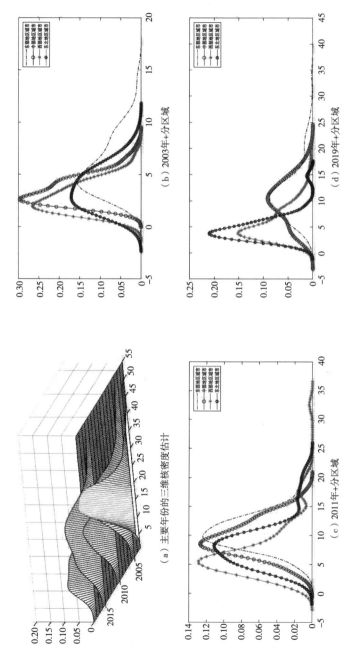

图 7-5　主要年份中国城市工业全要素生产率的核密度估计

资料来源：根据 MATLAB R2020a 软件绘制。

计结果有"双峰"特征,但副峰从右侧移动到了左侧,右拖尾收窄;西部地区城市相比中部地区城市而言,分布位置明显左移,峰值明显提高,核密度估计结果呈现"单峰"特征;东北地区城市相比西部地区城市而言,分布位置基本不变,峰值明显提高,核密度估计结果呈现"双峰"特征,且副峰位于主峰右侧,分布幅度明显收窄,右拖尾也明显收窄。

四 测度结果的空间异质性解析

(一)Dagum 空间基尼系数

Dagum 空间基尼系数是空间差异分析的重要工具,其本质在于将总体差异分解为区域内差异、区域间差异以及超变密度差异 3 个部分(Dagum,1997;张卓群等,2022)。基于 Dagum 空间基尼系数可以对中国城市工业全要素生产率的空间差异做出阐释,如式(7-5)所示。其中,G_{TFP} 表示中国城市工业全要素生产率的总体基尼系数,$G_{TFP,w}$、$G_{TFP,nb}$ 及 $G_{TFP,t}$ 分别表示区域内差异、区域间差异及超变密度差异。

$$G_{TFP} = \underbrace{\sum_{j=1}^{k} G_{jj} P_j S_j}_{G_{TFP,w}} + \underbrace{\sum_{j=1}^{k} \sum_{h \neq j} G_{jh}(P_j S_h + P_h S_j) D_{jh}}_{G_{TFP,nb}}$$
$$+ \underbrace{\sum_{j=1}^{k} \sum_{h \neq j} G_{jh}(P_j S_h + P_h S_j)(1 - D_{jh})}_{G_{TFP,t}} \qquad (7-5)$$

式(7-5)中,$G_{jj} = \sum_{i=1}^{n_j} \sum_{l=1}^{n_j} \left| \overline{TFP_{IPL,ji}} - \overline{TFP_{IPL,jl}} \right| / 2n_j^2 \overline{TFP_{IPL,j}}$,$G_{jh} = \sum_{i=1}^{n_j} \sum_{r=1}^{n_h} \left| \overline{TFP_{IPL,ji}} - \overline{TFP_{IPL,hr}} \right| / n_j n_h (\overline{TFP_{IPL,j}} + \overline{TFP_{IPL,h}})$,两者分别为区域内基尼系数和区域间基尼系数;$j$ 和 h 为空间单元类别划分,本章以东中西部及东北地区经济板块为依据来划分空间单元类别,则 $j=1$,2,3,4,$h=1$,2,3,4;$P_j = N_j / N$ 为第 j 区域城市占全部城市的比例,$S_j = N_j \overline{TFP_{IPL,j}} / N \overline{TFP_{IPL}}$ 和 $S_h = N_h \overline{TFP_{IPL,h}} / N \overline{TFP_{IPL}}$ 分别为第 j 和第 h 区域

城市工业全要素生产率之和与全部城市工业全要素生产率之和的比例；$\overline{TFP_{IPL,j}}$、$\overline{TFP_{IPL,h}}$ 及 $\overline{TFP_{IPL}}$ 分别为第 j 区域城市、第 h 区域城市及全部城市工业全要素生产率的平均值；N_j 和 N_h 分别表示第 j 区域及第 h 区域的城市个数；$D_{jh}=(d_{jh}-p_{jh})/(d_{jh}+p_{jh})$ 表示第 j 区域和第 h 区域的相对影响力，d_{jh} 表示第 j 区域和第 h 区域的总影响力，p_{jh} 表示第 j 区域和第 h 区域间的超变一阶矩，如式（7-6）和式（7-7）所示。

$$d_{jh} = \int_0^\infty dF_j(\overline{TFP_{IPL,ji}}) \int_0^{\overline{TFP_{IPL,ji}}} (\overline{TFP_{IPL,ji}} - \overline{TFP_{IPL,hr}}) dF_h(\overline{TFP_{IPL,hr}})$$

$$(7-6)$$

$$p_{jh} = \int_0^\infty dF_h(\overline{TFP_{IPL,ji}}) \int_0^{\overline{TFP_{IPL,ji}}} (\overline{TFP_{IPL,ji}} - \overline{TFP_{IPL,hr}}) dF_j(\overline{TFP_{IPL,hr}}) \quad (7-7)$$

（二）测度结果的空间异质性分析：省域视角与四大区域经济板块视角

结合式（7-5）可以对基于调整后时空权重矩阵测度的中国城市工业全要素生产率进行空间异质性解析，如图 7-6 所示。在图 7-6 中，子图（a）

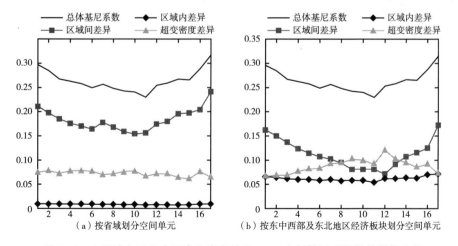

图 7-6　中国城市工业全要素生产率的 Dagum 空间基尼系数及其贡献分解

资料来源：根据 MATLAB R2020a 软件绘制。

是基于省域而进行的空间单元类别划分，子图（b）是基于东中西部及东北地区经济板块而进行的空间单元类别划分。

在图 7-6 的子图（a）中，总体基尼系数和区域间差异均呈现 U 形趋势，即先下降后上升；区域间差异高于超变密度差异和区域内差异，超变密度差异和区域内差异的变化趋势相对较为平缓。在图 7-6 的子图（b）中，总体基尼系数和区域间差异也呈现先下降后上升的发展态势，区域间差异及超变密度差异均高于区域内差异；相比区域内差异而言，区域间差异和超变密度差异的波动幅度要大一些。从图 7-6 的子图（a）和子图（b）的比较来看，基于不同空间单元类别划分而计算的总体基尼系数一致，按照四大区域经济板块划分空间单元类别而计算的区域内差异相对较高，按照省域划分空间单元类别而计算的区域间差异相对较高，基于两种空间单元类别划分而计算的超变密度差异相差不大。

第四节　本章小结

本章基于调整后的时空权重矩阵，结合全局测度方法对中国城市工业全要素生产率进行了重新测度，并结合均值分析、核密度估计和 Dagum 空间基尼系数分析，对中国城市工业全要素生产率的时空演变规律进行了详细的解析，得到了一些重要的结论。

（1）在中国城市工业全要素生产率测度中，双固定效应空间 X 滞后模型是最优模型。基于此最优模型，可以实现对 2003～2019 年中国 280 个城市工业全要素生产率的有效测度。

（2）从测度结果来看，中国城市工业全要素生产率存在明显的空间分异特征，其中从区域经济板块来看，东部地区城市的工业全要素生产率最高，东北地区城市的工业全要素生产率最低，中部地区和西部地区城市的工业全要素生产率波动较大。

（3）中国城市工业全要素生产率的核密度估计，其分布呈现先右移再左移、峰值处核密度不断下降、分布幅度先拓宽再收窄、拖尾不断延展等特征。同时，中国城市工业全要素生产率的核密度估计还呈现明显的异质性特征。

（4）中国城市工业全要素生产率的空间差异水平呈现先下降后上升的总体发展态势，相比较而言，区域内差异最低，而区域间差异及超变密度差异较高。

第八章

考虑非期望产出的中国城市工业
绿色全要素生产率的延伸测度
及其时空特征解析

第一节　中国城市工业绿色全要素生产率：考虑了
非期望产出的工业全要素生产率

2023 年 4 月 16 日，习近平总书记在《求是》第 8 期发表重要文章《加快构建新发展格局　把握未来发展主动权》，强调"扎实推进新型工业化，加快建设制造强国"，"顺应产业发展大势，从时空两个方面统筹抓好产业升级和产业转移"。工业是现代产业体系的重要构成部分，是制造强国建设推进的重要载体和基石。改革开放以来，尤其是党的十六大实施新型工业化战略以来，中国工业发展取得了重要成效。然而，受世界范围内"碳达峰"和"碳中和"约束的影响，以及新发展阶段和新发展格局中对工业绿色转型的要求，近年来，中国工业增加值占 GDP 的比重不断降低，2021 年工业增加值占 GDP 的比例为 32.58%，相比 2002 年底实施新型工业化战略以来工业增加值占比降低了12.28 个百分点[①]。党的二十大报告指出，加快建设现代化经济体系，着力提高全要素生产率。在工业发展相对规模不断下降的趋势下，充分提升工业发展效率，尤其是工业绿色全要素生产率，促进工业产业的创新发展与绿色转型，将是中国经济高质量发展中的一个永恒主题。

工业绿色全要素生产率是同时考虑了工业部门期望产出、非期望产出的

---

① 根据《中国统计年鉴（2022）》中国内生产总值的构成计算。

全要素生产率。城市是产业发展，尤其是工业产业发展的重要空间单元，城市工业绿色全要素生产率关系整个国民经济体系和产业绿色发展大局。工业绿色全要素生产率源于对工业经济发展源泉的绿色分解，是重点考虑了非期望产出的工业全要素生产率（李斌等，2013；Fang et al.，2021）。如果将非期望产出作为工业部门的绿色要素或者环境资源要素投入，工业绿色全要素生产率将等价于工业部门中考虑非期望产出的全要素生产率，这意味着对工业绿色全要素生产率的测度将基本沿袭全要素生产率测度的分析框架，只不过需要将这一测度限定到工业部门并同时纳入非期望产出因素。

按照本书第二章文献综述部分的分析，全要素生产率测度一般通过前沿核算和非前沿核算两个维度进行，其中前沿核算方法包括数据包络分析（DEA）和随机前沿分析（SFA），非前沿核算方法包括代数或指数核算法以及索洛余值法等。由于绿色全要素生产率是在全要素生产率中考虑了非期望产出，其测度方法相比全要素生产率测度而言，既有异曲同工之妙，又具有自身特色。目前，绿色全要素生产率测度一般建立在前沿核算框架下，主要的做法包括数据包络分析、随机前沿分析及糅合分析3种（Zhu et al.，2020；Zhong et al.，2022b；Liu et al.，2022）。

运用数据包络分析来测度绿色全要素生产率，一般建立在 Caves 等（1982）和 Färe 等（1994）相关研究的基础上，一般是基于 DEA-SBM 来测度绿色全要素生产率，并基于 ML（Malmquist-Luenberger）指数将绿色全要素生产率分解为纯效率变化、纯技术变化、规模效率变化及技术规模变化4个部分（陈浩，2020）。相关的延展性研究包括3个方向：一是对 SBM 算法的延展，包括 BWMRM、BBAM 等算法（Huang et al.，2022）；二是对 ML 指数的延展，包括单独基于 Malmquist 或 Luenberger 指数的分解，或者基于 SML（Sequential Malmquist Luenberger）指数的分解（Lin and Xu，2019），或者基于 ML 指数与 Bootstrap 方法的分解（Xia and Xu，2020）；三是对单一前沿面的延展，主要是将前沿面延展为一般前沿面、规模前沿面和区域前沿面等多元前沿面，基于三等级数据包络分析测度绿色全要素生产率（Zhong et al.，2022a；Tian and Feng，2022）。

依据数据包络分析来测度绿色全要素生产率的做法有不少缺陷，包括期望产出与非期望产出因素的同比例变动、规模报酬不变假设导致的测度结果偏误、未考虑随机扰动因素等（Jin et al.，2020）。基于随机前沿分析来测度绿色全要素生产率的做法可以在一定程度上弥补这些缺陷，这些研究建立在 Battese 等（2004）相关研究的基础上，主要做法是基于解释变量、时期变量及其叉乘项与生产过程的技术无效率项等构建随机前沿函数，在此基础上估算随机前沿函数相关变量参数，从而将绿色全要素生产率分解为前沿技术进步率、技术无效率项的变化率、要素规模报酬变化率、要素配置效率变化率等（谌莹和张捷，2016）。近期研究中对基于随机前沿分析测度绿色全要素生产率方法的延展主要体现在对不同解释变量的选择和考察上，尤其是体现在对前沿生产函数中资本、劳动等投入要素的分解上，如 Zhu 等（2020）将资本要素分解为建筑安装工程类、设备工器具类及其他投资类 3 类资本，并将劳动要素分解为技能型劳动和非技能型劳动两类。

尽管随机前沿分析在一定程度上弥补了数据包络分析的缺陷，但其自身也存在一定的缺陷，包括产出形式单一且模型形式容易出现设定偏误等。有鉴于此，近期对绿色全要素生产率的测度研究中开始出现了将数据包络分析和随机前沿分析糅合在一起的做法，比较典型的是三阶段数据包络分析（Liu et al.，2022）。三阶段数据包络分析与三等级数据包络分析有区别，三等级数据包络分析是对单一前沿面的多元延展，三阶段数据包络分析是将 DEA-SBM-ML 和 SFA 相结合的分析，其主要做法是：首先，基于数据包络分析测度绿色全要素生产率指数；其次，基于随机前沿分析剔除投入变量中管理无效率因素、环境因素和随机误差因素的影响，形成调整后的投入变量；最后，基于调整后的投入变量和数据包络分析获得调整后的绿色全要素生产率（蔺鹏和孟娜娜，2021）。从本质上看，三阶段数据包络分析是基于 DEA-SFA-DEA 的三阶段分析。

从非前沿核算视角来测度绿色全要素生产率的做法较少，但近期也不乏基于索洛余值理念解析绿色全要素生产率与对外直接投资、集聚经济或气候变迁等因素之间相关关系的研究（Cheng and Jin，2022；Song et al.，2022）。这些研究通常是在设计索洛生产函数的基础上，结合索洛余值理念将绿色全要素生产率定义为产出中刨除投入及其份额后的余量，并将绿色全要素生产率定义为对外直接投资、气候变迁等因素的函数（朱文涛等，2019；Wu et al.，2020），由此解析绿色全要素生产率与其他变量之间的关系。然而，这些研究存在理论定义与实际测度相脱节的问题，具体表现在对绿色全要素生产率的理论定义是在参数方法视角下完成的，即绿色全要素生产率是指在产出中刨除投入及其份额后的余量，但在具体测度中则采用方向性距离函数、数据包络分析或随机前沿分析等方法来完成，存在着严重的"两张皮"问题（Song et al.，2022）。有鉴于此，与全要素生产率测度方法领域的研究相对应，依据索洛余值法等非前沿核算方法测度绿色全要素生产率的研究亟待重点推进。同时，目前基于索洛余值法解析绿色全要素生产率与其他变量之间关系的做法也存在一些问题，创新和推进基于索洛余值法测度绿色全要素生产率领域的研究十分迫切且必要。本章拟以中国城市工业绿色全要素生产率测度为突破口，创新考虑非期望产出及空间溢出效应的索洛余值法改进逻辑和路径，以期对相关领域研究的推进有所裨益，也对基于非前沿核算方法测度绿色全要素生产率领域的理论进展做出边际贡献。

第二节　绿色全要素生产率的测度方法改进：基于考虑非期望产出及空间溢出效应的改进索洛余值法

一　考虑非期望产出的改进索洛余值法

一般来说，绿色全要素生产率可以通过随机前沿分析和数据包络分析等进行测度，这些方法在测度绿色全要素生产率时主要考虑了非期望产出及对绿色全要素生产率的不同维度进行分解的问题，但并不能对投入要素的不同份额做出准确的评估。与此同时，测度全要素生产率的传统方法——索洛余值法可以对投入要素的不同份额做出评估和测度，但又一般不考虑非期望产出。有鉴于此，本章拟在索洛余值法中嵌入非期望产出，在此基础上构建绿色全要素生产率测度的索洛余值法改进框架，如式（8-1）所示。

$$\left(\prod_{j=1}^{J} Y_j^{\beta_j} \right) Y^{\beta_0} = A L^{\alpha_0} \prod_{q=1}^{Q} X_q^{\alpha_q} \tag{8-1}$$

式（8-1）中，Y 表示期望产出；A 为中性技术进步；L 表示劳动投入要素，α_0 表示劳动投入要素的份额；X_q 表示除劳动投入要素外的第 q 种投入要素，$q = 1$，2，$\cdots$，Q，α_q 表示第 q 种投入要素的份额。在规模报酬不变的条件下有 $\alpha_0 + \sum_{q=1}^{Q} \alpha_q = 1$，$\prod (\cdot)$ 为连乘符号。Y_j 表示第 j 种非期望产出，$j = 1$，2，$\cdots$，J。β_0 表示期望产出的份额，β_j 表示第 j 种非期望产出的份额，设 $\beta_0 + \sum_{j=1}^{J} \beta_j = 1$，$\beta_0$ 越大代表产出构成中期望产出的份额越大，产出效率越高，反之亦然。

对式（8-1）左右两边同时除以 L，并整理可得式（8-2）：

$$\left[\prod_{j=1}^{J} \left(\frac{Y_j}{Y} \right)^{\beta_j} \right] \left(\frac{Y}{L} \right) = A \prod_{q=1}^{Q} \left(\frac{X_q}{L} \right)^{\alpha_q} \tag{8-2}$$

式（8-2）中，设 $yy = Y/L$，$xx_q = X_q/L$，$yy_j = Y_j/Y$，对等式两边同时取对数并添加随机扰动项，可以建立经验生产函数模型，如式（8-3）所示。其中，ε_1 为随机扰动项，$\varepsilon_1 \sim I.I.D(0, \sigma_1^2)$。

$$\ln(yy) = \ln(A) + \sum_{q=1}^{Q} \alpha_q \ln(xx_q) - \sum_{j=1}^{J} \beta_j \ln(yy_j) + \varepsilon_1 \tag{8-3}$$

在估算得到式（8-3）中相关参数的估计值后，可以依据式（8-4）来测度绿色全要素生产率。

$$GTFP_0 = \frac{yy}{\prod_{q=1}^{Q} (xx_q)^{\hat{\alpha}_q} \prod_{j=1}^{J} (yy_j)^{\hat{\beta}_j}} \tag{8-4}$$

式（8-4）中，相关变量及参数的定义与式（8-3）一致，符号 "^" 表示对应参数的估计值，$GTFP_0$ 表示基于仅考虑期望产出的改进索洛余值法测度得到的绿色全要素生产率。

二 考虑空间溢出效应的改进索洛余值法的进一步延展

基于式（8-4）来测度绿色全要素生产率的过程，必须建立在对式(8-3)

的准确估计上。从本质上来说，式（8-3）给出了生产中投入要素与不同类别产出之间的关系。然而，式（8-3）所示的经验生产函数模型并未对投入要素、期望产出及非期望产出之间的空间溢出效应做出阐释和解析。有鉴于此，本章拟在式（8-3）的基础上，嵌入期望产出、非期望产出的空间溢出效应项，也嵌入不同投入要素的空间溢出效应项，同时考虑随机扰动项的溢出效应项。此时，经验生产函数模型如式（8-5）和式（8-6）所示。

$$y = \rho STWy + X\beta + STWX\theta + u + v + \mu_1 \tag{8-5}$$

$$\mu_1 = \lambda(STW \times \mu_1) + \varepsilon_2 \tag{8-6}$$

式（8-5）和式（8-6）中，$X = [\ln(xx_1) \cdots \ln(xx_Q) \ln(yy_1) \cdots \ln(yy_J)]$，$y = \ln(yy)$，分别表示被解释变量和解释变量；$STW$ 为表征空间溢出效应的时空权重矩阵，一般由时间权重矩阵和空间权重矩阵的克罗内克积构建；ρ、λ 为空间相关系数，分别表征被解释变量及其溢出效应项的空间相关性，以及随机扰动项及其溢出效应项的空间相关性；β、θ 为外生参数向量，其中，$\beta = [\alpha_1 \cdots \alpha_Q \quad -\beta_1 \cdots -\beta_J]'$，$\theta = [\theta_1 \cdots \theta_Q \quad -\gamma_1 \cdots -\gamma_J]'$；$u$、$v$ 分别为时期效应和个体效应，该效应既可能是固定效应，也可能是随机效应；μ_1、ε_2 均为随机扰动项，其中，$\varepsilon_2 \sim I.I.D(0, \sigma_2^2)$，$\mu_1$ 的分布特征由式（8-6）决定。

式（8-5）和式（8-6）所示的模型是通用嵌套空间模型，是考虑空间溢出效应的模型的一般设定形式。在仅考察被解释变量、解释变量及随机扰动项的空间溢出效应项中的某一项或某两项时，式（8-5）和式（8-6）所示模型可以演化出不同的退化模型。在分别估算式（8-5）和式（8-6）相关参数的基础上，可以结合一定的假设检验方法对这些退化模型做出优选，并在优选模型的数据生成过程基础上，结合式（8-7）来测度绿色全要素生产率。

$$GTFP = \frac{yy}{\prod_{q=1}^{Q}(xx_q)^{\hat{\eta}_q} \prod_{j=1}^{J}(yy_j)^{\hat{\tau}_j}} \tag{8-7}$$

式（8-7）中，$GTFP$ 表示基于考虑空间溢出效应及非期望产出的改进索洛余值法而得到的绿色全要素生产率，yy、xx_q 和 yy_j 等变量的含义与式（8-4）一致。$\hat{\eta}_q$ 表示除劳动投入以外其他要素投入的份额估计值，$\hat{\eta}_q = 1/NT \times trace\ [\ \hat{\Theta}\ (\ \hat{\alpha}_q I_{NT} + \hat{\theta}_q STW\ )\ ]$。其中，$\hat{\Theta} = (I_{NT} - \hat{\rho} STW)^{-1}$，$N$ 和 T 分别表示分析过程中的截面个数和时期数，I_{NT} 表示 NT 阶单位矩阵，$trace$（·）表示迹统计量。$\hat{\tau}_j$ 表示第 j 种非期望产出的构成份额估计值，$\hat{\tau}_j = 1/NT \times trace\ [\ -\hat{\Theta}(\hat{\beta}_j I_{NT} + \hat{\gamma}_j STW)\ ]$。符号"^"仍表示对应参数的估计值。

从形式上看，基于式（8-4）测度的绿色全要素生产率和基于式（8-7）测度的绿色全要素生产率有异曲同工之妙。不过，基于式（8-7）测度得到的绿色全要素生产率具有更为一般的价值和意义。事实上，当 $\hat{\rho}$、$\hat{\lambda}$ 和 $\hat{\theta}$ 全为 0 时，基于式（8-7）和式（8-4）两个公式测度得到的绿色全要素生产率是一致的。

第三节　中国城市工业绿色全要素生产率的测度方法细节阐释

一　经验生产函数模型设定

鉴于考虑空间溢出效应及非期望产出的改进索洛余值法能够从更为一般的范式入手测度中国城市工业绿色全要素生产率，本章将结合式（8-5）和式（8-6）来设定中国城市工业部门绿色全要素生产率测度的经验生产函数模型，如式（8-8）和式（8-9）所示。

$$
\begin{aligned}
\ln(yy) =\ & \ln(A) + \rho[STW \times \ln(yy)] + \alpha_1 \ln(kk) + \alpha_2 \ln(ee) \\
& - \beta_1 \ln(y_{ww}) - \beta_2 \ln(y_{so_2}) - \beta_3 \ln(y_{s\&d}) + \theta_1 [STW \times \ln(kk)] \\
& \ln \theta_2 [STW \times \ln(ee)] - \gamma_1 [STW \times \ln(y_{ww})] \\
& - \gamma_2 [STW \times \ln(y_{so_2})] - \gamma_3 [STW \times \ln(y_{s\&d})] + u + v + \mu_2
\end{aligned}
\tag{8-8}
$$

$$
\mu_2 = \lambda STW \mu_2 + \varepsilon_3 \tag{8-9}
$$

在中国城市工业部门生产中，本章考虑了 3 种投入要素，包括工业资本投入（K）、劳动投入（L）及工业能源投入（E），同时考虑了 3 种非期望产出，分别是工业废水排放量（Y_{WW}）、工业二氧化硫排放量（Y_{SO_2}）及工业烟（粉）尘排放量（$Y_{S\&D}$）。按照式（8-8）和式（8-9）中城市工业部门投入要素和非期望产出类型设定，有 $J=3$，$Q=2$。

式（8-8）和式（8-9）中，$yy=Y/L$，$kk=K/L$，$ee=E/L$，分别指城市人均工业产出、人均工业资本投入、人均工业能源投入；$y_{ww}=Y_{WW}/Y$，$y_{so_2}=Y_{SO_2}/Y$，$y_{s\&d}=Y_{S\&D}/Y$，分别表示城市工业生产中单位工业产出的废水排放量、二氧化硫排放量及烟（粉）尘排放量（以下统称产均非期望产出）；ρ、λ 为空间相关系数，α、β、θ、γ 为外生参数，定义与式（8-5）和式（8-6）相同；u、v 分别为个体效应及时期效应；μ_2、ε_3 仍为随机扰动项，$\varepsilon_3 \sim I.I.D(0, \sigma_3^2)$，$\mu_2$ 的分布形式由式（8-9）决定。基于式（8-8）和式（8-9）的经验生产函数模型估计，可以结合式（8-7）来测度中国城市的工业绿色全要素生产率。

二　变量选择与数据处理说明

本章在测度中国城市工业绿色全要素生产率时，所采用的时间周期为 2003～2019 年，主要原因在于 2002 年末起中国开始实施新型工业化发展战略，而 2020 年以后城市工业部门相关投入要素和产出要素的部分数据无法全面且准确地获取。按照国家统计局的统计口径，2003～2019 年，中国地级市的个数由 282 个增加至 293 个。鉴于部分城市行政层级有所调整，且部分城市工业部门发展数据并不够完备，本章在测度工业绿色全要素生产率时纳入的城市总数为 280 个，这些城市的选定是以 2019 年行政区划的地级市和副省级城市为标准的，且未包括海南省的三沙市、儋州市，贵州省的毕节市、铜仁市，西藏自治区的拉萨市、日喀则市、昌都市、灵芝市、山南市和那曲市，青海省的海东市，以及新疆维吾尔自治区的吐鲁番市、哈密市共 13 个城市的数据。

对于城市工业部门相关投入和产出变量的数据处理，主要细节如下。一是城市工业部门期望产出采用了城市工业总产值指标（亿元），非期望产出采用了工业废水排放量（万吨）、工业二氧化硫排放量（万吨）、工业烟（粉）

尘排放量（万吨）；二是城市工业部门劳动投入采用了工业部门就业人数指标（万人），城市工业部门资本投入采用了工业部门资本存量指标（亿元），城市工业部门能源投入采用了工业用电指标（亿千瓦时）；三是城市工业部门资本存量核算采用了永续盘存法，相关核算细节详见郭爱君和范巧（2022）；四是对城市工业总产值和工业资本存量数据，分别依据 GDP 平减指数及固定资产投资价格指数折算成实际值（1990 年不变价）；五是对缺漏数据的处理，主要按照 5 年移动平均进行处理，同时结合缺漏数据对应城市所在省份其他城市的变化趋势进行调整。相关数据的描述性统计性质如表 8-1 所示。

表 8-1　城市工业 GTFP 核算中相关投入、产出变量的描述性统计性质

	$\ln(yy)$	$\ln(y_{ww})$	$\ln(y_{so_2})$	$\ln(y_{s\&d})$	$\ln(kk)$	$\ln(ee)$
均值	3.5893	2.4134	-4.7971	-5.1456	2.6460	1.8661
中位数	3.6953	2.3427	-4.7338	-5.1417	2.6632	1.8044
最大值	6.2935	6.9681	-0.4706	3.2454	5.9188	5.9422
最小值	0.1778	-0.8902	-11.6014	-12.3200	0.2191	-3.5941
标准差	0.7914	1.1041	1.4821	1.6388	0.8355	0.9109
偏度	-0.4191	0.3424	-0.3999	0.0775	0.1042	0.4612
峰度	3.2116	3.0585	3.4107	3.8777	2.9826	4.8804
J-B 统计量	148.2233	93.6619	160.3404	157.5696	8.6778	870.0061
概率值	0.0000	0.0000	0.0000	0.0000	0.0131	0.0000
样本和	17084.96	11487.66	-22834.20	-24492.83	12595.08	8882.55
样本方差	2980.62	5801.75	10453.91	12781.42	3322.28	3948.82
观测值个数	4760	4760	4760	4760	4760	4760

注：作者基于 MATLAB R2023a 软件进行数据处理，并结合 Eviews 11.0 分析其描述性统计性质。

三　时空权重矩阵的设计

时空权重矩阵的精准设计是准确估计中国城市工业部门的经验生产函数模型的关键环节。本章基于标准化的时间权重矩阵和标准化的空间权重矩阵的克罗内克积来确定时空权重矩阵，如图 8-1 的子图（d）所示。其中，标准化的时间权重矩阵和标准化的空间权重矩阵设计细节如下。

（1）鉴于所纳入城市并不完备的事实，本章未按照空间邻近关系来设计空间权重矩阵的元素，而是基于城市间的经纬度距离的平方的倒数

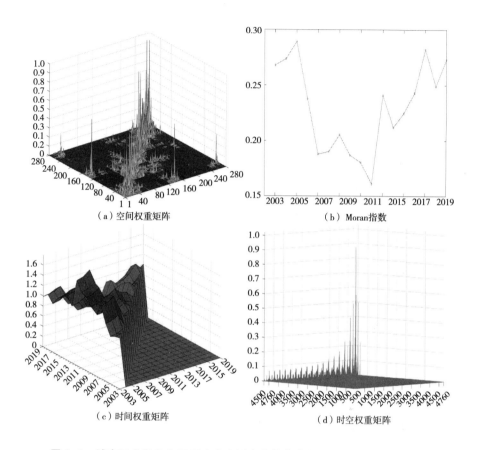

（a）空间权重矩阵 （b）Moran指数

（c）时间权重矩阵 （d）时空权重矩阵

图 8-1 城市工业绿色全要素生产率测度中的各类权重矩阵及 Moran 指数

注：子图（a）中 1~280 表示按顺序排列的 280 个城市；子图（b）和子图（c）中 2003~2019 指年份；子图（d）中 1~4760 指按先城市后年份堆积起来的时空维度的样本点。

资料来源：作者基于 MATLAB R2023a 软件绘制。

来设计空间权重矩阵的元素；同时结合自适应带宽的理念和遴选准则，按照城市之间产生有效影响的边界来调整空间权重矩阵元素，基于郭爱君和范巧（2022）的研究，中国城市间产生有效影响的邻近城市个数为 46 个；随后基于行随机标准化方法对前述空间权重矩阵进行标准化处理，标准化后的空间权重矩阵如图 8-1 的子图（a）所示。值得指出的是，城市排序对空间权重矩阵元素影响较大，本章是按照 EPS 数据库中国城市数据中各省（区）内部城市出现顺序对城市进行排序的，其中省

（区）顺序为河北、山西、内蒙古、辽宁、吉林、黑龙江、江苏、浙江、安徽、福建、江西、山东、河南、湖北、湖南、广东、广西、海南、四川、贵州、云南、陕西、甘肃、青海、宁夏、新疆，不包括北京、天津、上海、重庆及西藏。

（2）在标准化空间权重矩阵的基础上，计算 2003～2019 年各年的 Moran 指数，如图 8-1 的子图（b）所示；在此基础上基于 Moran 指数的比值确定初始的时间权重矩阵并进行行随机标准化，得到标准化的时间权重矩阵，如图 8-1 的子图（c）所示。值得指出的是，在确定初始时间权重矩阵时，为了确保时间权重矩阵的元素来源于数据本身，同时避免时间权重矩阵内生于被解释变量（城市人均工业总产值的对数值）而产生的内生性问题，本章基于由式（8-10）估计得到的残差估计值 $\hat{\varepsilon}_4$ 来计算 Moran 指数（Wei et al., 2023）。式（8-10）中变量及参数的定义与式（8-8）和式（8-9）一致，ε_4 为随机扰动项，$\varepsilon_4 \sim I.I.D(0, \sigma_4^2)$。

$$\ln(yy) = \ln(A) + \alpha_1 \ln(kk) + \alpha_2 \ln(ee) \\ - \beta_1 \ln(y_{ww}) - \beta_2 \ln(y_{so_2}) - \beta_3 \ln(y_{s\&d}) + \varepsilon_4 \tag{8-10}$$

第四节　中国城市工业绿色全要素生产率的测度结果

一　经验生产函数模型的估计与优选

基于式（8-8）和式（8-9）的模型设定，结合图 8-1 的子图（d）所构建的时空权重矩阵以及基于 MATLAB R2023a 的自编程序，可以估计中国城市工业部门的经验生产函数模型，结果如表 8-2 所示。表 8-2 给出了混合效应视角下式（8-8）和式（8-9）所示模型及其退化模型的参数估计结果及统计性质，在混合效应条件下个体或时期的固定效应和随机效应均不存在，即 $u=0$，$v=0$。在混合效应条件下，未纳入空间溢出效应项的 NSM，纳入被解释变量空间溢出效应项、随机扰动项空间溢出效应项的 SAR 和 SEM，以及纳入解释变量空间溢出效应项、随机扰动项空间溢出

表 8-2　混合效应视角下城市工业绿色全要素生产率测度备选模型的参数估计结果及统计性质

	NSM	SXL	SAR	SEM	SDM	SDEM	SAC	GNSM
常数项	1.4267 (27.1)***	0.8689 (7.91)***	0.7545 (12.71)***	2.3353 (20.04)***	0.3893 (3.99)***	2.9512 (11.30)***	4.5441 (80.90)***	3.3353 (12.12)***
$\ln(kk)$	0.3254 (31.53)***	0.3864 (35.13)***	0.2919 (29.27)***	0.3612 (36.96)***	0.3830 (39.49)***	0.3699 (37.43)***	0.3812 (40.04)***	0.3691 (37.29)***
$\ln(ee)$	0.2232 (26.02)***	0.2200 (24.87)***	0.1887 (22.61)***	0.1920 (24.16)***	0.1991 (25.46)***	0.2090 (25.43)***	0.1928 (24.73)***	0.2107 (25.66)***
$\ln(y_{ww})$	-0.1042 (-12.64)***	-0.1580 (-17.40)***	-0.0925 (-11.73)***	-0.1402 (-16.79)***	-0.1456 (-18.17)***	-0.1474 (-17.49)***	-0.1516 (-18.78)***	-0.1486 (-18.26)***
$\ln(y_{so_2})$	-0.0701 (-8.87)***	-0.0519 (-6.29)***	-0.0340 (-4.40)***	-0.0260 (-3.59)***	-0.0413 (-5.67)***	-0.0296 (-3.99)***	-0.0341 (-4.89)***	-0.0297 (-4.05)***
$\ln(y_{s\&d})$	-0.1555 (-23.73)***	-0.1306 (-19.27)***	-0.1138 (-17.37)***	-0.1008 (-16.52)***	-0.1130 (-18.85)***	-0.1211 (-19.53)***	-0.1057 (-17.80)***	-0.1242 (-20.10)***
$STW \times \ln(kk)$		-0.2647 (-10.16)***			-0.5436 (-22.56)***	-0.2732 (-8.01)***		-0.2158 (-4.98)***
$STW \times \ln(ee)$		0.1106 (5.36)***			-0.1152 (-6.02)***	0.1230 (4.93)***		0.1544 (5.65)***
$STW \times \ln(y_{ww})$		0.1696 (9.09)***			0.1881 (11.43)***	0.0784 (2.51)**		0.0398 (1.38)
$STW \times \ln(y_{so_2})$		0.0369 (1.54)			0.1702 (7.96)***	0.2359 (9.77)***		0.2204 (9.09)***

165

续表

	NSM	SXL	SAR	SEM	SDM	SDEM	SAC	GNSM
STW×ln($y_{t,d}$)		-0.1773 (-11.16)***			-0.0097 (-0.66)	-0.1866 (-8.36)***		-0.2097 (-9.50)***
ρ			0.3780 (21.27)***		0.9010 (38.57)***		-0.3050 (-89.77)***	-0.2000 (-2.80)***
λ				0.8860 (49.16)***		0.9120 (85.53)***	0.9400 (184.88)***	0.9000 (74.52)***
拟合优度修正值	0.7101	0.7308	0.6928	0.7785	-0.4350	0.7909	0.7849	0.7918
随机扰动项方差估计值	0.1816	0.1686	0.1653	0.1386	0.1311	0.1307	0.1346	0.1301
对数似然值	-2690.40	-2511.90	-830.05	-430.42	-328.35	-293.62	-403.77	-1932.70

注: 括号内为 T 统计量, ***、 ** 分别表示通过显著性水平为 1% 和 5% 的假设检验。
资料来源: 作者根据 MATLAB R2023a 的输出结果整理。

效应项的 SDEM 4 个模型均具有优良的统计性质，中国城市工业绿色全要素生产率测度中经验生产函数的最优模型将从这 4 个模型中产生。值得指出的是，仅纳入解释变量空间溢出效应项的 SXL，纳入被解释变量空间溢出效应项和解释变量空间溢出效应项的 SDM，以及同时纳入被解释变量空间溢出效应项、解释变量空间溢出效应项及随机扰动项空间溢出效应项的 GNSM 中，均存在部分解释变量的参数估计结果不显著的问题，且 SDM 的拟合优度修正值为负；在纳入被解释变量空间溢出效应项及随机扰动项空间溢出效应项的 SAC 中，尽管所有变量的参数估计值均能通过显著性检验，但其空间相关系数 ρ 的估计值为-0.305，与图 8-1 的子图（b）中 Moran 指数的符号方向不一致。

在 NSM、SAR、SEM 和 SDEM 中，由于图 8-1 的子图（b）中 2003 ~ 2019 年 Moran 指数取值为正且大致处于（0.15，0.3）区间，未包含任何类型空间溢出效应项的 NSM 将不可能是最优模型。对 SAR 和 SEM 的遴选，一般通过 LM 检验来完成。从 LM 检验结果来看，*LM_Lag* 和 *LM_Error* 取值分别为 840.42 和 2576.83，均大于置信水平 1% 的卡方检验临界值（6.64），但 *Robust_LM_Lag* 和 *Robust_LM_Error* 取值分别为 1.13 和 1737.53，这意味着在 SAR 和 SEM 的比较中，LM 检验指向于 SEM。当然，从 SAR 估计结果本身来看，空间相关系数 ρ 的估计值为 0.378，超过了 2003 ~ 2019 年 Moran 指数的取值范围，这也提示 SAR 可能不是最优模型。SDEM 是比 SAR、SEM 和 NSM 更为一般的模型分析范式，在特定的条件下 SDEM 可以与 SAR、SEM 和 NSM 等模型实现相互转化。[①] 从 SEM 和 SDEM 的比较来看，两个模型的变量均能通过假设检验，但相比较而言，SDEM 的拟合优度修正值更高，随机扰动项的方差估计值更低，对数似然值更高，这意味着相比 SEM 而言，SDEM 更有可能是最优模型。本章基于 LR 检验来遴选二者中的最优模型，其原假设为 H_0：$\theta_1 = \theta_2 = \gamma_1 = \gamma_2 = \gamma_3$，此时 $LR_{SEM \to SDEM} = 273.6$，远大于 1% 置信水平上的卡方检验临界值 $[\chi^2_{0.01}(5) = 15.09]$，这同样指向

---

① 这也意味着在 SAR 与 SEM 的比较中，即便能通过前述 4 个 LM 检验，也并不能将模型直接设定为 SDM，这也是目前学界相关研究中一个十分明显的谬误。

SDEM 为最优模型。

混合效应下的模型抽象掉了个体或时期的固定效应和随机效应，但个体或时期的效应（无论是固定还是随机效应），会影响经验生产函数模型的参数估计结果及统计性质。在中国城市工业层面的经验生产函数模型构建过程中，由于近乎完全地纳入了所有地级市个数，因此无须单独考察随机效应视角下的模型估计结果及性质（Hsiao，2003）。有鉴于此，本章单独考察了个体固定效应、时期固定效应和个体-时期固定效应视角下 SAR、SEM 和 SDEM 的参数估计结果及统计性质，如表 8-3 所示。由表 8-3 可知，在个体固定效应和个体-时期双固定效应下 SAR、SEM 和 SDEM 的对数似然值为正，提示模型统计性质异常；在时期固定效应下 SAR 和 SEM 的拟合优度修正值，相比混合效应下两个模型的拟合优度修正值明显下降；同时，时期固定效应下 SDEM 的部分解释变量参数估计值不显著。这说明在考虑个体固定效应、时期固定效应及个体-时期固定效应 3 种固定效应形式时，中国城市工业部门经验生产函数模型的估计结果并未明显变得更为优良。

二 测度结果及其可视化

基于前述模型估计及优选过程，本章选择混合效应的 SDEM 作为解析中国城市工业部门生产过程经验函数的最优模型，在此基础上可以结合式（8-7）来测度 2003~2019 年中国城市工业部门的绿色全要素生产率。值得注意的是，SDEM 是式（8-8）和式（8-9）所示模型的退化模型，其退化条件为 $\hat{\rho}=0$，此时 $\hat{\Theta}=I_{NT}$，这将导致式（8-7）中城市工业部门人均投入要素的投入份额发生变化，即 $\hat{\eta}_q = 1/NT \times trace(\hat{\alpha}_q I_{NT}+\hat{\theta}_q STW)$，这也将导致式（8-7）中产均非期望产出的构成份额发生变化，即 $\hat{\tau}_j = 1/NT \times trace[-(\hat{\beta}_j I_{NT}+\hat{\gamma}_j STW)]$。基于式（8-7）和调整后的要素投入份额及调整后的产均非期望产出构成份额，可以测度 2003~2019 年中国城市工业绿色全要素生产率，测度结果如图 8-2 所示。

表8-3　固定效应视角下城市工业绿色全要素生产率测度备选模型（SAR、SEM、SDEM）的参数估计结果及统计性质

	SAR			SEM			SDEM		
	个体固定效应	时期固定效应	个体-时期固定效应	个体固定效应	时期固定效应	个体-时期固定效应	个体固定效应	时期固定效应	个体-时期固定效应
常数项	0.0775 (21.17)***	-0.0117 (-2.19)**	-1.3077 (-24.98)***	0.2537 (7.90)***	-0.2291 (-4.63)***	-1.6788 (-100.74)***	0.0643 (1.80)*	-0.2107 (-4.18)***	-1.6166 (-74.71)***
$\ln(kk)$	0.4159 (39.18)***	0.3643 (37.74)***	0.5454 (53.53)***	0.4329 (41.42)***	0.4108 (43.12)***	0.5508 (77.17)***	0.4841 (44.26)***	0.4057 (41.74)***	0.5468 (54.21)***
$\ln(ee)$	0.1918 (20.29)***	0.1924 (24.98)***	0.1345 (16.99)***	0.1643 (18.14)***	0.1943 (26.01)***	0.1313 (16.65)***	0.1712 (19.98)***	0.2054 (25.89)***	0.1326 (16.80)***
$\ln(y_{ww})$	-0.1986 (-23.47)***	-0.1036 (-14.06)***	-0.1725 (-24.17)***	-0.1788 (-21.90)***	-0.1437 (-18.67)***	-0.1722 (-30.79)***	-0.1907 (-24.29)***	-0.1390 (-17.86)***	-0.1720 (-24.93)***
$\ln(y_{so_2})$	0.0633 (9.08)***	-0.1139 (-15.28)***	-0.0670 (-10.21)***	0.0432 (6.42)***	-0.0886 (-12.50)***	-0.0665 (-11.01)***	-0.0100 (-1.45)	-0.0844 (-11.33)***	-0.0667 (-10.28)***
$\ln(y_{s\&d})$	-0.0932 (-14.43)***	-0.0869 (-14.49)***	-0.0581 (-10.71)***	-0.0816 (-13.18)***	-0.0902 (-15.87)***	-0.0596 (-11.44)***	-0.0851 (-14.43)***	-0.0993 (-16.57)***	-0.0589 (-10.91)***
$STW \times \ln(kk)$							-0.4753 (-12.45)***	-0.0360 (-1.04)	-0.0318 (-1.00)
$STW \times \ln(ee)$							0.3861 (10.46)***	0.1056 (4.39)***	0.1172 (3.54)***
$STW \times \ln(y_{ww})$							0.0074 (0.23)	0.0020 (0.07)	-0.0367 (-2.16)**
$STW \times \ln(y_{so_2})$							0.3875 (13.05)***	0.0404 (1.67)*	0.0108 (0.47)

169

中国城市工业全要素生产率测度研究

续表

	SAR			SEM			SDEM		
	个体固定效应	时期固定效应	个体－时期固定效应	个体固定效应	时期固定效应	个体－时期固定效应	个体固定效应	时期固定效应	个体－时期固定效应
STW×ln($y_{s\&d}$)							-0.2241 (-7.90)***	-0.1131 (-5.35)***	-0.0152 (-0.61)
ρ	0.1620 (66.49)***	0.3850 (22.94)***	0.1070 (53.95)***						
λ				0.7230 (35.54)***	0.8730 (50.53)***	0.3310 (87.89)***	0.7520 (42.41)***	0.8740 (43.91)***	0.3100 (45.23)***
拟合优度修正值	0.8032	0.5725	0.6043	0.8277	0.6805	0.6096	0.8464	0.6836	0.6105
随机扰动项方差估计值	0.0702	0.1339	0.0449	0.0639	0.1180	0.0446	0.0569	0.1167	0.0444
对数似然值	1217.00	-328.64	2281.40	1426.10	-45.60	2295.00	1700.40	-19.45	2303.40

注：括号内为 T 统计量，***、** 和 * 分别表示通过显著性水平为 1%、5% 和 10% 的假设检验。

资料来源：作者根据 MATLAB R2023a 的输出结果整理。

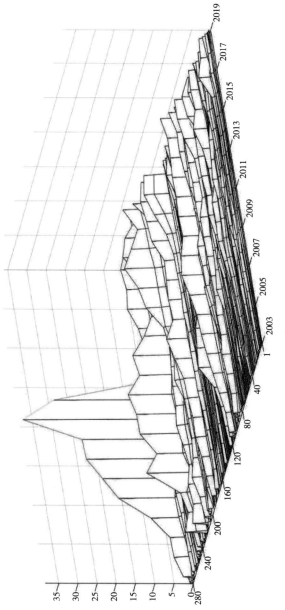

图 8-2 2003～2019 年中国城市工业绿色全要素生产率的测度结果

注：图中 1～280 表示按顺序排列的 280 个城市，2003～2019 指年份。

资料来源：作者基于 MATLAB R2023a 绘制。

值得指出的是，本章在测度中国城市工业绿色全要素生产率的过程中，人均资本投入要素、人均能源投入要素的投入份额分别为 0.3699 和 0.2090；在产均非期望产出中，工业废水、工业二氧化硫和工业烟（粉）尘排放量的构成份额分别为 0.1474、0.0296 和 0.1211。这意味着在中国城市工业部门生产中，期望产出的构成份额约为 0.7019，也意味着中国城市工业部门生产中对劳动力要素的依赖仍较大，其投入份额约为 0.123。

此外，本章还以 2003～2019 年 280 个城市的工业绿色全要素生产率的第 10 个百分位数和第 90 个百分位数为临界值，分别考察了 2003～2019 年工业绿色全要素生产率排名前 10% 和后 10% 的城市及其次数，如图 8-3 所示。在图 8-3 的子图（a）中，黄山市（17）、防城港市（17）、三亚市（17）、张家界市（16）、巴中市（15）、舟山市（14）、海口市（14）、资阳市（14）和庆阳市（14）[1] 9 个城市的工业绿色全要素生产率测度结果良好，这 9 个城市在 2003～2019 年至少有 14 次工业绿色全要素生产率处于前 10%。在图 8-3 的子图（b）中，晋城市（17）、大同市（16）、太原市（15）、苏州市（15）、唐山市（14）、泉州市（14）、嘉兴市（13）、成都市（13）、哈尔滨市（12）9 个城市的工业绿色全要素生产率测度结果较差，这 9 个城市在 2003～2019 年至少有 12 次工业绿色全要素生产率处于后 10%。

三 测度结果相对较优或较差的原因分析

在图 8-3 的子图（a）和子图（b）中，部分城市工业绿色全要素生产率的测度结果与直观感受有所区别，如庆阳市、成都市、苏州市、泉州市等。为了进一步解析这些城市工业绿色全要素生产率测度结果优良或相对较差的原因，本章构建了如式（8-11）至式（8-14）所示的指标。

$$Prob_{max,yy} = \frac{\sum\limits_{T} \sum\limits_{Num\_Max} I\{exp(YY_{num\_max}) > prctile[exp(yy),p]\}}{T \times Num\_Max} \qquad (8-11)$$

---

[1] 括号内数字表示 2003～2019 年对应城市工业绿色全要素生产率排名处于前 10% 或后 10% 的次数。本段同。

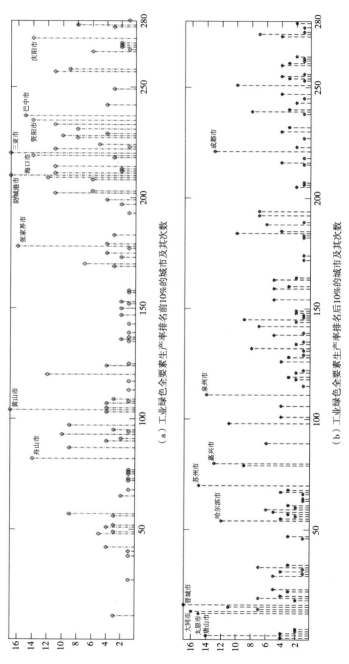

（a）工业绿色全要素生产率排名前10%的城市及其次数

（b）工业绿色全要素生产率排名后10%的城市及其次数

图 8-3 工业绿色全要素生产率排名前 10%和后 10%的城市及其次数

注：图中 1~280 表示按顺序排列的 280 个城市。子图（a）的纵轴表示工业绿色全要素生产率排名前 10%的城市次数；子图（b）的纵轴表示工业绿色全要素生产率排名后 10%的城市次数。

资料来源：作者基于 MATLAB R2023a 绘制。

$$Prob_{max,zz_{\varphi}} = \frac{\sum_{T}\sum_{Num\_Max} I\{exp(ZZ_{\varphi,num\_max}) < prctile[exp(zz_{\varphi}),(100-p)]\}}{T \times Num\_Max}$$

$$(8-12)$$

$$Prob_{min,yy} = \frac{\sum_{T}\sum_{Num\_Min} I\{exp(YY_{num\_min}) < prctile[exp(yy),q]\}}{T \times Num\_Min} \quad (8-13)$$

$$Prob_{min,zz_{\varphi}} = \frac{\sum_{T}\sum_{Num\_Min} I\{exp(ZZ_{\varphi,num\_min}) > prctile[exp(zz_{\varphi}),(100-q)]\}}{T \times Num\_Min} \quad (8-14)$$

在式（8-11）至式（8-14）中，num_max、num_min 分别为测度结果优良及较差的 9 个城市的对应编号，$Num\_Max = 9$，$Num\_Min = 9$；T 为研究周期内年份数，$T = 17$；$exp(\cdot)$ 为以自然数为底的幂函数；$prctile[\cdot]$ 为分位数函数，p、q 为第 p 与 q 个百分位数；$I\{\cdot\}$ 为示性函数，当大括号里表达式为真时取值为 1；YY 表示城市工业人均期望产出的面板数据（截面在行时期在列），yy 表示城市工业期望产出的堆积序列（先截面后时期）；ZZ_{φ} 表示城市工业人均投入与产均非期望产出的面板数据，zz_{φ} 表示对应数据的堆积序列，$ZZ_{\varphi} = \{kk,\ ee,\ y_{ww},\ y_{so_2},\ y_{s\&d}\}$；$Prob_{max,yy}$ 为工业绿色全要素生产率测度结果优良的城市中产出大于以全部城市产出中第 p 个百分位数为临界值的概率；$Prob_{max,zz_{\varphi}}$ 为测度结果优良的城市中人均投入或产均非期望产出小于以对应指标全部数据中第（$100-p$）个百分位数为临界值的概率；$Prob_{min,yy}$ 为工业绿色全要素生产率测度结果较差的城市中产出小于以全部城市产出中第 q 个百分位数为临界值的概率，$Prob_{min,zz_{\varphi}}$ 为测度结果较差的城市中人均投入或产均非期望产出大于以对应指标全部数据中第（$100-q$）个百分位数为临界值的概率。图 8-4 的子图（a）显示了测度结果优良的 9 个城市中，人均产出大于第 p 个百分位数的概率，以及人均投入或产均非期望产出小于第（$100-p$）个百分位数的概率，其中 $p \in [50, 100]$；图 7-4 子图（b）显示了测度结果较差的 9 个城市中，人均产出小于第 q 个百分位数的概率，以及人均投入或产均非期望产出大于第（$100-q$）个百分数的概率，其中 $q \in (0, 50]$。

从图 8-4 的子图（a）中可以看出，当百分位数从 100 逐步下降到 50 时，测度结果优良的 9 个城市中，人均期望产出大于临界值的概率不断上升，而人均投入及产均非期望产出小于临界值的概率也不断上升。这意味着在人均期望产出较高与人均投入、产均非期望产出较低的条件下，临界值越接近中位数，工业绿色全要素生产率测度结果较优的概率越大，这也意味着工业绿色全要素生产率测度结果较优的主要原因在于以下三点：一是人均期望产出较高，二是人均投入较低，三是产均非期望产出较低。从图 8-4 的子图（b）中可以看出，当百分位数从 50 逐步下降到 1 时，测度结果较差的 9 个城市中，人均期望产出小于临界值的概率不断上升，而人均投入及产均非期望产出大于临界值的概率也不断上升，这意味着在人均期望产出较低与人均投入、产均非期望产出较高的条件下，临界值越放宽，工业绿色全要素生产率测度结果较差的概率越大。人均期望产出过低、人均投入过高以及产均非期望产出过高等因素的综合作用，将导致单个城市工业绿色全要素生产率的测度结果较差。

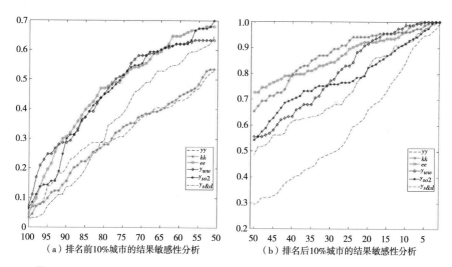

图 8-4　工业绿色全要素生产率排名前 10% 和后 10% 城市的结果敏感性分析

注：子图（a）中，横轴指 p 的取值，纵轴指概率值 $Prob_{max,yy}$ 和 $Prob_{max,zz_\varphi}$；子图（b）中，横轴指 q 的取值，纵轴指概率值 $Prob_{min,yy}$ 和 $Prob_{min,zz_\varphi}$。

资料来源：作者基于 MATLAB R2023a 绘制。

就单个城市而言，工业绿色全要素生产率测度结果相对优良或相对较差的原因有所区别，如图 8-5 所示。在图 8-5 的子图（d）中，庆阳市工业

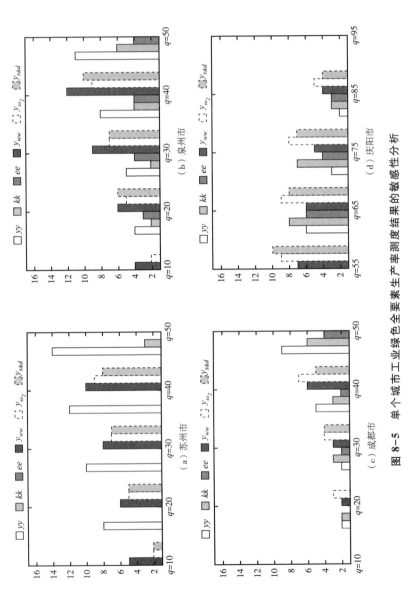

图 8-5　单个城市工业绿色全要素生产率测度结果的敏感性分析

注：横轴指 p 与 q 的取值；子图（a）、子图（b）和子图（c）的纵轴指 2003～2019 年人均期望产出小于对应临界值或人均投入与产出均非期望产出出大于对应临界值的次数；子图（d）中，纵轴指 2003～2019 年人均期望产出大于对应临界值或人均投入与产出均非期望产出出小于对应临界值的次数。

资料来源：作者基于 MATLAB R2023a 绘制。

部门的产均废水、产均二氧化硫及产均烟（粉）尘排放量较低，因此其工业绿色全要素生产率测度结果相对较为优良；图 8-5 的子图（a）中，苏州市人均期望产出较低且工业部门产均废水、产均二氧化硫及产均烟（粉）尘排放量较高，共同导致其工业绿色全要素生产率测度结果相对较差；图 8-5 的子图（b）中，泉州市人均期望产出较低，工业部门人均资本和人均能源投入较高，且工业部门产均废水、产均二氧化硫及产均烟（粉）尘排放量也较高，导致其工业绿色全要素生产率测度结果较差；图 8-5 的子图（c）中，成都市工业部门人均工业资本投入和人均工业能源投入相对较高，人均期望产出较低，而且工业部门产均二氧化硫排放量及产均废水排放量较高，共同导致其工业绿色全要素生产率相对较低。

第五节　中国城市工业绿色全要素生产率的空间差异及收敛性解析

一　空间差异性质分析

基于式（7-5），在将全要素生产率调整为绿色全要素生产率的基础上，结合东中西部及东北地区经济板块的划分，可以计算中国城市工业绿色全要素生产率的空间基尼系数，如图 8-6 所示。其中，东中西部及东北地区的城市个数分别为 83 个、80 个、83 个和 34 个。从图 8-6 可以看出，中国城市工业绿色全要素生产率的总体基尼系数大约为 0.4 ~ 0.5，呈现较大的空间差异特征。从总体基尼系数的分解来看，中国城市工业绿色全要素生产率的超变密度差异最高，区域内差异与区域间差异的变化趋势近似，但区域内差异总体略高于区域间差异。从总体基尼系数的变化趋势来看，2003 ~ 2011 年中国城市工业绿色全要素生产率的空间差异略有扩大，2011 年后中国城市工业绿色全要素生产率的空间差异有整体缩小的发展态势。

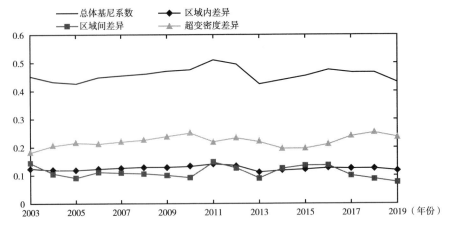

图 8-6　工业绿色全要素生产率的 **Dagum 空间基尼系数及其贡献分解**

　　注：纵轴为 Dagum 空间基尼系数及其区域内差异、区域间差异及超变密度差异三个部分的贡献分解。

　　资料来源：作者基于 MATLAB R2023a 绘制。

二　空间收敛性质解析

（一）空间收敛分析方法介绍

　　一般而言，收敛包括 σ 收敛及 β 收敛等类型。σ 收敛一般基于变异系数来判断，如式（8-15）所示。一旦某经济指标的变异系数随着时间推移而不断下降，则该经济指标就具有 σ 收敛趋势。β 收敛一般基于某经济指标增量与当期值的弹性系数来判断，通常做法是以该经济指标增量值的对数为被解释变量、以该经济指标当期指标值的对数值作为核心解释变量来建立回归模型；当回归模型中核心解释变量的参数估计值显著为负时，则该经济指标具有 β 收敛趋势。值得指出的是，β 收敛包括绝对 β 收敛和条件 β 收敛两种类型。当回归模型中纳入其他控制变量时，该 β 收敛具有条件性；当模型中仅包含核心解释变量及其空间溢出效应项时，该 β 收敛具有绝对性。鉴于城市工业部门发展数据并不全面且不易获得，本章建立了中国城市工业全要素生产率的绝对 β 收敛分析模型，如式（8-16）和式（8-17）所示。

$$Astg\_GTFP_{t,Num\_g} = \underset{i \in Num\_g}{Std}(GTFP_{i,t}) \Big/ \underset{i \in Num\_g}{Mean}(GTFP_{i,t}) \tag{8-15}$$

$$\ln\left(\frac{GTFP_{i,t+1}}{GTFP_{i,t}}\right) = \omega_0\left[STW_1 \times \ln\left(\frac{GTFP_{i,t+1}}{GTFP_{i,t}}\right)\right] + \omega_1\ln(GTFP_{i,t})$$
$$+ \omega_2[STW_1 \times \ln(GTFP_{i,t})] + \vartheta_1 + \vartheta_2 + \mu_3 \tag{8-16}$$

$$\mu_3 = \omega_3(STW_1 \times \mu_3) + \varepsilon_5 \tag{8-17}$$

式（8-15）中，$Astg\_GTFP$ 表示以变异系数表征的 σ 收敛指标；$Std(\cdot)$ 和 $Mean(\cdot)$ 分别表示标准差及平均值函数；i 表示城市编号，t 表示年份；Num_g 表示分组内城市编号。式（8-16）和式（8-17）中，$GTFP$ 表示中国城市工业绿色全要素生产率；t 表示年份，$t+1$ 表示相比第 t 年滞后一年。STW_1 表示时空权重矩阵，与前文中 STW 的确定方式类似。只不过，在 STW_1 的建构中，对于分区域分析，需要依据细分区域中纳入的不同城市情况，重新依据经纬度距离构建标准化的空间权重矩阵。同时，Moran 指数不再依据式（8-10）中的估计残差来计算，而依据 $\ln(GTFP_{i,t+1}/GTFP_{i,t})$ 与 $\ln(GTFP_{i,t})$ 一元回归模型中的估计残差来计算。式（8-16）和式（8-17）中，ω_0、ω_3 为空间相关系数，ω_1、ω_2 为外生参数，ϑ_1、ϑ_2 为个体和时期效应参数，μ_3、ε_5 为随机扰动项，$\varepsilon_5 \sim I.I.D$（0，σ_5^2），μ_3 的分布形式由式（8-17）决定。按照空间计量经济学的分析范式，在估计式（8-16）和式（8-17）的相关参数后，不能直接以 $\hat{\omega}_1$ 作为空间收敛性的判断系数，而应按照如下步骤判断空间收敛性。首先，确定模型的数据生成过程，并计算参数边际效应矩阵 $S_1(W) = \partial \ln(GTFP_{i,t+1}/GTFP_{i,t})/\partial\ln(GTFP_{i,t}) = \hat{\Theta}_2(I_{STW_1}\hat{\omega}_1 + STW_1\hat{\omega}_2)$，其中符号"^"表示对应参数的估计值，$\hat{\Theta}_2 = (I_{STW_1} - \hat{\omega}_0 STW_1)^{-1}$，$I_{STW_1}$ 表示行、列数与 STW_1 相同的单位矩阵。其次，在参数的边际效应矩阵基础上，确定参数的总效应、直接效应及间接效应。其中，总效应为 $1/Num_{STW_1}\iota'_{STW_1}S_1(W)\iota_{STW_1}$，直接效应为 $1/Num_{STW_1}Trace[S_1(W)]$，间接效应为总效应减直接效应。$Trace(\cdot)$ 为迹统计量，Num_{STW_1} 为时空权重矩阵的维数，ι_{STW_1} 为 Num_{STW_1} 行 1 列元素恒为 1 的向量。最后，以参数的总效应作为空间收敛性的判断系数，当总效应小于 0 时，则具有绝对 β 收敛性质。

（二）空间 σ 收敛性质

依据式（8-15），本章从所有城市以及东中西部与东北地区城市 5
个尺度来对城市进行分组，并计算其 σ 收敛指标，如图 8-7 所示。从所
有城市的整体情况来看，2003~2011 年，中国城市工业绿色全要素生产
率的变异系数在调整中上升；2011 年后，中国城市工业绿色全要素生产
率的变异系数整体下降。相比 2003 年，2019 年中国城市工业绿色全要
素生产率的变异系数略有下降。从东中西部及东北地区经济板块来看，
东部地区城市工业绿色全要素生产率的变异系数呈现明显的波动特征，
2019 年相比 2003 年变异系数略有下降；中部地区城市工业绿色全要素
生产率变异系数的发展变化较为平稳，2019 年相比 2003 年变异系数变
化并不明显；西部地区城市工业绿色全要素生产率变异系数的变化趋势
与全国城市工业绿色全要素生产率变异系数的变化趋势有相似之处，
2003~2011 年震荡提升，而 2011 年后总体向下；东北地区城市工业绿
色全要素生产率的变异系数总体呈现以 2016 年为界先升后降的发展态

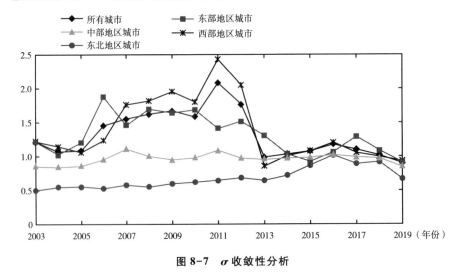

图 8-7　σ 收敛性分析

注：纵轴为东中西部及东北地区城市工业绿色全要素生产率的变异系数。
资料来源：作者基于 MATLAB R2023a 绘制。

势，相比较而言，2019 年变异系数略高于 2003 年。从基于变异系数的分析来看，东北地区、中部地区城市工业绿色全要素生产率的 σ 收敛态势不明显；2011 年后，西部地区城市工业绿色全要素生产率呈现较为明显的 σ 收敛态势；从 280 个城市的总体水平来看，工业绿色全要素生产率在 2011 年后也呈现较为明显的 σ 收敛态势。

（三）空间 β 收敛性质

基于式（8-16）和式（8-17），可以解析中国城市工业绿色全要素生产率的 β 收敛性质。为了更好地判断应该采取哪种模型，本章首先作图分析了 $\ln(GTFP_{i,t+1}/GTFP_{i,t})$ 与 $\ln(GTFP_{i,t})$、$STW_1 \times \ln(GTFP_{i,t+1}/GTFP_{i,t})$ 及 $STW_1 \times \ln(GTFP_{i,t})$ 之间的关系，如图 8-8 所示。图 8-8 中，$\ln(GTFP_{i,t+1}/GTFP_{i,t})$ 与 3 种可能影响因素之间的关系不明显，无法确定 $\ln(GTFP_{i,t})$、$STW_1 \times \ln(GTFP_{i,t+1}/GTFP_{i,t})$ 及 $STW_1 \times \ln(GTFP_{i,t})$ 是否应该纳入模型。有鉴于此，本章试算了式（8-16）和式（8-17）所示模型及其各种退化模型，其参数

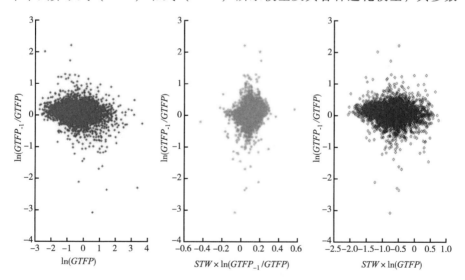

图 8-8　β 收敛性分析中的变量关系

资料来源：作者基于 MATLAB R2023a 绘制。

估计结果及统计性质如表8-4所示。由表8-4可知，SAR、SEM、SDM、SDEM、SAC 5个模型的对数似然值均为正，提示模型估计结果异常，GNSM模型中部分参数估计结果不显著，NSM与SXL相对而言更优，不过这两个模型的拟合优度修正值均过低。从NSM与SXL中对β收敛系数总效应的分解来看，中国城市工业绿色全要素生产率从长远来看具有绝对β收敛的基本发展态势。

本章还从东中西部及东北地区经济板块的视角，解析了城市工业绿色全要素生产率的分区域绝对β收敛性质，相关模型的参数估计结果及统计性质如表8-5所示。值得指出的是，由于在β收敛系数的总效应分解中，参数边际效应矩阵主要由时空权重矩阵、空间相关系数$\hat{\omega}_0$与外生参数$\hat{\omega}_1$、$\hat{\omega}_2$决定，所以表8-5中省略了其他相关参数估计值的报告。

由表8-5可知，就东部地区城市而言，8个模型的对数似然值均为正，提示模型估计结果异常，且8个模型的拟合优度修正值均较小，说明并不能准确判断东部地区城市工业绿色全要素生产率的绝对β收敛性质，尽管β收敛系数的总效应分解值多数为负；就中部地区城市而言，存在与东部地区城市类似的模型估计结果，这也给判断中部地区城市工业绿色全要素生产率的绝对β收敛性质带来了一定的难度；就西部地区城市而言，从对数似然值为负、模型参数估计结果显著性来看，NSM在判断其工业绿色全要素生产率的绝对β收敛性质时具有相对优势，其总效应分解值为-0.0721，提示西部地区城市工业绿色全要素生产率具有一定的绝对β收敛发展态势，当然，其拟合优度修正值较小，表示这种绝对β收敛的发展态势较弱；就东北地区城市而言，从对数似然值为负、模型参数估计结果显著性来看，NSM和SXL在解析其工业绿色全要素生产率的绝对β收敛性质时相对较好，这两个模型的总效应分解值分别为-0.0934和-0.1644，均提示东北地区城市工业绿色全要素生产率具有一定的绝对β收敛发展态势，不过这种发展态势也相对较弱，毕竟两个模型的拟合优度修正值也非常小。

表8-4　β收敛性分析中相关模型参数估计结果及收敛系数的效应分解

		NSM	SXL	SAR	SEM	SDM	SDEM	SAC	GNSM
常数项		0.0473 (10.94)***	0.0356 (4.78)***	0.0032 (0.76)	0.0301 (2.91)***	0.0127 (1.74)*	0.0122 (0.85)	0.0150 (2.13)**	0.0077 (0.56)
$\ln(GTFP_{i,t})$		−0.0539 (−11.59)***	−0.0495 (−9.57)***	−0.0505 (−11.04)***	−0.0562 (−11.14)***	−0.0545 (−10.70)***	−0.0571 (−10.01)***	−0.0544 (−11.11)***	−0.0555 (−10.95)***
$STW_1 \times \ln(GTFP_{i,t})$			−0.0204 (−1.93)*			0.0188 (1.81)*	−0.0414 (−2.07)**		−0.0146 (−0.69)
空间相关系数 ω_0				0.4850 (121.70)***		0.4990 (123.63)***		0.3250 (6.87)***	0.3000 (1.25)
空间相关系数 ω_3					0.6180 (12.10)***		0.6640 (5.24)***	0.3510 (6.84)***	0.5250 (2.79)***
拟合优度修正值		0.0289	0.0295	0.0279	0.0619	0.0281	0.0642	0.0634	0.0657
随机扰动项方差估计值		0.0646	0.0646	0.0627	0.0624	0.0626	0.0622	0.0623	0.0621
对数似然值		−220.52	−218.65	1384.1	1397.52	1385.64	1401.32	1397.56	−144.6
β收敛系数	总效应	−0.0539	−0.0699	−0.0981	−0.0713	−0.0562	−0.0985	−0.0806	−0.1001
	直接效应	−0.0539	−0.0495	−0.0507	−0.0546	−0.0562	−0.0571	−0.0545	−0.0556
	间接效应	0.0000	−0.0204	−0.0474	−0.0167	0.0000	−0.0414	−0.0261	−0.0445

注：括号内为T统计量，***、**和*分别表示通过显著性水平为1%、5%和10%的假设检验。
资料来源：作者据 MATLAB R2023a 的输出结果整理。

183

表 8-5 分区域 β 收敛性分析中相关模型参数估计结果及收敛系数的效应分解

			NSM	SXL	SAR	SEM	SDM	SDEM	SAC	GNSM
东部地区城市	$\ln(GTFP_{i,t})$		-0.0349 (-4.25)***	-0.0314 (-3.61)***	-0.0333 (-4.15)***	-0.0403 (-4.69)***	-0.0394 (-4.64)***	-0.0397 (-4.51)***	-0.0386 (-4.55)***	-0.0405 (-4.68)***
	$STW_1 \times \ln(GTFP_{i,t})$			-0.0227 (-1.22)			0.0405 (2.24)**	0.0104 (0.38)		0.0378 (1.10)
	空间相关系数 ω_0				0.5090 (73.48)***		0.5709 (78.99)***		0.3220 (3.80)***	0.4759 (0.51)
	拟合优度修正值		0.0127	0.0131	0.0135	0.0639	0.0015	0.0631	0.0648	0.0687
	对数似然值		75.88	76.63	560.34	567.41	562.35	567.49	565.94	111.71
	β 收敛系数	总效应	-0.0349	-0.0541	-0.0678	-0.0403	0.0026	-0.0293	-0.0570	-0.0052
		直接效应	-0.0349	-0.0314	-0.0334	-0.0403	-0.0392	-0.0397	-0.0387	-0.0404
		间接效应	0.0000	-0.0227	-0.0344	0.0000	0.0418	0.0104	-0.0183	0.0352
中部地区城市	$\ln(GTFP_{i,t})$		-0.0424 (-5.23)***	-0.0462 (-4.92)***	-0.0406 (-5.04)***	-0.0455 (-5.21)***	-0.0507 (-5.43)***	-0.0487 (-5.31)***	-0.0428 (-5.11)***	-0.0510 (-5.44)***
	$STW_1 \times \ln(GTFP_{i,t})$			0.0152 (0.80)			0.0423 (2.18)**	0.0230 (1.07)		0.0461 (1.58)
	空间相关系数 ω_0				0.2010 (62.52)***		0.2500 (5.38)***		0.1340 (50.94)***	0.2691 (0.37)
	拟合优度修正值		0.0202	0.0199	0.0188	0.0352	0.0196	0.0353	0.0350	0.0386
	对数似然值		74.65	74.98	523.69	527.42	525.90	527.99	525.98	86.62
	β 收敛系数	总效应	-0.0424	-0.0310	-0.0508	-0.0455	-0.0112	-0.0257	-0.0494	-0.0067
		直接效应	-0.0424	-0.0462	-0.0406	-0.0455	-0.0506	-0.0487	-0.0428	-0.0509
		间接效应	0.0000	0.0152	-0.0102	0.0000	0.0394	0.0230	-0.0066	0.0442

续表

		NSM	SXL	SAR	SEM	SDM	SDEM	SAC	GNSM
西部地区城市	$\ln(GTFP_{i,t})$	-0.0721 (-8.14)***	-0.0701 (-7.22)***	-0.0707 (-8.03)***	-0.0748 (-7.95)***	-0.0722 (-7.48)***	-0.0740 (-7.74)***	-0.0730 (-8.02)***	-0.0729 (-7.24)***
	$\mathrm{STW}_1 \times \ln(GTFP_{i,t})$		-0.0103 (-0.50)			0.0081 (0.39)	-0.0320 (-1.33)		-0.0117 (-0.14)
	空间相关系数 ω_0			0.3270 (4.18)***		0.3320 (4.13)***		0.2220 (48.59)***	0.2000 (0.20)
	拟合优度修正值	0.0469	0.0464	0.0450	0.0603	0.0446	0.0614	0.0600	0.0605
	对数似然值	-233.83	-233.71	232.10	233.65	232.16	234.56	233.47	-225.28
	β收敛系数 总效应	-0.0721	-0.0804	-0.1050	-0.0748	-0.0960	-0.1060	-0.0939	-0.1058
	β收敛系数 直接效应	-0.0721	-0.0701	-0.0708	-0.0748	-0.0723	-0.0740	-0.0731	-0.0730
	β收敛系数 间接效应	0.0000	-0.0103	-0.0342	0.0000	-0.0237	-0.0320	-0.0208	-0.0328
东北地区城市	$\ln(GTFP_{i,t})$	-0.0934 (-5.92)***	-0.0803 (-4.88)***	-0.0880 (-5.61)***	-0.0850 (-5.06)***	-0.0795 (-4.87)***	-0.0860 (-5.24)***	-0.0869 (-5.47)***	-0.0842 (-4.72)***
	$\mathrm{STW}_1 \times \ln(GTFP_{i,t})$		-0.0841 (-2.64)***			-0.0624 (-1.94)*	-0.1295 (-3.12)***		-0.1176 (-1.73)*
	空间相关系数 ω_0			0.3290 (3.34)***		0.2540 (2.95)***		0.2869 (3.13)***	0.0716 (0.17)
	拟合优度修正值	0.0590	0.0693	0.0658	0.0704	0.0662	0.0878	0.0770	0.0871
	对数似然值	-60.74	-57.25	131.55	130.32	133.30	135.29	131.73	-53.19
	β收敛系数 总效应	-0.0934	-0.1644	-0.1311	-0.0850	-0.1902	-0.2155	-0.1219	-0.2174
	β收敛系数 直接效应	-0.0934	-0.0803	-0.0882	-0.0850	-0.0800	-0.0860	-0.0871	-0.0844
	β收敛系数 间接效应	0.0000	-0.0841	-0.0429	0.0000	-0.1102	-0.1295	-0.0348	-0.1330

注：括号内为 T 统计量，***、**和 * 分别表示通过显著性水平为1%、5%和10%的假设检验。

资料来源：作者据 MATLAB R2023a 的输出结果整理。

第六节　本章小结

本章基于嵌入非期望产出及空间溢出效应的改进索洛余值法，重新构建了城市工业绿色全要素生产率的测度方法，并将之应用于 2003~2019 年中国 280 个城市工业绿色全要素生产率的测度中，同时，结合 Dagum 空间基尼系数、σ 收敛分析、（绝对）β 收敛分析等解析了中国城市工业绿色全要素生产率的空间差异性质及空间收敛性质，得到了一些较为重要的结论。

（1）以期望产出与非期望产出的份额构成总和为 1 的方式，可以将非期望产出嵌入索洛余值法的生产函数模型中，同时在生产函数模型中嵌入各种产出与投入要素的空间溢出效应项及随机扰动项的空间溢出效应项，以此重构嵌入非期望产出与空间溢出效应的索洛余值法改进方法。在这种改进方法下，城市工业绿色全要素生产率的测度仍可以按照传统的索洛余值法理念进行，只不过人均投入要素及产均非期望产出要素的份额需要根据经验模型的估计和优选来重新确定。

（2）基于嵌入非期望产出及空间溢出效应的改进索洛余值法，本章优选了混合效应的空间杜宾误差模型作为中国城市工业绿色全要素生产率测度的最优模型。从模型的测度结果来看，测度结果表现优良的城市包括黄山市、防城港市、三亚市等，测度结果表现较差的城市包括晋城市、大同市、太原市等。从测度结果的敏感性分析来看，这些测度结果相对优良或相对较差的原因，主要与人均期望产出、人均工业资本投入、人均工业能源投入，以及产均废水、产均二氧化硫和产均烟（粉）尘排放量有关，当然不同城市测度结果优劣性的原因并不尽相同。

（3）从 Dagum 空间基尼系数的分析结果来看，中国城市工业绿色全要素生产率还存在着较大的空间差异性，基于东中西部及东北地区经济板块的空间基尼系数大约为 0.4~0.5；在其贡献分解中，区域内差异和区域间差异接近，但超变密度差异要远高于区域内差异和区域间差异。

（4）从 σ 收敛分析的结果来看，2011 年后，中国 280 个城市工业绿色全要素生产率呈现较为明显的 σ 收敛态势；在分区域经济板块分析中，西部地区城市工业绿色全要素生产率呈现较为明显的 σ 收敛态势，但东部地区、中部地区及东北地区城市工业绿色全要素生产率的 σ 收敛态势不明显。从绝对 β 收敛分析的结果来看，2003~2019 年中国城市工业绿色全要素生产率在一定程度上呈现绝对 β 收敛态势，但这种发展态势较为微弱；在分区域经济板块的绝对 β 收敛分析中，西部地区及东北地区城市工业绿色全要素生产率呈现微弱的绝对 β 收敛态势，东部地区及中部地区城市工业绿色全要素生产率发展中并不存在显著的绝对 β 收敛态势。

第九章
中国城市工业全要素生产率
测度结果的比较分析

第三章至第八章基于嵌入时空计量分析的改进索洛余值法，分别从嵌入通用嵌套空间模型的全局分析以及嵌入面板时空地理加权回归模型的局部分析等视角入手，测度了 2003~2019 年中国 280 个城市的工业全要素生产率，并在调整时空权重矩阵设计方式条件下结合全局分析对中国城市工业全要素生产率进行了重新测度，随后纳入非期望产出，结合全局分析对中国城市工业绿色全要素生产率进行了测度。从这些测度的结果来看，在时空权重矩阵设计方式一致的条件下，局部分析比全局分析更容易得到优良的测度结果。不过这一结论在时空权重矩阵由外生转化为内生设定时发生变化，嵌入全局时空计量分析的改进索洛余值法在适用时空权重矩阵的内生设定上更具优势。同时，在考虑非期望产出的条件下，对城市工业全要素生产率的测度方式将发生改变，主要的做法是将非期望产出作为绿色投入要素纳入测度过程。按照第三章的文献述评，对城市工业全要素生产率的测度不仅包含索洛余值法这一条主线，随机前沿分析以及数据包络分析也颇为流行。本章拟基于贝叶斯随机前沿分析和 DEA-SBM 分析，重新测度 2003~2019 年中国 280 个城市工业全要素生产率与工业绿色全要素生产率，并在此基础上对基于 3 类方法得到的城市工业全要素生产率及工业绿色全要素生产率进行比较分析，以解析各类测度方法的分析精度及适用性。

第一节 基于贝叶斯随机前沿分析的中国城市工业全要素 生产率测度结果与比较

一 贝叶斯随机前沿分析方法介绍与经验模型设定

贝叶斯随机前沿分析是在生产效率测度中将随机前沿分析与贝叶斯分析相结合的产物,其实质是在设计生产过程的随机前沿函数模型条件下,基于模型未知参数的先验分布,结合样本信息和全概率公式确定未知参数的后验分布,并在贝叶斯理论基础上依据后验分布信息去推断未知参数,随后依据随机前沿函数模型的参数估计结果去测度生产效率。设 Y 为产出,令 $y^* = \ln(Y)$,其中 $\ln(\cdot)$ 表示自然对数。设 Z_v 为第 v 个投入要素,$v = 1$,2,$\cdots$,Y,令 $z_v^* = \ln(Z_v)$,$z^* = \{z_v^*\}$,则基于贝叶斯随机前沿分析的生产函数模型可以设置如下:

$$y^* = g(z^*; \gamma) + \xi - \zeta \qquad (9-1)$$

在式(9-1)中,γ 表示投入要素及其不同组合的外生参数;ξ 为服从零均值、同方差、正态分布的随机扰动项,$\xi \sim N(0, \sigma_\xi^2 I_{NT})$,$i$、$t$ 分别为截面和时期数,$i = 1$,2,$\cdots$,N,$t = 1$,2,$\cdots$,T;ζ 为非效率项,服从半正态分布,$\zeta \sim N^+(0, \sigma_\zeta^2 I_{NT})$;$\zeta$ 和 ξ 之间相互独立。在估计式(9-1)的模型后,可以技术效率项为依据来确定全要素生产率,如式(9-2)所示。在式(9-2)中,TFP_{sfa} 取值为 $0 \sim 1$,取值越大则全要素生产率越高。

$$TFP_{sfa,it} = \exp(-\zeta_{it}) \qquad (9-2)$$

在式(9-1)中,$g(z^*; \gamma)$ 可以依据投入变量的不同组合,形成不同的模型,依据 Makiela(2014)、Makiela 和 Ouattara(2018)的分析,设置模型通项式如式(9-3)所示。

$$g(z^*; \gamma) = \sum_{\kappa=0}^{\Lambda} t^\kappa \gamma_{0,\kappa} + \sum_{\kappa=0}^{\Lambda} \left\{ \sum_{v=1}^{Y} (t^\kappa z_v^*) \gamma_{v_1} + \sum_{v=1}^{Y} [t^\kappa (z_v^*)^2] \gamma_{v_2} \right.$$
$$\left. + \sum_{\tau=1}^{Y} \sum_{v=1}^{Y} (t^\kappa z_\tau^* z_v^*) \gamma_{v_3} \right\} \qquad (9-3)$$

在式（9-3）中，υ 代表投入因素个数，$\upsilon=1$，2，…，Y；υ_1、υ_2 和 υ_3 分别为外生参数 γ 的脚标，其定义分别为 $\upsilon_1=\upsilon+\kappa C_Y^2+2\kappa Y$，$\upsilon_2=\upsilon+\kappa C_Y^2+(2\kappa+1)Y$，$\upsilon_3=\psi+\kappa C_Y^2+(2\kappa+2)Y$。其中，$\kappa$ 为时期变量 t 的指数形式，$\kappa=0$，1，…，Λ，Λ 的取值一般为 0、1 或 2；ψ 为投入变量两两之间交叉相乘形成的新变量的外生参数编号，$\psi=1$，2，…，C_Y^2；C_Y^2 为投入变量两两之间进行排列组合得到的组合总个数，定义 $C_Y^2=Y!/[(Y-2)!2!]$。

令 $g(z^*;\gamma)=z^*\gamma$，设 γ 服从均值为 b、方差为 C^{-1} 的正态分布，$\gamma\sim N(b,C^{-1})$。设 σ_ξ^2、σ_ζ^2 服从逆伽马分布，$\sigma_\xi^2\sim IG(\eta n_0,\eta\alpha_0)$，$\eta$ 为经验常数，取 $\eta=0.5$，$\sigma_\zeta^2\sim IG[5,10\ln^2(TFP_{sfa}^0)]$，$TFP_{sfa}^0$ 为全要素生产率的先验均值。定义 $f_N(\cdot\,|\triangle,\square)$ 表示均值为 $\triangle$、方差为 $\square$ 的正态分布概率密度函数，并定义 $f_G(\cdot\,|\triangle,\square)$ 表示均值为 $\triangle/\square$、方差为 $(\triangle/\square)^2$ 的伽马分布概率密度函数，则式（9-1）的贝叶斯模型形式将转化为式（9-4）。

$$f_N(\gamma\,|\,b,C^{-1})\times f_G(\sigma_\xi^{-2}\,|\,\eta n_0,\eta\alpha_0)\times f_G[\sigma_\zeta^{-2}\,|\,5,10\ln^2(TFP_{sfa}^0)]\times$$
$$\prod_{t=1}^{T}\prod_{i=1}^{N}f_N(y_{it}^*\,|\,z_{it}^*\gamma-\zeta_{it},\sigma_\xi^2)f_G(\zeta_{it}\,|\,0,\sigma_\xi^2) \tag{9-4}$$

依据贝叶斯理论，参数 γ、σ_ξ^2、σ_ζ^2、ζ_{it} 的条件后验分布可以分别表示为式（9-5）至式（9-8）。

$$p(\gamma\,|\,y^*,z^*,\zeta_{it},\sigma_\xi^{-2},\sigma_\zeta^{-2})\propto f_N^J\{\gamma\,|\,C_*^{-1}[Cb+\sigma_\xi^{-2}z^{*\prime}(y^*+\zeta_{it})],C_*^{-1}\} \tag{9-5}$$

$$p(\sigma_\xi^{-2}\,|\,y^*,z^*,\zeta_{it},\sigma_\zeta^{-2},\gamma)\propto f_G\left(\sigma_\xi^{-2}\,\Big|\,\frac{n_0+NT}{2},\frac{a_0+\xi'\xi}{2}\right) \tag{9-6}$$

$$p(\sigma_\zeta^{-2}\,|\,y^*,z^*,\zeta_{it},\sigma_\xi^{-2},\gamma)\propto f_G\left[\sigma_\zeta^{-2}\,\Big|\,\frac{NT}{2}+5,\frac{1}{2}\sum_{t=1}^{T}\sum_{i=1}^{N}\zeta_{it}+10\ln^2(TFP_{sfa}^0)\right] \tag{9-7}$$

$$p(\zeta_{it}\,|\,y^*,z^*,\sigma_\xi^{-2},\sigma_\zeta^{-2},\gamma)\propto f_N^{NT}\left[\zeta_{it}\,\Big|\,\frac{\sigma_\zeta(z^*\gamma-y^*)}{\sigma_\zeta^2+\sigma_\xi^2},\frac{\sigma_\zeta^2\sigma_\xi^2}{\sigma_\zeta^2+\sigma_\xi^2}\right]I(\zeta_{it}\in R_+^{NT}) \tag{9-8}$$

在式（9-5）和式（9-6）中，$C_*^{-1}=(C+\sigma_\xi^{-2}z^{*\prime}z^*)^{-1}$，$\xi=y^*+\zeta_{it}-z^*\gamma$，$I(\zeta_{it}\in R_+^{NT})$ 为示性函数，表征 ζ 为半正态分布。依据式（9-5）至式（9-8），

结合 Gibbs 抽样和 Metropolis-Hastings 抽样（Hastings，1970），可以进行参数的后验估计和推断，在此基础上，结合式（9-8）和式（9-2）可以估算工业全要素生产率。

二　基于贝叶斯随机前沿分析的中国城市工业全要素生产率测度结果与比较

基于前文的相关分析，将产出限定为中国城市工业部门总产出，将投入限定为中国城市工业部门资本、劳动、能源等投入或工业废水、二氧化硫、烟（粉）尘等非期望产出因素，则可以测度中国城市工业全要素生产率。当投入要素仅包含资本、劳动及能源等要素时，可以测度得到一般意义上的城市工业全要素生产率，当投入要素不仅包括资本、劳动、能源要素，还包括废水、二氧化硫及烟（粉）尘等非期望产出要素时，则可以测度得到城市工业绿色全要素生产率。

设 K、L、En 分别为中国城市工业部门的资本、劳动及能源投入，Y_{WW}、Y_{SO_2}、$Y_{S\&D}$ 为工业部门的非期望产出，分别表示废水排放量、二氧化硫排放量、烟（粉）尘排放量；定义 $k^* = \ln(K)$，$l^* = \ln(L)$，$en^* = \ln(En)$，$y_{ww}^* = -\ln(Y_{WW})$，$y_{so_2}^* = -\ln(Y_{SO_2})$，$y_{s\&d}^* = -\ln(Y_{S\&D})$。此时，利用式（9-1）和式（9-3），结合中国城市工业部门的投入要素情况，则可以设定中国城市工业部门随机前沿生产函数模型。值得指出的是，在计算中国城市工业全要素生产率时，纳入的投入变量为 $z^{*\prime} = \{k^*,\ l^*,\ en^*\}$，则 $Y=3$，在预设 $\Lambda=1$ 的条件下，$\kappa=0$，1，$C_Y^2=3$，$\psi=1$，2，3；而在计算中国城市的工业绿色全要素生产率时，纳入的投入变量为 $z^{*\prime\prime} = \{k^*,\ l^*,\ en^*,\ y_{ww}^*,\ y_{so_2}^*,\ y_{s\&d}^*\}$，此时 $Y=6$，在预设 $\Lambda=1$ 的条件下，$\kappa=0$，1，$C_Y^2=15$，$\psi=1$，2，$\cdots$，15。在不考虑时期变量与投入变量二次型或投入变量叉乘项的乘积所形成的新变量条件下，式（9-3）的通项式在测度中国城市工业全要素生产率及绿色全要素生产率时将分别变为如式（9-9）和式（9-10），其中，$g'(z^{*\prime};\ \gamma)$、$g''(z^{*\prime\prime};\ \gamma)$ 分别表示测度工业全要素生产率及工业绿色全要素生产率时的通项式。[①]

---

① 式（9-9）和式（9-10）的通项式设定，基于模型试算结果而设定。

$$g'(z^{*\,\prime};\gamma) = \gamma_{0,0} + \sum_{v=1}^{3} z_v^{*\,\prime}\gamma_v + \sum_{v=1}^{3} (z_v^{*\,\prime})^2\gamma_{v+3}$$

$$+ \sum_{\tau=1}^{3}\sum_{v=1}^{3}(z_\tau^{*\,\prime}z_v^{*\,\prime})\gamma_{\psi+6} + \gamma_{0,1}t + \sum_{v=1}^{3}(tz_v^{*\,\prime})\gamma_{v+9} \qquad (9-9)$$

$$g''(z^{*\,\prime\prime};\gamma) = \gamma_{0,0} + \sum_{v=1}^{6} z_v^{*\,\prime\prime}\gamma_v + \sum_{v=1}^{6} (z_v^{*\,\prime\prime})^2\gamma_{v+6}$$

$$+ \sum_{\tau=1}^{6}\sum_{v=1}^{6}(z_\tau^{*\,\prime\prime}z_v^{*\,\prime\prime})\gamma_{\psi+12} + \gamma_{0,1}t + \sum_{v=1}^{6}(tz_v^{*\,\prime\prime})\gamma_{v+27} \qquad (9-10)$$

在式（9-9）和式（9-10）中，在假定不同参数为0的条件下可以得到不同形式的退化模型。在式（9-9）中，当 $\gamma_{v+3}=0$，$\gamma_{\psi+6}=0$，$\gamma_{0,1}=0$，$\gamma_{v+9}=0$ 时，模型转化为柯布-道格拉斯模型（CD 模型）；当 $\gamma_{v+3}=0$，$\gamma_{\psi+6}=0$，及 $\gamma_{v+9}=0$ 时，模型转化为包含时间变量的柯布-道格拉斯模型（CD-T 模型）；当 $\gamma_{v+3}=0$ 及 $\gamma_{\psi+6}=0$ 时，模型转化为包含时变参数的柯布-道格拉斯模型（CD-Linear-T 模型）；当 $\gamma_{0,1}=0$ 及 $\gamma_{v+9}=0$ 时，模型转化为超越对数生产函数模型（Trans-Log 模型）；当 $\gamma_{v+9}=0$ 时，模型转化为包含时间变量的超越对数生产函数模型（Trans-Log-T 模型）。同理，也可以得到式（9-10）的5种退化模型。

基于式（9-9）、式（9-10）及各自的5种退化模型，结合式（9-4）至式（9-8），可以估计中国城市工业部门随机前沿生产函数模型的相关参数。在贝叶斯分析的抽样过程中，本章预设中国城市工业全要素生产率及工业绿色全要素生产率的先验均值为 0.75，即 $TFP_{sfa}^0 = 0.75$，同时设 $n_0 = \alpha_0 = 10^{-6}$，总抽样次数为 50000 次，并以删除前 10000 次后的其他 40000 次抽样得到的参数分布来估计和推断相关参数。表 9-1 和表 9-2 分别列举了中国城市工业全要素生产率及工业绿色全要素生产率测度中随机前沿生产函数模型的估计结果及统计性质。值得注意的是，由于 Trans-Log、Trans-Log-T 等模型中部分解释变量参数不显著，因此在表 9-1 和表 9-2 中未报告如式（9-9）和式（9-10）所示通项式模型的估计结果。在表 9-2 中，由于在估计城市工业部门随机前沿生产函数模型时，非期望产出 y_{ww}、y_{so_2} 及 $y_{s\&d}$ 作为城市工业生产中的投入要素纳入，其数值处理实际上是以原始数据的倒数值纳入贝叶斯随机前沿分析中进行的，因此在估计得到相关变量参数估计值后，需要对其系数及 T 统计量进行还原处理，还原过程中仅涉及单个非期望产出变量时则直接赋负值，涉及非期望产出平方或者两个非期望产出因素的交叉相乘项时保持不变。

从表 9-1 的估计结果来看，Trans-Log 模型和 Trans-Log-T 模型的部分解释变量不显著，而 CD 模型、CD-T 模型以及 CD-Linear-T 模型的估计结果则具有比较优良的统计性质。不过，从经济意义来看，在 CD 模型中，工业部门能源投入要素的弹性系数达到 1.7250，这一估计结果并不符合柯布-道格拉斯生产函数模型的经典假定。因此，基于贝叶斯随机前沿分析来测度中国城市工业全要素生产率的最优经验生产函数模型将在 CD-T 与 CD-Linear-T 模型之间遴选。本章选择 CD-Linear-T 模型作为测度中国城市工业全要素生产率的最优经验生产函数模型，原因有二：一是 CD-Linear-T 模型的残差平方和更小；二是 CD-Linear-T 模型考虑了时间变量与投入要素的叉乘项且其参数估计结果也显著。基于表 9-1 中 CD-Linear-T 模型对不同时期、不同地区非效率项 ζ'_{it} 的估计结果，可以测度中国城市工业全要素生产率，结果如图 9-1 子图（a）所示。

从表 9-2 的估计结果来看，CD-Linear-T 模型、Trans-Log 模型和 Trans-Log-T 模型的部分解释变量不显著，这 3 个模型均不是测度中国城市工业绿色全要素生产率的最优经验生产函数模型。相比较而言，CD 模型与 CD-T 模型的参数估计结果均显著，统计性质也较为优良，是测度中国城市工业绿色全要素生产率的备选经验生产函数模型。比较两个模型来看，CD-T 模型中工业废水排放量对工业经济增长的弹性系数为正，这明显是不符合经济社会发展现实的，这意味着在测度中国城市工业绿色全要素生产率时仅能采用 CD 模型。基于表 9-2 中 CD 模型对不同时期、不同地区非效率项 ζ''_{it} 的估计结果，可以测度中国城市工业绿色全要素生产率，结果如图 9-1 子图（b）所示。本章还对基于贝叶斯随机前沿分析测度得到的中国城市工业全要素生产率及绿色全要素生产率进行了比较，绿色全要素生产率减去全要素生产率得到的差值及其直方图分别如图 9-1 子图（c）和子图（d）所示。

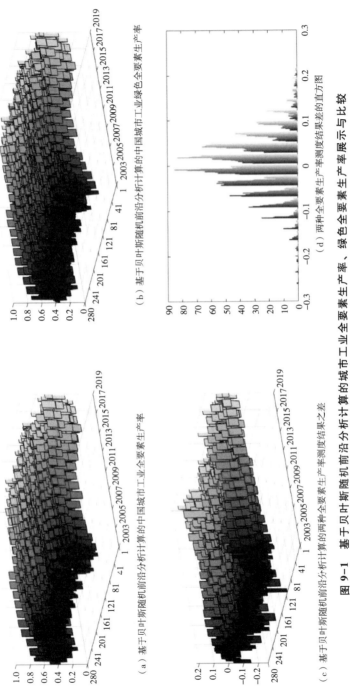

（a）基于贝叶斯随机前沿分析计算的中国城市工业全要素生产率

（b）基于贝叶斯随机前沿分析计算的中国城市工业绿色全要素生产率

（c）基于贝叶斯随机前沿分析计算的两种全要素生产率测度结果之差

（d）两种全要素生产率测度结果的直方图

图 9-1 基于贝叶斯随机前沿分析计算的城市工业全要素生产率、绿色全要素生产率展示比较

资料来源：作者据软件 MATLAB R2023a 绘制。

表 9-1　城市工业部门随机前沿函数模型（期望产出）的贝叶斯估计及其统计性质

	CD 模型	CD-T 模型	CD-Linear-T 模型	Trans-Log 模型	Trans-Log-T 模型
常数项	0.6637 （58.06）***	0.5489 （39.89）***	−0.0431 （−17.99）***	−0.1475 （−12.96）***	−0.1432 （−12.73）***
$\ln(K)$	0.4244 （34.50）***	0.5076 （37.87）***	0.0217 （9.57）***	0.1421 （8.00）***	0.1401 （8.04）***
$\ln(L)$	0.0992 （9.40）***	0.1024 （9.94）***	0.0053 （2.48）**	0.0869 （6.52）***	0.0685 （5.14）***
$\ln(En)$	1.7250 （38.03）***	0.0292 （14.34）***	0.1744 （22.89）***	1.4097 （22.31）***	1.3404 （21.30）***
$[\ln(K)]^2$				−0.0883 （−8.76）***	−0.0878 （−8.87）***
$[\ln(L)]^2$				0.0482 （3.62）***	0.0520 （3.95）***
$[\ln(En)]^2$				−0.0905 （−1.67）*	−0.0168 （−0.31）
$\ln(K)\times\ln(L)$				−0.0493 （−8.16）***	−0.0371 （−6.01）***
$\ln(K)\times\ln(En)$				−0.0063 （−0.14）	−0.0222 （−0.51）
$\ln(L)\times\ln(En)$				0.7866 （6.88）***	0.0270 （13.24）***
T		1.8046 （41.98）***	0.8789 （39.13）***		0.6567 （6.06）***
$T\times\ln(K)$			0.3354 （13.37）***		
$T\times\ln(L)$			0.0661 （3.39）***		
$T\times\ln(En)$			0.7676 （11.56）***		
σ_ζ^2	0.3908 （12.62）***	0.3611 （12.21）***	0.3285 （12.44）***	0.3241 （9.97）***	0.2894 （16.92）***

续表

	CD 模型	CD-T 模型	CD-Linear-T 模型	Trans-Log 模型	Trans-Log-T 模型
σ_ξ	0.3734 (28.22)***	0.3716 (29.04)***	0.3579 (30.30)***	0.3839 (27.38)***	0.4175 (41.64)***
MDD	−1176.23	−1124.15	−1085.83	−1231.13	−1296.56
残差平方和	350.61	357.03	333.54	407.16	590.77

注：括号内为依据参数估计值及其标准误计算的 T 统计量，***、** 和 * 分别表示通过显著性水平为 1%、5% 和 10% 的假设检验。MDD 为基于谐波均值估计的数据边缘密度。

资料来源：作者基于 MATLAB R2023a 及随机前沿分析的贝叶斯估计自编程序估计结果整理。

表 9-2 城市工业部门随机前沿函数模型（非期望产出）的贝叶斯估计及其统计性质

	CD 模型	CD-T 模型	CD-Linear-T 模型	Trans-Log 模型	Trans-Log-T 模型
常数项	0.6462 (57.82)***	0.5184 (40.24)***	−0.0383 (−16.75)***	−0.1203 (−10.96)***	−0.0997 (−9.29)***
$\ln(K)$	0.3437 (26.83)***	0.4055 (32.11)***	0.0133 (5.48)***	0.0408 (2.09)**	0.0221 (1.17)
$\ln(L)$	0.1136 (10.57)***	0.0676 (6.34)***	0.0014 (0.68)	0.0431 (3.15)***	0.0139 (1.03)
$\ln(En)$	−0.1846 (−19.07)***	−0.2218 (−23.37)***	−0.0076 (−4.08)***	−0.0618 (−4.58)***	−0.0606 (−4.66)***
$\ln(Y_{WW})$	−0.0314 (−3.34)***	0.0246 (2.62)***	−0.0085 (−4.66)***	−0.0058 (−0.44)	0.0147 (1.14)
$\ln(Y_{SO_2})$	−0.0999 (−12.19)***	−0.0824 (−10.43)***	0.0076 (4.74)***	0.0377 (3.35)***	0.0220 (2.01)**
$\ln(Y_{S\&D})$	−0.4806 (−6.25)***	−0.0417 (−18.23)***	−0.1344 (−9.89)***	−0.9893 (−9.28)***	−0.8297 (−8.06)***
$[\ln(K)]^2$				−0.0457 (−3.62)***	−0.0271 (−2.17)**
$[\ln(L)]^2$				0.0776 (4.86)***	0.0722 (4.64)***
$[\ln(En)]^2$				0.0145 (0.87)	0.0119 (0.72)
$[\ln(Y_{WW})]^2$				0.0202 (1.35)	0.0277 (1.92)**

续表

	CD 模型	CD-T 模型	CD-Linear-T 模型	Trans-Log 模型	Trans-Log-T 模型
$[\ln(Y_{SO_2})]^2$				0.0435 (3.45)***	0.0401 (3.27)***
$[\ln(Y_{S\&D})]^2$				0.1826 (1.46)	0.2570 (2.10)**
$\ln(K) \times \ln(L)$				−0.0406 (−6.17)***	−0.0277 (−4.26)***
$\ln(K) \times \ln(En)$				−0.0215 (−1.62)	−0.0221 (−1.73)*
$\ln(K) \times \ln(Y_{WW})$				−0.0479 (−4.18)***	−0.0281 (−2.51)**
$\ln(K) \times \ln(Y_{SO_2})$				0.0421 (3.72)***	0.0345 (3.11)***
$\ln(K) \times \ln(Y_{S\&D})$				0.0543 (0.59)	0.0723 (0.82)
$\ln(L) \times \ln(En)$				0.0536 (6.78)***	−0.0534 (−6.82)***
$\ln(L) \times \ln(Y_{WW})$				−0.0881 (−7.71)***	−0.0843 (−7.51)***
$\ln(L) \times \ln(Y_{SO_2})$				0.0116 (1.18)	0.0150 (1.57)
$\ln(L) \times \ln(Y_{S\&D})$				0.6164 (5.78)***	0.6585 (6.23)***
$\ln(En) \times \ln(Y_{WW})$				0.0300 (5.22)***	0.0257 (4.61)***
$\ln(En) \times \ln(Y_{SO_2})$				−0.0244 (−2.92)***	−0.0190 (−2.32)***
$\ln(En) \times \ln(Y_{S\&D})$				−0.4508 (−5.54)***	−0.5236 (−6.59)***
$\ln(y_{ww}) \times \ln(Y_{SO_2})$				−0.0109 (−3.02)***	−0.0059 (−1.67)*
$\ln(y_{ww}) \times \ln(Y_{S\&D})$				0.2608 (3.66)***	0.1262 (1.81)*
$\ln(y_{SO_2}) \times \ln(Y_{S\&D})$				−1.1460 (−2.73)***	0.0396 (16.15)***

续表

	CD 模型	CD-T 模型	CD-Linear-T 模型	Trans-Log 模型	Trans-Log-T 模型
T		0.3842 (5.33)***	0.8187 (37.88)***		-1.2758 (-3.09)***
$T \times \ln(K)$			0.3084 (12.09)***		
$T \times \ln(L)$			0.0655 (3.41)***		
$T \times \ln(En)$			-0.1572 (-8.62)***		
$T \times \ln(Y_{WW})$			0.0553 (3.02)***		
$T \times \ln(Y_{SO_2})$			-0.1244 (-8.58)***		
$T \times \ln(Y_{S\&D})$			0.2432 (1.83)*		
σ_ζ^2	0.3458 (12.94)***	0.3176 (13.59)***	0.2923 (13.94)***	0.3070 (12.38)***	0.2876 (12.29)***
σ_ξ	0.3562 (29.69)***	0.3475 (32.51)***	0.3307 (33.35)***	0.3460 (29.81)***	0.3387 (30.54)***
MDD	-1050.55	-975.72	-862.52	-1024.41	-967.64
残差平方和	322.88	311.53	280.00	310.59	300.14

注：括号内为依据参数估计值及其标准误计算的 T 统计量，***、** 和 * 分别表示通过显著性水平为 1%、5% 和 10% 的假设检验。MDD 为基于谐波均值估计的数据边缘密度。

资料来源：作者基于 MATLAB R2023a 及随机前沿分析的贝叶斯估计自编程序估计结果整理。

第二节 基于 DEA-SBM 的中国城市工业全要素生产率测度结果与比较

在工业全要素生产率测度，尤其是包含非期望产出的工业全要素生产率测度中，DEA_SBM 方法被广泛应用。这一模型充分考虑了投入和产出变量的松弛性，并从非径向、非角度的视角来同时考虑投入和产出的不同比例变化，其主要特征在于：一是将投入、产出变量的松弛量纳入了目标函数；二是可以考察投入或产出变量的同时变化；三是可以考察投入或产出变量的不同比例的变化；四是可以将非期望产出纳入效率测度框架（Tone，2001；钱争鸣和刘晓晨，2013）。本章拟基于 DEA_SBM 方法来分别测度中国城市的工业全要素生产率及工业绿色全要素生产率。

设每个城市为一个工业生产决策单元，其投入变量包括工业资本投入、工业劳动力投入和工业能源投入，其产出变量包括期望产出（工业总产值）和非期望产出［工业废水排放量、工业二氧化硫排放量和工业烟（粉）尘排放量］。设城市分别为 $i = 1, 2, \cdots, N$，定义第 i 个城市工业生产中第 k 个投入变量、第 r 个期望产出变量和第 q 个非期望产出变量分别为 $x_{k,i}$、$y_{r,i}$ 和 $y_{q,i}$，其中，$k = 1, 2, \cdots, m_0$，$r = 1, 2, \cdots, m_1$，$q = 1, 2, \cdots, m_2$。此时，第 i 个城市工业生产可能性合集如式（9-11）所示：

$$P_i = \left\{ (x_{k,i}, y_{r,i}, y_{q,i}) \mid x_{k,i} \geqslant \sum_j \lambda_j x_{k,j}, y_{r,i} \leqslant \sum_j \lambda_j y_{r,j}, y_{q,i} \geqslant \sum_j \lambda_j y_{q,j}, \lambda_j \geqslant 0 \right\}$$

(9 - 11)

在式（9-11）中，j 表示城市，$j = 1, 2, \cdots, N$；P_i 表示第 i 个城市的生产可能性合集；λ_j 为第 j 个城市的权重。将式（9-11）中的约束条件结合松弛量进行转化，设 s_k^-、s_r^+ 和 s_q^- 分别表示第 k 个投入变量、第 r 个期望产出变量和第 q 个非期望产出变量的松弛量，结合非预期产出的 DEA_SBM 效率测度方法，可以将中国城市工业绿色全要素生产率定义为式（9-12），其约束条件如式（9-13）所示。

$$GTFP_{dea,i} = \text{Min} \left\{ \frac{1 - \dfrac{1}{m_0} \sum_{k=1}^{m_0} \left(\dfrac{s_k^-}{x_{k,i}} \right)}{1 + \dfrac{1}{m_1 + m_2} \left[\sum_{r=1}^{m_1} \left(\dfrac{s_r^-}{y_{r,i}} \right) + \sum_{q=1}^{m_2} \left(\dfrac{s_q^+}{y_{q,i}} \right) \right]} \right\}$$

(9 - 12)

s. t.

$$\begin{cases} x_{k,i} = \sum_j \lambda_j x_{k,j} + s_k^- \\ y_{r,i} = \sum_j \lambda_j y_{r,j} - s_r^+ \\ y_{q,i} = \sum_j \lambda_j y_{q,j} + s_q^- \\ \lambda \geq 0, s_k^- \geq 0, s_r^+ \geq 0, s_q^- \geq 0 \end{cases} \qquad (9-13)$$

在式（9-12）中，$GTFP_{dea,i}$ 是基于 DEA-SBM 方法测度得到的第 i 个城市工业绿色全要素生产率，它是关于 s_k^-、s_r^+ 和 s_q^- 的减函数。当 s_k^-、s_r^+ 和 s_q^- 均取极小值时，$GTFP_{dea,i}$ 达到最优效率状态，此时 $GTFP_{dea,i}=1$；当 s_k^-、s_r^+ 和 s_q^- 的取值分别与 $x_{k,i}$、$y_{r,i}$ 和 $y_{q,i}$ 完全相同时，$GTFP_{dea,i}$ 为最无效率状态，此时 $GTFP_{dea,i}=0$。由此，$GTFP_{dea,i} \in [0, 1]$。

基于与城市工业绿色全要素生产率测度相类似的方法逻辑，在不考虑非期望产出的条件下，结合 DEA-SBM 方法也可以测度中国城市工业全要素生产率，其生产可能性合集和约束条件分别如式（9-14）和式（9-15）所示。

$$P_i' = \left\{ (x_{k,i}, y_{r,i}) \mid x_{k,i} \geq \sum_j \lambda_j x_{k,j}, y_{r,i} \leq \sum_j \lambda_j y_{r,j}, \lambda_j \geq 0 \right\} \qquad (9-14)$$

$$TFP_{dea,i} = Min \left\{ \frac{1 - \frac{1}{m_0} \sum_{k=1}^{m_0} \left(\frac{s_k^-}{x_{k,i}'} \right)}{1 + \frac{1}{m_1} \sum_{r=1}^{m_1} \left(\frac{s_r^-}{y_{r,i}} \right)} \right\}, \text{ s. t. } \begin{cases} x_{k,i} = \sum_j \lambda_j x_{k,j} + s_k^- \\ y_{r,i} = \sum_j \lambda_j y_{r,j} - s_r^+ \\ \lambda \geq 0, s_k^- \geq 0, s_r^+ \geq 0 \end{cases} \qquad (9-15)$$

在式（9-14）和式（9-15）中，P_i' 表示不考虑非期望产出时第 i 个城市的生产可能性合集，$TFP_{dea,i}$ 是基于 DEA-SBM 方法测度得到的第 i 个城市的工业全要素生产率。基于软件 MATLAB R2023a，结合 DEA-SBM 方法的自编程序，可以分别测度 2003～2019 年中国 280 个城市的工业全要素生产率及工业绿色全要素生产率，分别如图 9-2 子图（a）及子图（b）所示。本章还计算了基于 DEA-SBM 方法测度得到的城市工业绿色全要素生产率及城市工业全要素生产率之差，测度结果差值及其直方图分别如图 9-2 子图（c）和子图（d）所示。

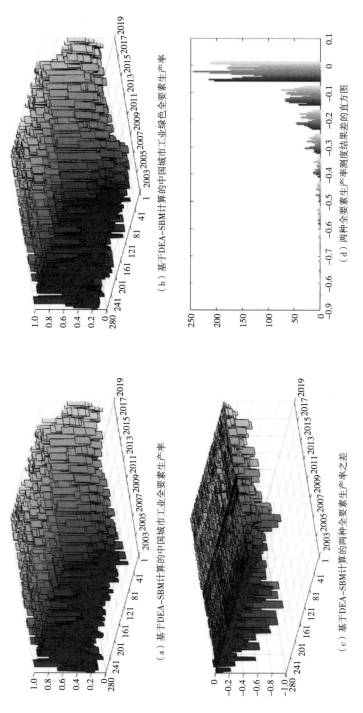

（a）基于DEA-SBM计算的中国城市工业全要素生产率

（b）基于DEA-SBM计算的中国城市工业绿色全要素生产率

（c）基于DEA-SBM计算的两种全要素生产率之差

（d）两种全要素生产率测度结果差的直方图

图 9-2 基于 DEA-SBM 计算的城市工业全要素生产率、绿色全要素生产率展示与比较

资料来源：作者基于软件 MATLAB R2023a 绘制。

第三节　基于不同方法的中国城市工业全要素
生产率测度结果比较

在基于贝叶斯随机前沿分析和 DEA-SBM 方法分别测度了中国城市工业全要素生产率及工业绿色全要素生产率后，接下来将重点对基于各种测度方法得到的全要素生产率做出比较，并以此阐释各类方法的适用性。鉴于基于嵌入面板时空地理加权回归模型的改进索洛余值法来测度绿色全要素生产率的理论与方法逻辑未得到充分延展，本章拟首先对基于嵌入不同模型的改进索洛余值法所得到的城市工业全要素生产率做出比较，如图 9-3 所示。

在图 9-3 中，子图（a）是基于嵌入通用嵌套空间模型的改进索洛余值法而测度的 2003~2019 年中国 280 个城市的工业全要素生产率；子图（b）是基于嵌入面板时空地理加权回归模型的改进索洛余值法而测度的中国城市工业全要素生产率；子图（a）和子图（b）分别是在空间计量全局分析和局部分析视角下结合改进索洛余值法对中国城市工业全要素生产率的测度，这两种测度结果之差如图 9-3 中子图（c）所示，其直方图如子图（d）所示。从图 9-3 中子图（d）的结论来看，在全局分析视角下基于改进索洛余值法对城市工业全要素生产率的测度结果并不一定比在局部视角下的测度结果更高，相比较而言，全局分析与局部分析的测度结果之差大致处于（-10，10）的区间。

本章还对基于改进索洛余值法、贝叶斯随机前沿分析、DEA-SBM 三种方法测度的中国城市工业全要素生产率及城市工业绿色全要素生产率结果做出了比较，如图 9-4 所示。在图 9-4 中，子图（a）和子图（b）分别是基于嵌入通用嵌套空间模型的改进索洛余值法而测度的中国城市工业全要素生产率及工业绿色全要素生产率；子图（c）和子图（d）分别是基于 DEA-SBM 测度的中国城市工业全要素生产率及工业绿色全要素生产率；子图（e）和子图（f）分别是基于贝叶斯随机前沿分析测度的中国城市工业全要素生产率及工业绿色全要素生产率。从图 9-4 中的纵坐标取值情况来

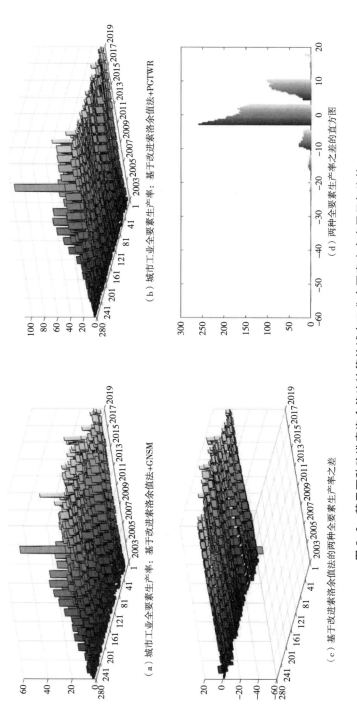

（a）城市工业全要素生产率：基于改进索洛余值法+GNSM

（b）城市工业全要素生产率：基于改进索洛余值法+PGTWR

（c）基于改进索洛余值法的两种全要素生产率之差

（d）两种全要素生产率展示与比较

图 9-3　基于两种改进索洛余值法计算的城市工业全要素生产率展示与比较

资料来源：作者基于软件 MATLAB R2023a 绘制。

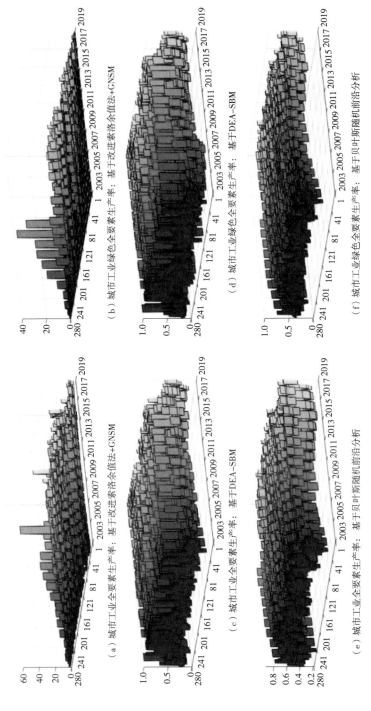

图 9-4 基于各种方法计算的城市工业全要素生产率与绿色全要素生产率

资料来源：作者基于软件 MATLAB R2023a 绘制。

看，基于改进索洛余值法测度的城市工业全要素生产率差异要大一些，基于 DEA-SBM 和贝叶斯随机前沿分析测度的全要素生产率的取值范围均在（0，1）区间。从基于不同方法测度的城市工业全要素生产率与绿色全要素生产率的比较来看，图 9-4 显示，基于改进索洛余值法所得到的测度结果的差异要大一些，而基于贝叶斯随机前沿分析和 DEA-SBM 所得到的测度结果的差异相对小一些。

为了进一步地对这些全要素生产率测度结果做出比较，本章结合威布尔分布对基于各种算法测度得出的全要素生产率进行了分布模拟，如图 9-5 所示。相比正态分布而言，威布尔分布更符合实际。从基于各种方法测度的全要素生产率的威布尔分布模拟结果来看，在基于改进索洛余值法来测度城市工业全要素生产率过程中，嵌入通用嵌套空间模型的全局分析与嵌入面板时空地理加权回归模型的局部分析的测度结果的累积概率密度近似，说明其测度结果的统计性质基本相似。从基于不同方法测度的城市工业全要素生产率与工业绿色全要素生产率的比较来看，在基于改进索洛余值法的测度中，城市工业全要素生产率远高于城市工业绿色全要素生产率，主要体现在城市工业全要素生产率的累积分布函数的分布位置相比城市工业绿色全要素生产率明显更右。同理，在基于贝叶斯的随机前沿分析中，城市工业全要素生产率与城市工业绿色全要素生产率的测度结果基本类似，体现城市在两种测度结果的累积分布函数分布位置的重叠上。而在基于 DEA-SBM 的分析中，城市工业全要素生产率略高于城市工业绿色全要素生产率，这种发展态势在两种生产效率测度值较小时更为明显。

本章还结合基本统计分析，对基于各种算法得到的全要素生产率进行了比较，结果如表 9-3 所示。从测度结果均值来看，基于改进索洛余值法的测度结果最高，基于贝叶斯随机前沿分析的测度结果次之，基于 DEA-SBM 的测度结果最小。同时，从城市工业全要素生产率与工业绿色全要素生产率的测度结果均值之差来看，基于改进索洛余值法的测度结果均值之差为 5.3132，远大于基于贝叶斯随机前沿分析和 DEA-SBM 的测度结果均值之差（分别为 0.0059 和 0.0781）。这说明从三类方法的测度结果来看，城市工业全要素生产率的测度结果一般要高于城市工业绿色全要素生产率的

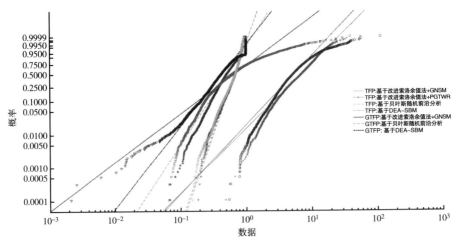

图9-5 基于各种方法计算的城市工业 TFP 与 GTFP 的分布模拟

资料来源：作者基于软件 MATLAB R2023a 绘制。

测度结果，这也说明从绝对值来看，基于改进索洛余值法得到的城市工业全要素生产率或绿色全要素生产率的取值范围更大一些。这种绝对差异也体现在四分位数差上，从表9-3列举的四分位数差来看，基于改进索洛余值法的测度结果差异最大，基于 DEA-SBM 的测度结果差异次之，基于贝叶斯随机前沿分析的测度结果差异最小。与测度结果的绝对差异相比而言，基于不同算法的中国城市工业全要素生产率测度结果的差异有所不同，这体现在变异系数上。从变异系数来看，基于贝叶斯随机前沿分析的测度结果相对差异最大，基于 DEA-SBM 的测度结果相对差异次之，基于改进索洛余值法的测度结果相对差异最小。事实上，基于改进索洛余值法、贝叶斯随机前沿分析和 DEA-SBM 来测度城市工业全要素生产率是在不同的思路和理念下完成的，实际测度中如果更关心测度结果取值范围更大且测度结果相对更为集中，建议选择改进索洛余值法，而如果关心测度结果取值范围较小且测度结果相对分散，则建议选择贝叶斯随机前沿分析。相对来说，基于 DEA-SBM 的测度结果的绝对差异和相对差异缺乏明显特征，且基于 DEA-SBM 的测度中缺乏对要素投入份额或非期望产出份额的有效分解，从而从方法逻辑上来看缺乏优势。

表 9-3 基于各种方法的中国城市工业全要素生产率测度结果的描述性统计性质

	城市工业全要素生产率			城市工业绿色全要素生产率		
	改进索洛余值法	贝叶斯随机前沿分析	DEA-SBM	改进索洛余值法	贝叶斯随机前沿分析	DEA-SBM
均值	6.3004	0.6687	0.5421	0.9872	0.6628	0.4640
中位数	5.2605	0.6961	0.5114	0.6260	0.6933	0.4308
最大值	110.5315	0.9285	1.0000	38.2525	0.9407	1.0000
最小值	0.5478	0.1877	0.0685	0.0663	0.1533	0.0021
标准差	4.7181	0.1365	0.2059	1.4340	0.1404	0.2250
偏度	5.17	−0.80	0.54	9.80	−0.81	0.76
峰度	69.07	3.21	2.75	175.77	3.15	3.27
J-B 统计量	886870.40	521.46	241.03	5996673	523.40	475.85
概率值	0.0000	0.0000	0.0000	0.0000	0.0000	0.0000
样本和	29989.87	3182.79	2580.62	4698.96	3155.05	2208.48
样本方差	105937.30	88.71	201.67	9786.73	93.84	241.01
观测值个数	4760	4760	4760	4760	4760	4760
变异系数	1.3354	4.8989	2.6328	0.6884	4.7208	2.0622
75%分位数	7.6173	0.7736	0.6629	1.0893	0.7698	0.5769
25%分位数	3.5989	0.5844	0.3928	0.3729	0.5768	0.3080
四分位数差	4.0184	0.1892	0.2701	0.7163	0.1931	0.2689

资料来源：主体数据依据 Eviews 13.0 软件计算；上、下四分位数及其差与变异系数基于 MATLAB R2023a 计算。

第四节 本章小结

本章基于贝叶斯随机前沿分析和 DEA-SBM 重新测度了 2003~2019 年中国 280 个城市的工业全要素生产率及工业绿色全要素生产率，在此基础上结合图示分析、经验分布模拟及统计分析等，对基于改进索洛余值法、贝叶斯随机前沿分析和 DEA-SBM 的测度结果进行了比较，得到了一些重要的研究结论。

（1）在基于贝叶斯随机前沿分析进行中国城市工业全要素生产率测度的过程中，在不考虑非期望产出的条件下，其通项式的最优模型为包含时变参数的柯布-道格拉斯生产函数模型；在考虑期望产出的条件下，其通项式最优模型为不包含时间变量或时变参数的柯布-道格拉斯生产函数模型；超越对数生产函数模型不是测度中国城市工业全要素生产率中通项式的最优模型。

（2）在基于 DEA-SBM 进行中国城市工业全要素生产率测度的过程中，不考虑非期望产出的城市工业全要素生产率高于考虑非期望产出的城市工业绿色全要素生产率。基于 DEA-SBM 来测度生产效率的最大优势在于不考虑投入因素或非期望产出因素的投入份额，这也是使用该方法的最大劣势。

（3）从基于改进索洛余值法、贝叶斯随机前沿分析与 DEA-SBM 方法测度中国城市工业全要素生产率的结果来看，基于改进索洛余值法的测度结果的取值范围更大但测度结果相对更为集中，基于贝叶斯随机前沿分析的测度结果的取值范围较小但测度结果相对差异更大。三种方法是基于不同理念和算法来测度全要素生产率的，在实际测度中可以根据研究者关注的焦点来进行选择和取舍。

第十章
主要结论、对策建议与研究展望

第一节　主要研究结论

本书在经济发展理论、工业化理论等基础理论的指导下，结合对全要素生产率、工业全要素生产率、时空计量分析模型等研究主题的文献综述，将时空计量分析嵌入索洛余值法中进行改进，并将改进后的算法应用于中国城市工业全要素生产率的测度，随后结合均值分析和核密度估计对中国城市工业全要素生产率的测度结果进行了解析。同时，本书在将外生时空权重矩阵调整为内生时空权重矩阵，以及将产出从仅包含期望产出调整至同时包含期望产出及非期望产出的条件下，基于全局测度方法的分析框架和逻辑，对中国城市工业全要素生产率进行了重新测度，并结合均值分析、核密度估计、空间基尼系数分析及空间收敛性分析，解析了中国城市工业全要素生产率的时空演变特征及规律。本书还基于数据包络分析、随机前沿分析等研究方法，对中国城市工业全要素生产率进行了测度，将之与基于改进的索洛余值法的测度结果进行比较分析，并在此基础上考察了三种全要素生产率测度方法的精准性和优劣势，主要研究结论如下。

（1）涉及经济发展的经典理论主要包括古典主义学派、结构主义学派、新古典主义学派、演化发展经济学派、新结构主义学派，各学派的核心观点和政策主张有所不同，其中：古典主义学派强调经济发展更需要重视要素投入；新古典主义学派强调在重视要素投入的基础上必须更加重视国内外市场尤其是国际市场的作用；演化发展经济学派强调经济发展过程是动态演化的，发展中国家在发展过程中需要强化对幼稚产业的保护；结构主义学派强调经济发展的源泉来自结构变迁和效率提升；新结构主义学派强调既要立足于要素禀赋，也要重视市场作用，还要调结构和充分发挥政府作用。相比较而言，新结构主义学派是一个不太成熟的学派，其理论政策主张并未完全成型。工业化发展有不同的阶段和模式，学界比较统一的阶段划分包括前工业化社会、工业化初期、工业化中期、工业化后期以及后工业化时期。主要的工业发展模式包括以企业-市场驱动的英国模式、以政府-市场双驱动的德国模式、以法治-公司双驱动的美国模式、以重工业驱动的苏联模式、以进口替代为主的拉美模式、以出口导向为主的东亚模式等。工业发展的驱动力有所不同，既包括资本、劳动等基本的投入要素，也包括技术、创新、制度安排等新的投入要素，还包括基础设施建设、城市化以及贸易发展等。本书重点探讨了 2003～2019 年中国城市工业全要素生产率的测度方法和应用问题，这是在古典主义学派和结构主义学派的经济发展理论指导下，对中国工业化后期城市层面的工业发展效率研究的一个有效尝试，研究结论可以为后工业化时期中国城市层面工业效率的提升提供理论参考和政策借鉴。

（2）经济发展的一个重要指标在于经济发展效率，全要素生产率是测度经济发展效率的一个十分重要的指标。测度全要素生产率的方法有很多，主要可以分为增长会计核算法、非参数核算法和参数核算法三类，其中增长会计核算法强调基于会计方法或统计指数方法等来考察要素的投入产出比率，非参数核算法强调考察生产前沿面与实际生产能力之间的相对偏差，参数核算法则强调对表征投入产出之间关系的经验生产函数进行科学的估计。工业全要素生产率是全要素生产率在工业产业维度的衍生，其测度方法与全要素生产率的测度方法基本一致。相对而言，近期研究中采用代数指数法来测度工业全要素生产率的做法并不多见，目前流行的做法主要包括三种：一是采取数据包络分析，二是采取随机前沿分析，三是采取基于索洛余值理念的生产函数估计方法。单从基于索洛余值理念的生产函数估计方法这条主线来看，近期的理论进展包括更为一般化的生产函数延展、更为精细化的模型变量及替代指标处理、纳入面板数据时对个体效应的单独处理、经验生产函数模型估计中的估计方法改进等。尽管通过基于索洛余值理念的生产函数估计方法来进行全要素生产率测度的研究很多也很丰富，但其存在两个主要的缺陷：一个是缺乏对空间溢出效应的考虑，导致经验生产函数模型设定偏误，从而导致结果不够准确；二是少有研究将全要素生产率的测度延展和深化到城市工业层面。这是本书着力解决的重点问题，也是本书的边际贡献和主要价值所在。

（3）空间计量经济学是现代经济学研究中的一种主流方法。现代空间计量模型包括空间滤波模型、全局模型和局部模型三类主要的模型，其中基于全局模型和局部模型的分析是主要的空间计量分析范式。从本质上来看，空间计量全局分析和局部分析是两种不同的分析范式，且各有优劣。全局模型强调在分析中一次性纳入所有截面个体和时期上的样本数据，这种分析范式将导致样本数据中存在很多无效信息，但其模型形式众多，也能相对全面地考虑被解释变量、解释变量和随机扰动项的空间溢出效应；局部模型强调在分析中根据不同的时空维度的局部点，纳入在时间或空间上真正产生有效影响的局部点形成样本集，从而能够有效地分析时空维度的溢出效应和异质性。在基于索洛余值理念的生产函数估计方法中，嵌入空间计量全局模型或局部模型来创新全要素生产率的核算方法，并延展到中国城市工业产业层面，可以有效地解决基于索洛余值理念的生产函数估计方法的两个缺陷，从而推动相关理论和研究方法的发展。

（4）时空计量模型是专门针对面板数据的空间计量模型。在基于索洛余值法的生产函数估计方法中嵌入时空计量全局模型后，需要根据模型的数据生成过程来考察城市工业全要素生产率的测度问题，这需要在时空权重矩阵的外生设定基础上采用科学适当的时空计量模型估计技术。在确定需要嵌入的最优时空计量全局模型后，容易根据其数据生成过程来计算城市工业全要素生产率及其增长率，其算法逻辑与传统的索洛余值法理念一致。在基于索洛余值法的生产函数估计方法中嵌入时空计量局部模型后，需要结合一定的统计准则来遴选最优的空间带宽和时间带宽，以此确定单个局部点分析中应该纳入的有效的局部点集合，这需要建立在基于全息映射的时空权重矩阵基础上并采用加权最小二乘法进行估计。在确定各个局部点的样本集后，容易根据其参数估计结果计算城市工业全要素生产率及其增长率，其算法逻辑与传统的索洛余值法理念一致。无论是基于最优全局模型还是基于局部点样本集的估计结果来测度城市工业全要素生产率，都是基于产出与投入要素及其份额的比值来计算，而对全要素生产率增长率则是基于产出增长率减去投入要素增长率及其份额的乘积来计算。

（5）本书采取嵌入时空计量分析的改进索洛余值法，对 2003～2019 年中国城市层面的工业全要素生产率及其增长率进行了测度。其中，城市总数为 280 个，包括 265 个地级市和 15 个副省级城市；工业产出采取了工业总产值和工业增加值两种视角，分别以城市规模以上工业总产值、城市工业增加值指标替代；工业投入指标包括人口、资本和能源三个方面，其中人口以工业就业人数替代，资本以按照永续盘存法计算的工业资本存量替代，能源用工业用电替代。在中国城市工业全要素生产率的全局测度中，本书使用的是外生时空权重矩阵，在此基础上采用了工业总产值和增加值两种产出视角、八种空间计量模型和四种模型效应来试算中国城市工业发展的经验生产函数，最后分别选用了个体固定效应的空间杜宾模型和混合效应的空间自回归模型作为两种产出视角下经验生产函数的最优模型。在中国城市工业全要素生产率的局部测度中，本书使用的是基于全息映射的内生时空权重矩阵，先按照 GWR4.0 软件确定最优空间带宽，随后在固定空间带宽的情况下结合 MATLAB 自编程序确定最优时间带宽，在此基础上按照最优空间带宽为 46、最优时间带宽为 17 来估计各个局部点的经验生产函数模型。

（6）在运用嵌入时空计量分析的改进索洛余值法分别测度了工业总产值、工业增加值视角下的中国城市工业全要素生产率及其增长率后，本书通过测度结果图示的直观比较以及两种产值视角下的估计结果稳健性等方法考察了两种改进方法在测度中国城市工业全要素生产率时的精度，结果显示局部测度方法，即嵌入面板时空地理加权回归模型的改进索洛余值法的测度结果更为优良。从 2003～2019 年中国城市工业全要素生产率的测度结果来看，在工业总产值视角下测度得到的城市工业全要素生产率高于在工业增加值视角下的测度结果，其总体特征呈现"先升后降再缓慢回升"的发展态势；中国城市工业全要素生产率降低的时间节点在 2009 年前后，其主要原因在于受 2008～2009 年世界范围内经济危机的影响；2015 年后，中国城市工业全要素生产率从总体上看开始缓慢回升，但不同地区不同经济板块的发展态势有所区别。从东中西部及东北地区经济板块的发展态势来看，东部地区的发展态势要好一些，东北地区的发展态势较差且衰落趋势明显，中西部地区介于东部和东北地区之间且发展差异并不特别明显。从南北方地区的发展态势来看，其城市全要素生产率的平均水平高于北方地区。

（7）在中国城市工业全要素生产率测度中，时空权重矩阵的设计可以按照内生方式进行设定，其本质在于通过不考虑空间溢出效应的经验生产函数模型估计得到的残差来计算 Moran 指数，并基于 Moran 指数比确定内生时间权重矩阵和内生时空权重矩阵。在内生时空权重矩阵条件下，中国城市工业部门经验生产函数模型的最优模型为双固定效应空间 X 滞后模型。基于这一最优模型，可以完成中国城市工业全要素生产率测度，其测度结果有如下三个方面的特征。第一，中国城市工业全要素生产率呈现明显的空间分异特征，东部地区城市的工业全要素生产率相对较高，东北地区相对较低，中部地区和西部地区波动较大；第二，从核密度估计结果来看，中国城市工业全要素生产率的分布规律性呈现整体先右移再左移、峰值处核密度不断下降、分布幅度先拓宽再收窄、拖尾不断延展等特征；第三，从空间基尼系数的分析结果来看，中国城市工业全要素生产率呈现明显的空间差异，其差异水平呈现先下降后上升的总体发展态势，其中区域内差异贡献相对较低，区域间差异贡献及超变密度差异贡献相对较高。

（8）考虑非期望产出的全要素生产率即为绿色全要素生产率。沿袭嵌入时空计量分析的改进索洛余值法的分析思路和建模框架，可以建立绿色全要素生产率测度的改进索洛余值法，其本质在于设定期望产出与非期望产出的份额构成总和为 1，并将非期望产出作为一种投入要素进行考察。基于考虑非期望产出和嵌入时空计量分析的改进索洛余值法，可以对中国城市工业绿色全要素生产率进行重新测度，其测度结果有如下四个方面的特征。第一，从工业绿色全要素生产率测度结果分析来看，水平较高的城市包括黄山市、防城港市、三亚市等，水平较低的城市包括晋城市、大同市、太原市等。第二，从测度结果的敏感性分析来看，人均投入要素以及产均非期望产出等将会对测度结果的优良性质产生显著影响。第三，从空间基尼系数的分析来看，中国城市工业绿色全要素生产率存在较大的空间差异，其空间基尼系数水平大约处于 0.4~0.5 的区间。相比较而言，区域内和区域间差异贡献基本近似，超变密度差异贡献相对更高一些。第四，从空间收敛性的分析来看，中国城市工业绿色全要素生产率呈现较为明显的 σ 收敛，主要的收敛态势体现在 2011 年后以及西部地区城市中。相比较而言，中国城市工业绿色全要素生产率的绝对 β 收敛并不特别明显，这种不明显的发展态势既体现在时间序列上，也体现在区域经济板块上。

（9）在测度中国城市工业全要素生产率过程中，可以采用贝叶斯随机前沿分析或 DEA-SBM 方法，其中采用贝叶斯随机前沿分析测度中国城市工业全要素生产率或工业绿色全要素生产率时的最优通项式分别为包含时变参数的柯布-道格拉斯生产函数模型以及不包含时间变量或时变参数的柯布-道格拉斯生产函数模型；采用 DEA-SBM 方法来测度中国城市工业全要素生产率时无须考虑投入要素或非期望产出因素的投入份额即可依据标准化程序进行测度。从三类方法的比较来看，基于改进索洛余值法的测度结果的取值范围更大，但测度结果相对更为集中；基于贝叶斯随机前沿分析的测度结果取值范围较小，但测度结果相对差异更大；基于 DEA-SBM 方法的测度过程更为简单，但无法确定投入要素或非期望产出的份额。

第二节　简要的对策建议

基于前述研究结论，本书建议从以下三个方面着手，促进中国城市工业全要素生产率有效提升。

（1）进一步优化要素配置，提升要素配置效率。一是更加注重人力资源的有效开发。强化高校、科研机构及企业对创新人才培养的投入力度，强化职业技能培训，培养大量具有创新意识和创新能力、符合工业经济发展需要的专业技能人才，提升人员素质，优化人力资源配置。二是进一步提高资本配置效率。积极引导工业投资向战略性新兴产业和先进制造业转移，花大力气重点解决工业领域中低端环节的过剩产能，推动工业产业链快速升级，提高工业资本效率。三是进一步完善要素市场，促进资本、劳动等生产要素自由流动，尽可能降低要素错配对城市工业全要素生产率造成的减损。制定更加科学合理的地方政绩考核体系和考核标准，从根本上破解地方保护主义和市场分割的源头问题；进一步推进信贷市场改革，降低工业企业获取资金的门槛和难度，从根本上打破信贷歧视及其他金融壁垒；加快构建常住人口登记制度，加快构建基于常住人口的住房、教育、医疗、养老等制度体系，消除劳动力自由流动障碍。

（2）全面落实创新驱动发展战略，进一步营造城市工业全要素生产率提升的良好环境。一是推动制度创新。强化政府职能改革，深入推进"放管服"改革，进一步推进行政审批改革和商事制度改革，在确保市场竞争有效的基础上给予工业企业更大的自主权，完善工业企业退出机制。二是深化科技创新。强化自主创新，重点促进工业信息技术、智能制造技术、现代装备制造技术、高效生物技术发展。三是加快产业创新。进一步推进工业领域供给侧结构性改革，重点落实工业新发展阶段"提质增效"要求，做到推动传统工业转型升级与培育工业发展新引擎相结合，着力推动"互联网+工业"计划，加快数字制造、人工智能等新业态、新动能培育步伐。四是促成技术创新。充分利用工业机器人、云计算、大数据、移动互联网、物联网等新一代技术，促成工业行业发展与新一代技术全方位、多维度、多元化的融合，确保新技术成为中国城市工业全要素生产率提升的重要推动力。

（3）强化区域工业协同合作，促进城市工业全要素生产率全面提升。一是加强对城市工业发展阶段和工业全要素生产率发展水平的综合研判，制定精准匹配、行之有效的工业发展科学策略，避免过早地采用"去工业化"策略。二是强化城市工业协同建设和示范推广。强化对城市工业发展资源的整合，以毗邻地区、产业链毗邻节点等为依托，开展协同建设；积极构建区域工业资源共享平台，实现资源、要素、数据等的共享共用；推动工业产业协同发展园区打造，以点带面，促成协同发展成果快速推广；积极搭建区域工业一体化服务平台，统筹推进区域工业服务一体化发展步伐。三是强化对中国东中西部和东北地区以及中国南北方城市工业发展水平的综合评价与对工业全要素生产率时空演变规律的动态跟踪，充分结合中国北方及中西部地区城市工业发展基础和禀赋条件，建立"东西互补、南北共济"的工业产业转移与承接发展新机制。

第三节　本书研究的不足之处与研究展望

本书基于嵌入时空计量分析的改进索洛余值法，对中国城市工业全要素生产率进行了测度和比较分析，从全书的方法逻辑和全要素生产率的测度过程来看，可能存在以下三个方面的不足。

（1）方法创新过程可能存在不足。在嵌入时空计量局部模型的索洛余值法改进过程中，在基于最优时间带宽和最优空间带宽确定各个局部点的样本集后，本书采用的是非空间模型和加权最小二乘法来设定和估计局部点的经验生产函数模型，这种处理过程实际上放弃了样本集内所有局部点之间的空间溢出效应，所以是否在局部点经验生产函数模型设计中加入被解释变量、解释变量和随机扰动项的空间溢出效应项，并理顺建模的理论和方法逻辑是摆在本书研究面前的另外一个问题。

（2）数据质量和精度及研究范畴可能存在不足。在中国城市工业全要素生产率的测度数据处理过程中，本书对工业产出和投入数据进行了指标替代，这些替代指标数据并不完整，部分数据存在较多的缺漏值，尽管本书采取了加权移动平均方法来对数据进行插值，但这种插值结果可能与真实数据有一定偏差，这将导致测度结果产生偏差。同时，中国城市工业层面的统计数据相对较少，从而未能对中国城市工业全要素生产率的测度结果进行影响因素分解，这在一定程度上导致研究范畴较窄。

（3）测度细节处理可能存在不足。在基于调整后的时空权重矩阵和全局方法来测度中国城市工业全要素生产率的过程中，时空权重矩阵基于内生时间权重矩阵与基于经纬度距离的空间权重矩阵的克罗内克积而设定，但在时空计量全局模型构建过程中，空间权重矩阵的设定还包括基于空间近邻关系、基于通勤距离和基于经济社会规模等形式，在空间权重矩阵的设定形式改变后，分析结果会不会有所变化？或者更直接地说，空间权重矩阵的设定形式改变会否导致采用全局测度的结果更优？这些问题暂未得到考证。在中国城市工业全要素生产率测度中，还有一个比较明显的问题是，采用局部方法时部分局部点经验生产函数估计中解释变量参数不显著，这将导致城市工业全要素生产率的测度结果精度受到较大影响。

　　鉴于本书研究中可能存在的三个方面的不足之处，未来对这一问题的研究可以围绕以下几个方面推进。第一，纳入更加多元的、多维度的内生时空权重矩阵设计方式，并在局部模型中纳入被解释变量、解释变量和随机扰动项的空间溢出效应项，基于此来探讨城市工业全要素生产率测度方法的创新和改进问题。第二，寻求更为精细、质量更高、维度更全的中国城市工业发展数据，来实现对中国城市工业全要素生产率及其增长率进一步的科学考察，同时，在此基础上展开对城市工业全要素生产率的主要影响因素和影响机制的科学考察，以拓展相关领域的研究范畴。第三，探究在面板时空地理加权回归模型中如何纳入多元的空间权重矩阵元素设计方式，在此基础上创新城市工业全要素生产率的局部测度方法，由此实现与纳入更广泛外生空间权重矩阵设定方式的全局测度结果的有效对比。同时，考察在局部测度中纳入多元空间权重矩阵设计方式后是否会导致局部点参数估计结果显著性提升的问题。这些问题的解决有赖于学界同行的持续关注及后续研究的持续推进。

参考文献

[1] Abramovitz, M., 1956. "Resource and output trends in the United States since 1870." *American Economic Review*, 46（2）: 5-23.

[2] Ackerberg, D., Benkard, C.L., Berry, S., et al., 2007. "Econometric tools for analyzing market outcomes." In *Handbook of Econometrics*, edited by Heckman, J.J., Leamer, E.E. Amsterdam: Elsevier.

[3] Arbia, G., 2014. "Pairwise likelihood inference for spatial regressions estimated on very large datasets." *Spatial Statistics*, 7: 21-39.

[4] Atkinson, P.M., German, S.E., Sear, D.A., 2003. "Exploring the relations between riverbank erosion and geomorphological controls using geographically weighted logistic regression." *Geographical Analysis*, 35（1）: 58-82.

[5] Bárcena, M.J., Menéndz, P., Palacios, M.B., et al., 2014. "Alleviating the effect of collinearity in geographically weighted regression." *Journal of Geographical Systems*, 16: 441-466.

[6] Barilla, D., Carlucci, F., Cirà, A., et al., 2020, "Total factor logistics productivity: A spatial approach to the Italian regions." *Transportation Research Part A: Policy and Practice*, 136: 205-222.

[7] Battese, G.E., Rao, D.S.P., O'Donnell, C.J., 2004. "A meta-frontier production function for estimation of technical efficiencies and technology gaps for firms operating under different technologies." *Journal of Productivity Analysis*, 21: 91-103.

[8] Beenstock, M., Felsenstein, D., 2007. "Spatial vector autoregressions." *Spatial Economic Analysis*, 2（2）: 167-196.

［9］ Bell, D. , 1973. *The Coming of Post-industrial Society: A Venture in Social Forecasting.* New York: Basic Books Press.

［10］ Bhattacharjee, A. , Jensen-Butler, C. , 2013. "Estimation of the spatial weights matrix under structural constraints. " *Regional Science and Urban Economics*, 43 (4): 617-634.

［11］ Bidanset, P. , Mccord, M. , Lombard, J. , 2018. " Accounting for locational, temporal, and physical similarity of residential sales in mass appraisal modeling: Introducing the development and application of geographically, temporally, and characteristically weighted regression. " *Journal of Property Tax Assessment & Administration*, 14 (2): 4-12.

［12］ Bloch, H. , Tang, S. , 2007. "The effects of exports, technical change and markup on total factor productivity growth: Evidence from Singapore's electronics industry. " *Economics Letters*, 96 (1): 58-63.

［13］ Blundell, R. , Bond, S. , 1998. "Initial conditions and moment restrictions in dynamic panel data models. " *Journal of Econometrics*, 87 (1): 115-143.

［14］ Brunsdon, C. , Fotheringham, A. S. , Charlton, M. , 2007. "Geographically weighted discriminant analysis. " *Geographical Analysis*, 29: 376-396.

［15］ Brunsdon, C. , Fotheringham, A. S. , Charlton, M. , 1999. "Some notes on parametric significance tests for geographically weighted regression. " *Journal of Regional Science*, 39 (3): 497-524.

［16］ Bursztyn, L. , Ederer, F. , Ferman, B. , 2014. "Understanding mechanisms underlying peer effects: Evidence from a field experiment on financial decisions. " *Econometrica*, 82 (4): 1273-1301.

［17］ Byrne,G. , Charlton, M. , Fotheringham, A. S. , 2009. "Multiple dependent hypothesis tests in geographically weighted regression. " *Giscience & Remote Sensing*, 45 (2): 131-148.

［18］ Cassette, A. , Porto, E. D. , Foremny, D. , 2012. " Strategic fiscal interaction across borders: Evidence from french and german local governments along the Rhine valley. " *Journal of Urban Economics*, 72 (1): 17-30.

[19] Caves, D. W., Christensen, L. R., Diewert, W. E., 1982. "Multilateral comparisons of output, input, and productivity using superlative index numbers." *The Economic Journal*, 92 (365): 73-86.

[20] Caves, D. W., Christensen, L. R., Diewert, W., 1982. "The economic theory of index numbers and the measurement of input, output, and productivity." *Econometrica*, 50 (6): 1393-1414.

[21] Chambers, R., Fare, R., Grosskopf, S., 1996. "Productivity growth in APEC country." *Pacific Economic Review*, 1 (3): 181-190.

[22] Chang, C. L., Robin, S., 2008. "Public policy, innovation and total factor productivity: An application to Taiwan's manufacturing industry. " *Mathematics and Computers in Simulation*, 79 (3): 352-367.

[23] Chang, T., Hu, J., Chou, R., et al., 2012. "The sources of bank productivity growth in China during 2002-2009: A disaggregation view. " *Journal of Banking & Finance*, 36 (7): 1997-2006.

[24] Charnes, A., Cooper, W. W., Rhodes, E., 1978. "Measuring the efficiency of decision making units." *European Journal of Operational Research*, 2 (6): 429-444.

[25] Chen, F., Mei, C., 2021. "Scale-adaptive estimation of mixed geographically weighted regression models. " *Economic Modelling*, 94: 737-747.

[26] Chen, V, Y., Deng, W., Yang, T., 2012. "Geographically weighted quantile regression (GWQR): An application to U. S. mortality data. " *Geographical Analysis*, 44: 134-150.

[27] Chenery, H. B., Sherman, R., Moshe, S., 1986. *Industrialization and Growth: A Comparative Study*. New York: Oxford University Press.

[28] Cheng, Z., Jin, W., 2022. "Agglomeration economy and the growth of green total-factor productivity in Chinese industry. " *Socio-Economic*

Planning Sciences, 83: 101003.

[29] Cho, S., Lambert, D. M., Chen, Z., 2010. "Geographically weighted regression bandwidth selection and spatial autocorrelation: An empirical example using Chinese agriculture data." *Applied Economics Letters*, 17 (8): 767-772.

[30] Cleveland, W. S., Devlin, S. J., 1988. "Locally weighted regression: An approach to regression analysis by local fitting." *Journal of the American Statistical Association*, 83 (403): 596-610.

[31] Comber, A., Harris, P., 2018. "Geographically weighted elastic net logistic regression." *Journal of Geographical Systems*, 20: 317-341.

[32] Dagum, C., 1997. "A new approach to the decomposition of the Gini income inequality ratio." *Empirical Economics*, 22: 515-531.

[33] Du, Z., Wu, S., Zhang, F., et al., 2018. "Extending geographically and temporally weighted regression to account for both spatiotemporal heterogeneity and seasonal variations in coastal seas." *Ecological Informatics*, 43: 185-199.

[34] Elhorst, J., 2014. *Spatial Econometrics: From Cross-sectional Data to Spatial Panels*. Dordrecht, Netherlands: Springer.

[35] Fang, C., Cheng, J., Zhu, Y., et al., 2021. "Green total factor productivity of extractive industries in China: An explanation from technology heterogeneity." *Resources Policy*, 70: 101933.

[36] Farber, S., Páez, A., 2007. "A systematic investigation of cross-validation in GWR model estimation: Empirical analysis and Monte Carlo simulations." *Journal of Geographical Systems*, 9 (4): 371-396.

[37] Färe, R., Grosskopf, S., Norris, M., et al., 1994. "Productivity growth, technical progress, and efficiency change in industrialized countries." *The American Economic Review*, 84 (1): 66-83.

[38] Farrell, M. J., 1957. "The measurement of productive efficiency." *Journal of the Royal Statistical Society, Series A (General)*, 120 (3):

253-290.

[39] Fingleton, B., Palombi, S., 2013. "Spatial panel data estimation, counter factual predictions, and local economic resilience among british towns in the Victorian era. " *Regional Science and Urban Economics*, 43 (4): 649-660.

[40] Fotheringham, A. S., Crespo, R., Yao, J., 2015. "Geographical and temporal weighted regression (GTWR)." *Geographical Analysis*, 47: 431-452.

[41] Fotheringham, A. S., Brunsdon, C., Charlton, M., 2002. *Geographically Weighted Regression: The Analysis of Spatially Varying Relationships*. Hoboken: Wiley.

[42] Fotheringham, A. S., Yang, W., Kang, W., 2017. "Multiscale geographically weighted regression (MGWR). " *Annals of American Association of Geographers*, 107 (6): 1247-1265.

[43] Fotheringham, A. S., Oshan, T. M., 2016. "Geographically weighted regression and multicollinearity: Dispelling the myth. " *Journal of Geographical Systems*, 18 (4): 303-329.

[44] Georganta, Z., 1997. "The effect of a free market price mechanism on total factor productivity: The case of the agricultural crop industry in Greece. " *International Journal of Production Economics*, 52 (1-2): 55-71.

[45] Ghebremichaela, A., Potter-Witter, K., 2009. "Effects of tax incentives on long-run capital formation and total factor productivity growth in the Canadian sawmilling industry. " *Forest Policy and Economics*, 11 (2): 85-94.

[46] Glass, A. J., Kenjegalieva, K., 2019. "A spatial productivity index in the presence of efficiency spillovers: Evidence for U. S. banks, 1992-2015. " *European Journal of Operational Research*, 273 (3): 1165-1179.

[47] Harris, P., Fotheringham, A. S., Juggins, S., 2010. " Robust Geographically weighted regression: A technique for quantifying spatial relationships between freshwater acidification critical loads and catchment

attributes." *Annals of the Association of American Geographers*, 100 (2): 286–306.

[48] Harris, R., Dong, G., Zhang, W., 2013. "Using contextualized geographically weighted regression to model the spatial heterogeneity of land prices in Beijing, China." *Transactions in GIS*, 17 (6): 901–919.

[49] Hastings, W. K., 1970. "Monte Carlo sampling methods using Markov chains and their applications." *Biometrika*, 57, 97–109.

[50] Hsiao, C., 2003. *Analysis of Panel Data*. Cambridge: Cambridge University Press.

[51] Hu, J., Liu, F., You, J., 2014. "Panel data partially linear model with fixed effects, spatial autoregressive error components and unspecified intertemporal correlation." *Journal of Multivariate Analysis*, 130: 64–89.

[52] Huang, B., Wu, B., Barry, M., 2010. "Geographically and temporally weighted regression for modeling spatio-temporal variation in house prices." *International Journal of Geographical Information Science*, 24 (3): 383–401.

[53] Huang, X., Feng, C., Qin, J., et al., 2022. "Measuring China's agricultural green total factor productivity and its drivers during 1998–2019." *Science of the Total Environment*, 829: 154477.

[54] Imran, M., Stein, A., Zurita-Milla, R., 2015. "Using geographically weighted regression kriging for crop yield mapping in West Africa." *International Journal of Geographical Information Science*, 29 (2): 1–24.

[55] Jin, G., Shen, K., Li, J., 2020. "Interjurisdiction political competition and green total factor productivity in China: An inverted-U relationship." *China Economic Review*, 61: 101224.

[56] Jorgenson, D. W., Gollop, F. M., Fraumeni, B. M., 1987. *Productivity and U. S. Economic Growth*. Cambridge: Harvard University Press.

[57] Kang, D., Dall'erba, S., 2016. "Exploring the spatially varying innovation capacity of the US counties in the framework of Griliches' knowledge production function: A mixed GWR approach." *Journal of Geographical*

Systems, 18（2）: 125-157.

[58] Kato, T., 2013. "A comparison of spatial error models through Monte Carlo experiments." *Economic Modeling*, 30: 743-753.

[59] Khanna, R., Sharma, C., 2021. "Does infrastructure stimulate total factor productivity? A dynamic heterogeneous panel analysis for Indian manufacturing industries." *The Quarterly Review of Economics and Finance*, 79: 59-73.

[60] Kumbhakar, S. C., Lovell, C. A. K., 2000. *Stochastic Frontier Analysis*. Cambridge: Cambridge University Press.

[61] Kumbhakar, S., Denny, M., Fuss, M., 2000. "Estimation and decomposition of productivity change when production is not efficient: A panel data approach." *Econometric Reviews*, 19（4）: 312-320.

[62] Kuznets, S., 1955. "Economic growth and income inequality." *American Economic Review*, 45（1）: 1-28.

[63] Lee, L., Liu, X., Lin, X., 2010. "Specification and estimation of social interaction models with network structures." *The Econometrics Journal*, 13（2）: 145-176.

[64] Leong, Y., Yue, J. C., 2017. "A modification to geographically weighted regression." *International Journal of Health Geographics*, 16: 11.

[65] LeSage, J. P., Pace, R. K., 2009. *Introduction to Spatial Econometrics*. New York: CRC Press Taylor & Francis Group.

[66] Leung, Y., Mei, C., Zhang, W., 2000. "Statistical tests for spatial nonstationary based on the geographically weighted regression model." *Environment and Planning A*, 32（1）: 9-32.

[67] Levinsohn, J., Petrin, A., 2003. "Estimating production functions using inputs to control for unobservables." *Review of Economic Studies*, 70（2）: 317-341.

[68] Li, W., Wang, W., Wang, Y., et al., 2018. "Historical growth in total factor carbon productivity of the Chinese industry: A comprehensive

analysis." *Journal of Cleaner Production*, 170: 471-485.

[69] Lin, B., Xu, M., 2019. "Exploring the green total factor productivity of China's metallurgical industry under carbon tax: A perspective on factor substitution." *Journal of Cleaner Production*, 233: 1322-1333.

[70] Liu, S., Lei, P., Li, X., et al., 2022. "A non-separable undesirable output modified three-stage data envelopment analysis application for evaluation of agricultural green total factor productivity in China." *Science of the Total Environment*, 838 (1): 155947.

[71] Lu, B., Charlton, M., Brunsdon, C., et al., 2016. "The Minkowski approach for choosing the distance metric in geographically weighted regression." *International Journal of Geographical Information Science*, 30 (2): 351-368.

[72] Makieła, K., 2014. "Bayesian stochastic frontier analysis of economic growth and productivity change in the EU, USA, Japan and Switzerland." *Central European Journal of Economic Modelling and Econometrics*, 6 (3): 193-216.

[73] Makiela, K., Ouattara, B., 2018. "Foreign direct investment and economic growth: Exploring the transmission channels." *Economic Modelling*, 72: 296-305.

[74] Malmquist, S., 1953. "Index numbers and indifference surfaces." *Trabajos de Estadistica*, 4 (2): 209-242.

[75] Marrocu, E., Paci, R., 2013. "Different tourists to different destinations: Evidence from spatial interaction models." *Tourism Management*, 39: 71-83.

[76] Mei, C., Xu, M., Wang, N., 2016. "A bootstrap test for constant coefficients in geographically weighted regression models." *International Journal of Geographical Information Science*, 30 (8): 1622-1643.

[77] Mei, C., He, S., Fang, K., 2004. "A note on the mixed geographically weighted regression model." *Journal of Regional Science*, 44 (1): 143-157.

[78] Mur, J., Angulo, A., 2009. "Model selection strategies in a spatial

setting: Some additional results." *Regional Science and Urban Economics*, 39 (2): 200-213.

[79] Murakami, D., "Tsutsumi, M., 2015. "Area-to-point parameter estimation with geographically weighted regression." *Journal of Geographical System*, 17: 207-225.

[80] Nadiri, M., Prucha, I., 1990. "Dynamic factor demand models, productivity measurement, and rates of return: Theory and an empirical application to the US Bell System." *Structural Change and Economic Dynamics*, 1 (2): 263-289.

[81] Nakaya, T., 2001. "Local spatial interaction modelling based on the geographically weighted regression approach." *Geo Journal*, 53: 347-358.

[82] Nakaya, T., Fotheringham, A.S., Brunsdon, C., et al., 2005. "Geographically weighted poisson regression for disease association mapping." *Statistics in Medicine*, 24: 2695-2717.

[83] Oh, D., Heshmati, A., Lööf, H., 2014. "Total factor productivity of Korean manufacturing industries: Comparison of competing models with firm-level data." *Japan and the World Economy*, 30: 25-36.

[84] Olley, G.S., Pakes, A., 1996. "The dynamics of productivity in the telecommunications equipment industry." *Econometrica*, 64 (6): 1263-1297.

[85] Paelinck, J., Klaassen, L., 1979. *Spatial Econometrics*. Farnborough: Saxon House.

[86] Qu, X., Lee, L., 2015. "Estimating a spatial autoregressive model with an endogenous spatial weight matrix." *Journal of Econometrics*, 184 (2): 209-232.

[87] Reinert, E.S., 2008. *How Rich Countries Got Rich and Why Poor Countries Stay Poor*. New York: Public Affairs.

[88] Rodriguesa, E., Assuncão, R., Dey, D.K., 2014. "A closer look at the spatial exponential matrix specification." *Spatial Statistics*, 9: 109-

121.

[89] Romano, E., Mateu, J., Butzbach, O., 2020. "Heteroskedastic geograp-
hically weighted regression model for functional data." *Spatial Statistics*, 38:
100444.

[90] Rostow, W. W., 1960. *The Stages of Economic Growth: A Non-communist
Manifesto*. Cambridge: Cambridge University Press.

[91] Shariat-Mohaymany, A., Shahri, M., Mirbagheri, B., 2015. "Exploring
spatial non-stationarity and varying relationships between crash data and
related factors using geographically weighted poisson regression."
Transactions in Gis, 19 (2): 321-337.

[92] Shen, N., Liao, H., Deng, R., et al., 2019. "Different types of environ-
mental regulations and the heterogeneous influence on the environmental
total factor productivity: Empirical analysis of China's industry." *Journal of
Cleaner Production*, 211: 171-184.

[93] Shi, H., Zhang, L., Liu, J., 2006. "A new spatial-attribute weighting
function for geographically weighted regression." *Canadian Journal of Forest
Research*, 36 (4): 996-1005.

[94] Shoesmith, G. L., 2013. "Space-time autoregressive models and forecasting
national, regional and state crime rates." *International Journal of Forecasting*,
29 (1): 191-201.

[95] Silva, A. R. D., Fotheringham, A. S., 2016. "The multiple testing issue in
geographically weighted regression." *Geographical Analysis*, 48 (3): 233-
247.

[96] Solow, R. M., 1957. "Technical change and the aggregate production
function." *The Review of Economics and Statistics*, 39 (3): 312-320.

[97] Song, Y., Zhang, B., Wang, J., et al., 2022. "The impact of climate
change on China's agricultural green total factor productivity." *Technological
Forecasting and Social Change*, 185: 122054.

[98] Takagi, D., Ikeda, K., Kawachi, I., 2012. "Neighborhood social capital

and crime victimization: Comparison of spatial regression analysis and hierarchical regression analysis. " *Social Science & Medicine*, 75 (10): 1895-1902.

[99] Tasyurek, M., Celik, M., 2020. "RNN-GWR: A geographically weighted regression approach for frequently updated data. " *Neurocomputing*, 399: 258-270.

[100] Theil, H., 1965. "The information approach to demand analysis. " *Econometrica*, 33 (1): 67-87.

[101] Tian, Y., Feng, C., 2022. "The internal-structural effects of different types of environmental regulations on China's green total-factor productivity. " *Energy Economics*, 113: 106246.

[102] Tientao, A., Legros, D., Pichery, M. C., 2016. "Technology spillover and TFP growth: A spatial Durbin model. " *International Economics*, 145: 21-31.

[103] Tone, K., 2001. "A slacks-based measure of efficiency in data envelopment analysis. " *European Journal of Operational Research*, 130 (3): 498-509.

[104] Wang, N., Mei, C., Yan, X., et al., 2008. "Local linear estimation of spatially varying coefficient models: An improvement on the geographically weighted regression technique. " *Environment and Planning A*, 40: 986-1005.

[105] Wang, Z., Zhao, X., Zhou, Y., 2021. "Biased technological progress and total factor productivity growth: From the perspective of China's renewable energy industry. " *Renewable and Sustainable Energy Reviews*, 146: 111-136.

[106] Wei, W., Fan, Q., Guo, A., 2023. "China's industrial TFPs at the prefectural level and the law of their spatial-temporal evolution. " *Sustainability*, 15 (1): 322.

[107] Wheeler, D., Tiefelsdorf, M., 2005. "Multicollinearity and correlation among local regression coefficients in geographically weighted regression. " *Journal of Geographical Systems*, 7 (2): 161-187.

[108] Wu, B., Li, R., Huang, B., 2014. "A geographically and temporally weighted autoregressive model with application to housing prices." *International Journal of Geographical Information Science*, 28 (5): 1186 – 1204.

[109] Wu, H., Ren, S., Yan, G., et al., 2020. "Does China's outward direct investment improve green total factor productivity in the 'Belt and Road' countries? Evidence from dynamic threshold panel model analysis." *Journal of Environmental Management*, 275: 111295.

[110] Wu, J., Li, G., 2014. "Moment-based tests for individual and time effects in panel data models." *Journal of Econometrics*, 178 (3): 569 – 581.

[111] Xia, F., Xu, J., 2020. "Green total factor productivity: A re-examination of quality of growth for provinces in China." *China Economic Review*, 62: 101454.

[112] Xu, X., Lee, L., 2015. "A spatial autoregressive model with a nonlinear transformation of the dependent variable." *Journal of Econometrics*, 186 (1): 1–18.

[113] Yu, H., Fotheringham, A. S., Li, Z., et al., 2020. "On the measurement of bias in geographically weighted regression models." *Spatial Statistics*, 38: 100453.

[114] Yu, Y., Li, X., Qian, Z., et al., 2012. "A study on China's energy consumption by bayesian spatial econometric model." *Energy Procedia*, 16: 1332–1340.

[115] Zhang, H., Mei, C., 2011. "Local least absolute deviation estimation of spatially varying coefficient models: Robust geographically weighted regression approaches." *International Journal of Geographical Information Science*, 25 (9): 1467–1489.

[116] Zhao, X. M., Liu, C., Yang, M., 2018. "The effects of environmental regulation on China's total factor productivity: An empirical study of carbon-

intensive industries." *Journal of Cleaner Production*, 179: 325-334.

[117] Zhong, S., Li, J., Chen, X., et al., 2022a. "A multi-hierarchy meta-frontier approach for measuring green total factor productivity: An application of pig breeding in China." *Socio-Economic Planning Sciences*, 81: 101152.

[118] Zhong, S., Li, J., Qu, Y., 2022b. "Green total factor productivity of dairy cow in China: Key facts from scale and regional sector." *Technological Forecasting and Social Change*, 183: 121949.

[119] Zhou, L., Tang, L., 2021. "Environmental regulation and the growth of the total-factor carbon productivity of China's industries: Evidence from the implementation of action plan of air pollution prevention and control." *Journal of Environmental Management*, 296: 113078.

[120] Zhu, Y., Liang, D., Liu, T., 2020. "Can China's underdeveloped regions catch up with green economy? A convergence analysis from the perspective of environmental total factor productivity." *Journal of Cleaner Production*, 255: 120216.

[121] 毕世杰、马春文编，2016，《发展经济学》（第四版），高等教育出版社。

[122] 陈浩、刘培、余东升等，2020，《科技创新投入对环境全要素生产率的影响机制》，《中国环境科学》第 4 期。

[123] 陈红蕾、覃伟芳，2014，《中国经济的包容性增长：基于包容性全要素生产率视角的解释》，《中国工业经济》第 1 期。

[124] 陈明华、刘华军、孙亚男，2016，《中国五大城市群金融发展的空间差异及分布动态：2003~2013 年》，《数量经济技术经济研究》第 7 期。

[125] 陈宗胜、沈扬扬、周云波，2013，《中国农村贫困状况的绝对与相对变动——兼论相对贫困线的设定》，《管理世界》第 1 期。

[126] 谌莹、张捷，2016，《碳排放、绿色全要素生产率和经济增长》，《数量经济技术经济研究》第 8 期。

[127] 程惠芳、陈超，2017，《开放经济下知识资本与全要素生产率——国际经验与中国启示》，《经济研究》第 10 期。

[128] 程惠芳、陆嘉俊，2014，《知识资本对工业企业全要素生产率影响的实证分析》，《经济研究》第 5 期。

[129] 邓宏图、徐宝亮、邹洋，2018，《中国工业化的经济逻辑：从重工业优先到比较优势战略》，《经济研究》第 11 期。

[130] 董敏杰、李钢、梁泳梅，2012，《中国工业环境全要素生产率的来源分解——基于要素投入与污染治理的分析》，《数量经济技术经济研究》第 2 期。

[131] 杜俊涛、陈雨、宋马林，2017，《财政分权、环境规制与绿色全要素生产率》，《科学决策》第 9 期。

[132] 范巧、Hudson，D.，2018，《一种新的包含可变时间效应的内生时空权重矩阵构建方法》，《数量经济技术经济研究》第 1 期。

[133] 范巧、郭爱君，2019，《一种嵌入空间计量分析的全要素生产率核算改进方法》，《数量经济技术经济研究》第 8 期。

[134] 范巧、石敏俊，2018，《基于结构匹配性和有效相关性的内生时空权重矩阵遴选方法》，《数量经济研究》第 2 期。

[135] 范巧，2012，《永续盘存法细节设定与中国资本存量估算：1952～2009 年》，《云南财经大学学报》第 3 期。

[136] “工业化与城市化协调发展研究”课题组，2002，《工业化与城市化关系的经济学分析》，《中国社会科学》第 2 期。

[137] 郭爱君、范巧，2022，《中国地级市工业全要素生产率的局部测度研究》，《数量经济技术经济研究》第 6 期。

[138] 郭庆旺、贾俊雪，2005，《中国全要素生产率的估算：1979—2004》，《经济研究》第 6 期。

[139] 郭祥才，2003，《马克思主义跨越发展理论与中国新型工业化道路》，《中国社会科学》第 6 期。

[140] 郝寿义、曹清峰，2019，《后工业化初级阶段与新时代中国经济转型》，《经济学动态》第 9 期。

[141] 黄群慧、黄阳华、贺俊等，2017，《面向中上等收入阶段的中国工业化战略研究》，《中国社会科学》第 12 期。

[142] 黄群慧，2014，《"新常态"、工业化后期与工业增长新动力》，《中国工业经济》第 10 期。

[143] 黄群慧，2021，《中国共产党领导社会主义工业化建设及其历史经验》，《中国社会科学》第 7 期。

[144] 霍文慧、杨运杰，2010，《工业化理论研究新进展》，《经济学动态》第 3 期。

[145] 吉拉德·M. 米耶、都德莱·西尔斯编，2013，《经济发展理论的十位大师》，刘鹤、梁钧平、杨焕昌等译，中国经济出版社。

[146] 简新华、向琳，2003，《新型工业化道路的特点和优越性》，《管理世界》第 7 期。

[147] 金碚，2008，《中国工业化的资源路线与资源供求》，《中国工业经济》第 2 期。

[148] 雷潇雨、龚六堂，2014，《基于土地出让的工业化与城镇化》，《管理世界》第 9 期。

[149] 李斌、彭星、欧阳铭珂，2013，《环境规制、绿色全要素生产率与中国工业发展方式转变——基于 36 个工业行业数据的实证研究》，《中国工业经济》第 4 期。

[150] 李廉水、宋乐伟，2003，《新型工业化道路的特征分析》，《中国软科学》第 9 期。

[151] 李启航、黄璐、张少辉，2021，《国家高新区设立能够提升城市全要素生产率吗？——基于 261 个地级市 TFP 分解数据的路径分析》，《南方经济》第 3 期。

[152] 李若谷编，2009，《世界经济发展模式比较》，社会科学文献出版社。

[153] 李胜文、李大胜，2008，《中国工业全要素生产率的波动：1986~2005——基于细分行业的三投入随机前沿生产函数分析》，《数量经济技术经济研究》第 5 期。

[154] 李小平、李小克，2018，《偏向性技术进步与中国工业全要素生产率

增长》，《经济研究》第 10 期。

[155] 李小平、朱钟棣，2005，《中国工业行业的全要素生产率测算——基于分行业面板数据的研究》，《管理世界》第 4 期。

[156] 李颖、徐小峰、郑越，2019，《环境规制强度对中国工业全要素能源效率的影响——基于 2003—2016 年 30 省域面板数据的实证研究》，《管理评论》第 12 期。

[157] 李占风、张建，2018，《资源环境约束下中国工业环境技术效率的地区差异及动态演变》，《统计研究》第 12 期。

[158] 梁若冰，2015，《口岸、铁路与中国近代工业化》，《经济研究》第 4 期。

[159] 林伯强、刘泓汛，2015，《对外贸易是否有利于提高能源环境效率——以中国工业行业为例》，《经济研究》第 9 期。

[160] 林青松，1995，《改革以来中国工业部门的效率变化及其影响因素分析》，《经济研究》第 10 期。

[161] 林毅夫、王勇、赵秋运，2021，《新结构经济学研习方法》，北京大学出版社。

[162] 林毅夫，2012，《新结构经济学：反思经济发展与政策的理论框架》，北京大学出版社。

[163] 林毅夫，2017，《新结构经济学的理论基础和发展方向》，《经济评论》第 3 期。

[164] 林毅夫，2010，《新结构经济学——重构发展经济学的框架》，《经济学》（季刊）第 1 期。

[165] 蔺雪芹、郭一鸣、王岱，2019，《中国工业资源环境效率空间演化特征及影响因素》，《地理科学》第 3 期。

[166] 蔺鹏、孟娜娜，2021，《绿色全要素生产率增长的时空分异与动态收敛》，《数量经济技术经济研究》第 8 期。

[167] 刘华军、鲍振、杨骞，2013，《中国农业碳排放的地区差距及其分布动态演进——基于 Dagum 基尼系数分解与非参数估计方法的实证研究》，《农业技术经济》第 3 期。

[168] 刘睿劼、张智慧，2012，《基于WTP-DEA方法的中国工业经济-环境效率评价》，《中国人口·资源与环境》第2期。

[169] 刘小玄，2000，《中国工业企业的所有制结构对效率差异的影响——1995年全国工业企业普查数据的实证分析》，《经济研究》第2期。

[170] 刘元春、陈金至，2020，《土地制度、融资模式与中国特色工业化》，《中国工业经济》第3期。

[171] 鲁晓东、连玉君，2012，《中国工业企业全要素生产率估计：1999—2007》，《经济学》（季刊）第2期。

[172] 吕政、郭克莎、张其仔，2003，《论我国传统工业化道路的经验与教训》，《中国工业经济》第1期。

[173] 彭小辉、王静怡，2019，《高铁建设与绿色全要素生产率——基于要素配置扭曲视角》，《中国人口·资源与环境》第11期。

[174] 钱争鸣、刘晓晨，2013，《中国绿色经济效率的区域差异与影响因素分析》，《中国人口·资源与环境》第7期。

[175] 乔晓楠、何自力，2016，《马克思主义工业化理论与中国的工业化道路》，《经济学动态》第9期。

[176] 乔晓楠、杨成林，2013，《去工业化的发生机制与经济绩效：一个分类比较研究》，《中国工业经济》第6期。

[177] 邱子迅、周亚虹，2021，《数字经济发展与地区全要素生产率——基于国家级大数据综合试验区的分析》，《财经研究》第7期。

[178] 桑倩倩、栗玉香，2021，《教育投入、技术创新与经济高质量发展——来自237个地级市的经验证据》，《求是学刊》第3期。

[179] 沈昊驹，2012，《马克思主义经济发展理论研究——基于经济发展伦理的视角》，湖北人民出版社。

[180] 沈可挺、龚健健，2011，《环境污染、技术进步与中国高耗能产业——基于环境全要素生产率的实证分析》，《中国工业经济》第12期。

[181] 沈立人，1988，《工业化：我国社会主义初级阶段的一项历史任务》，《中国工业经济研究》第5期。

[182] 束克东、黄阳华，2008，《演化发展经济学与贸易政策新争论的历史背景》，《经济社会体制比较》第 5 期。

[183] 孙广生、杨先明、黄祎，2011，《中国工业行业的能源效率（1987—2005）——变化趋势、节能潜力与影响因素研究》，《中国软科学》第 11 期。

[184] 孙久文、姚鹏，2014，《空间计量经济学的研究范式与最新进展》，《经济学家》第 7 期。

[185] 孙巍、叶正波，2002，《转轨时期中国工业的效率与生产率——动态非参数生产前沿面理论及其应用》，《中国管理科学》第 4 期。

[186] 孙早、刘李华，2016，《中国工业全要素生产率与结构演变：1990～2013 年》，《数量经济技术经济研究》第 10 期。

[187] 孙早、刘李华，2019，《资本深化与行业全要素生产率增长——来自中国工业 1990—2013 年的经验证据》，《经济评论》第 4 期。

[188] 唐浩，2014，《中国特色新型工业化的新认识》，《中国工业经济》第 6 期。

[189] 涂正革、肖耿，2005，《中国的工业生产力革命——用随机前沿生产模型对中国大中型工业企业全要素生产率增长的分解及分析》，《经济研究》第 3 期。

[190] 汪克亮、庞素勤、张福琴，2021，《高铁开通能提升城市绿色全要素生产率吗?》，《产业经济研究》第 3 期。

[191] 王兵、刘光天，2015，《节能减排与中国绿色经济增长——基于全要素生产率的视角》，《中国工业经济》第 5 期。

[192] 王德文、王美艳、陈兰，2004，《中国工业的结构调整、效率与劳动配置》，《经济研究》第 4 期。

[193] 王佳，2018，《城市蔓延对城市全要素生产率的影响——基于地级市面板数据的分析》，《城市问题》第 8 期。

[194] 王师勤，1988，《霍夫曼工业化阶段论述评》，《经济学动态》第 10 期。

[195] 王书斌，2018，《国家扶贫开发政策对工业企业全要素生产率存在溢

出效应吗?》,《数量经济技术经济研究》第 3 期。

[196] 王文、牛泽东,2019,《资源错配对中国工业全要素生产率的多维影响研究》,《数量经济技术经济研究》第 3 期。

[197] 王效云,2020,《拉美国家的发展困境与出路——演化发展经济学的视角》,博士学位论文,中国社会科学院研究生院。

[198] 王志刚、龚六堂、陈玉宇等,2006,《地区间生产效率与全要素生产率增长率分解 (1978—2003)》,《中国社会科学》第 2 期。

[199] 魏后凯、王颂吉,2019,《中国"过度去工业化"现象剖析与理论反思》,《中国工业经济》第 1 期。

[200] 吴敬琏,2006,《中国应当走一条什么样的工业化道路?》,《管理世界》第 8 期。

[201] 吴茵茵、李力、李可等,2018,《中国工业环境生产效率及环境保护税开征的研究》,《中国人口·资源与环境》第 9 期。

[202] 项俊波,2009,《结构经济学——从结构视角看中国经济》,中国人民大学出版社。

[203] 肖挺,2021,《地铁建设对我国城市全要素生产率的影响——作用机理及定量评估》,《世界经济文汇》第 1 期。

[204] 肖文、林高榜,2014,《政府支持、研发管理与技术创新效率——基于中国工业行业的实证分析》,《管理世界》第 4 期。

[205] 谢贤君,2019,《要素市场扭曲如何影响绿色全要素生产率——基于地级市经验数据研究》,《财贸研究》第 6 期。

[206] 徐远华,2019,《企业家精神、行业异质性与中国工业的全要素生产率》,《南开管理评论》第 5 期。

[207] 姚洋、章奇,2001,《中国工业企业技术效率分析》,《经济研究》第 10 期。

[208] 余泳泽,2017,《异质性视角下中国省际全要素生产率再估算:1978—2012》,《经济学》(季刊) 第 3 期。

[209] 袁礼、欧阳峣,2018,《发展中大国提升全要素生产率的关键》,《中国工业经济》第 6 期。

[210] 张军、施少华，2003，《中国经济全要素生产率变动：1952—1998》，《世界经济文汇》第 2 期。

[211] 张可云、何大梽，2020，《城市收入分化提高了全要素生产率吗？——基于中国工业企业数据的实证分析》，《中国人民大学学报》第 6 期。

[212] 张少华、张天华，2015，《中国工业企业动态演化效率研究：所有制视角》，《数量经济技术经济研究》第 3 期。

[213] 张志强，2015，《微观企业全要素生产率测度方法的比较与应用》，《数量经济技术经济研究》第 12 期。

[214] 张治栋、廖常文，2019，《全要素生产率与经济高质量发展——基于政府干预视角》，《软科学》第 12 期。

[215] 张卓群、张涛、冯冬发，2022，《中国碳排放强度的区域差异、动态演进及收敛性研究》，《数量经济技术经济研究》第 4 期。

[216] 赵昌文、许召元、朱鸿鸣，2015，《工业化后期的中国经济增长新动力》，《中国工业经济》第 6 期。

[217] 赵娜、李香菊、李光勤，2021，《财政纵向失衡、要素价格扭曲与绿色全要素生产率——来自 266 个地级市的证据》，《财经理论与实践》第 5 期。

[218] 郑玉歆，2007，《全要素生产率的再认识——用 TFP 分析经济增长质量存在的若干局限》，《数量经济技术经济研究》第 9 期。

[219] 钟丽云、张以谟、吕晓旭等，2004，《数字全息中的一些基本问题分析》，《光学学报》第 4 期。

[220] 周黎安，2007，《中国地方官员的晋升锦标赛模式研究》，《经济研究》第 7 期。

[221] 周五七、聂鸣，2021，《中国工业碳排放效率的区域差异研究——基于非参数前沿的实证分析》，《数量经济技术经济研究》第 9 期。

[222] 朱沛华、陈林，2020，《工业增加值与全要素生产率估计——基于中国制造业的拟蒙特卡洛实验》，《中国工业经济》第 7 期。

[223] 朱文涛、吕成锐、顾乃华，2019，《OFDI、逆向技术溢出对绿色全要

素生产率的影响研究》，《中国人口·资源与环境》第 9 期。

［224］朱英明，2009，《区域制造业规模经济、技术变化与全要素生产率——产业集聚的影响分析》，《数量经济技术经济研究》第 10 期。

［225］邹薇、杨胜寒，2019，《超大城市对我国经济的影响有多大？基于劳动投入、TFP 和工资差异的分析》，《系统工程理论与实践》第 8 期。

后　记

10月的兰州，窗外阳光明媚却又带着一丝寒意，像极了向出版社交稿后的心情，有丰收的喜悦，也有一丝意犹未尽的憾意。从2013年出版第一本专著以来，我陆续写作出版专著，这是我完成的第四本著作。本书是在博士学位论文《中国地级市工业全要素生产率测度研究——基于嵌入时空计量的改进索洛余值法》基础上延展而成的，在原论文基础上添加了时空权重矩阵调整、非期望产出条件下的工业全要素生产率测度部分，也增加了与DEA-SBM、贝叶斯SFA方法测度得到的城市工业全要素生产率测度结果的比较部分。

全书共包括十章，其中第三章和第八章是最重要的部分，这两章详细阐释了在嵌入空间计量分析后，全要素生产率及绿色全要素生产率测度方法是如何被创新改进的。这些方法的改进和创新，建立在全局分析和局部分析两种空间计量分析范式基础上。在空间计量分析中，全局分析通常基于全部样本数据来解析变量之间的空间依赖关系，这种分析范式通常在经济学界被广泛使用；局部分析则通常基于产生有效影响的局部样本数据来解析变量之间的空间依赖关系，并着重解析变量之间空间依赖关系的异质性，这种分析范式通常在地理学界被广泛使用。本书以全要素生产率测度方法的改进为契机和媒介，试图将经济学界和地理学界相对独立的空间计量分析范式进行有效的整合，构建一种规范的、统一的空间计量分析框架。这应该是全书最有特色的部分，也可能是对学界相关研究有所裨益和贡献的部分。

学术研究一直是有缺憾的艺术。从2005年发表第一篇学术论文算起，今年已经是我进行学术研究的第 18 个年头了，转眼之间，我也到了不惑之年。所谓不惑，通常有两层含义：一为不被迷惑，主要表现在对家庭、事业、学术研究、人生发展等业已形成独特的、成熟的看法，不受外界干扰；二为不受诱惑，主要表现为在学术研究和人生发展中不受名、利和权等的诱惑，能不忘初心、砥砺前行。18 年来，我辗转兰州、深圳、重庆、美国拉伯克、北京等多个地方，切换了学术编辑、专任教师、访问学者、政策研究者等多个身份，终于在 2023 年这个关键时间节点选择回到母校，继续追寻那始终未能忘却的学术梦想。18 年来，尽管在学术上取得了一些小的进步，然而我在科研项目与成果层次等方面仍然处在低水平徘徊状态，不能不说这是一件十分遗憾的事。写作本书之前，我确也希望在时空计量经济学领域大有一番作为，行文至此，意兴阑珊。只得留待在后续研究中重开一局，待功成之日，醉笑陪君三万场。

选择也是一门有缺憾的艺术，选择必然意味着放弃。选择学术，必然意味着平淡，也必然意味着在未知的领域孤寂地探索。唯愿自己能持续坚持所热爱的，热爱所坚持的，以梦想之灯为指引，开出学术理想之花。感谢社会科学文献出版社及高雁、颜林柯编辑，让这本有缺憾的作品得以正式出版和公开发行。感谢家人的持续支持，让孤寂的学术之路显得不那么孤单。

2023 年 10 月 10 日

于兰州齐云楼

图书在版编目（CIP）数据

中国城市工业全要素生产率测度研究／范巧著 . --
北京：社会科学文献出版社，2024.1
ISBN 978-7-5228-3204-3

Ⅰ.①中…　Ⅱ.①范…　Ⅲ.①城市工业-全要素生产
率-研究-中国　Ⅳ.①F424

中国国家版本馆 CIP 数据核字（2024）第 016761 号

中国城市工业全要素生产率测度研究

著　　者／范　巧

出 版 人／冀祥德
组稿编辑／高　雁
责任编辑／颜林柯
责任印制／王京美

出　　　版／社会科学文献出版社·经济与管理分社（010）59367226
　　　　　　地址：北京市北三环中路甲 29 号院华龙大厦　邮编：100029
　　　　　　网址：www. ssap. com. cn
发　　　行／社会科学文献出版社（010）59367028
印　　　装／三河市龙林印务有限公司

规　　　格／开　本：787mm×1092mm　1/16
　　　　　　印　张：15.5　字　数：236 千字
版　　　次／2024 年 1 月第 1 版　2024 年 1 月第 1 次印刷
书　　　号／ISBN 978-7-5228-3204-3
定　　　价／128.00 元

读者服务电话：4008918866